DR HUGO BAUP
PSYCHIATRE

COMMENT ÇA VA, TOI ?

LE GUIDE PRATIQUE DE LA SANTÉ MENTALE

LAROUSSE

Sommaire

Introduction

L'OBJECTIF : UNE BONNE SANTÉ MENTALE

Au même titre que la santé physique, la santé mentale est notre priorité à tou·tes : nous sentir bien dans notre tête pour pouvoir mener notre vie et nos projets comme nous l'entendons.

Mais comment continuer à avancer sereinement quand nos envies, notre goût pour les choses que nous aimions tant disparaissent subitement et que le ciel s'assombrit ? Comment se sentir apaisé·es et vivre l'instant présent avec nos proches quand des pensées anxieuses nous assaillent toute la journée, des regrets du passé resurgissent, ou des inquiétudes pour l'avenir jaillissent ?

Certaines de nos sensations peuvent même être envahissantes jusqu'à devenir invalidantes : nous faisons une fixation sur l'alimentation au point de tout peser, de tout contrôler de manière obsessionnelle, ou alors nous avons l'impression d'être un fardeau pour les autres, notre famille, nos proches, la société tout entière, d'être nul·les, bon·nes à rien, là où pour les autres tout semble pourtant si fluide et naturel. Parfois, nous ressentons comme une boule au ventre toute la journée, ou des pics de stress dans des situations bien précises...

Seulement, qui consulter quand nous n'allons pas bien, quand nous vacillons et que nous perdons pied à cause d'un épuisement physique et psychique global ? Quels sont les signaux d'alarme et vers quelle structure nous tourner ?

Aussi, quand ce n'est pas nous qui allons mal, cela peut être notre enfant ou notre proche, et nous pouvons nous trouver démuni·es, perdu·es, désœuvré·es face à ce mal-être : être aux premières loges et nous sentir impuissant·es en tant qu'aidant·es. Comment alors demander de l'aide ? Comment convaincre la personne d'accepter une main tendue ? Et où trouver cette main ?

Si ces interrogations vous concernent, ce livre est fait pour y répondre.

QU'EST-CE QU'UNE BONNE SANTÉ MENTALE ?

C'est un état de bien-être et d'équilibre que nous essayons d'atteindre par différents moyens : sommeil réparateur, alimentation équilibrée, activité physique régulière (quand nous le pouvons), relations sociales de qualité et durables, bonne estime de nous, sentiment d'être en confiance et en sécurité où nous vivons, où nous travaillons, bien occuper notre temps libre et veiller à ce que nous mettons dans notre tête (en évitant par exemple les contenus choquants et potentiellement traumatisants), sans oublier les plaisirs de la vie dont il ne faut surtout pas se priver. Une bonne santé physique contribue également à notre épanouissement psychique.

Néanmoins, même avec toutes ces précautions, ces efforts que nous fournissons quotidiennement pour nous sentir bien dans notre tête, nous pouvons, un jour, souffrir d'une détresse psychologique ou d'un trouble psychique.

Mieux nous connaître, comprendre notre fonctionnement, nos capacités mais aussi nos difficultés, nous remettre en question, tout cela peut permettre d'avancer plus sereinement dans la vie.

GRANDE CAUSE NATIONALE 2025

Au cours de la vie, une personne sur quatre sera concernée par un trouble psychique, ce qui en fait un enjeu majeur de santé publique. D'ailleurs, bien conscient de l'urgence de la situation, l'État français a récemment décrété que la santé mentale serait la « Grande cause nationale 2025 ». Les besoins sont immenses et actuellement insuffisants. Qu'il s'agisse de dépression, de troubles anxieux, de troubles obsessionnels compulsifs (TOC), de schizophrénie, de trouble bipolaire ou d'épreuves de vie difficiles à traverser (deuil, problèmes d'éducation des enfants, déménagement douloureux, etc.), vous aurez probablement besoin d'aide à un moment ou un autre de votre vie.

Toutefois, pour demander cette aide, il faut d'abord avoir acquis un minimum de connaissances et d'informations sur ces troubles, qui souffrent encore aujourd'hui de beaucoup de tabous et d'idées reçues dans notre société. On ne parle pas aussi facilement de sa dépression que d'un cancer. Les autres, autour de nous, ne nous considèrent pas de la même manière. Quand nous avons un trouble psychique, notre entourage va volontiers nous donner des conseils et des avis pas toujours fondés, des réflexions de « bon sens » qui ne nous font pas de bien et peuvent même aggraver le mal qui nous ronge.

Ensuite, une fois que nous avons identifié ce mal, que nous sommes prêt·es à demander de l'aide, il faut alors comprendre l'offre de soins en France. Mais celle-ci manque de clarté et de lisibilité : quelles sont les différences entre un·e psychiatre, un·e psychologue et un·e psychothérapeute ? Qui est le ou la plus indiqué·e pour mon problème ? Par où commencer ? Et si le ou la professionnel·le choisi·e ne me convient pas, comment en changer ? Parler des heures sur un divan, cela soigne-t-il vraiment ? Et puis, une voisine m'a conseillé le magnétiseur d'à côté, elle a découvert que sa dépression était due à une agression dans l'enfance dont elle n'était même pas consciente : est-ce possible ? Toutes ces craintes et questions légitimes peuvent s'amplifier et tourner en boucle dans nos pensées, notamment quand nous n'allons pas bien, ce qui ne facilite pas le choix d'aller vers tel·le ou tel·le professionnel·le.

UN GUIDE ACCESSIBLE

Face à la fréquence des troubles psychiques et ces innombrables interrogations que tout le monde se pose, nous avons voulu créer un guide accessible, facile à lire et à comprendre, pour vous donner des repères utiles et concrets sur la santé mentale en général et sur les troubles psychiques en particulier.

Nous avons pensé ce livre pour qu'il vous accompagne au quotidien, que vous soyez touché·e par une maladie mentale, que vous soyez l'aidant·e d'une personne concernée ou que vous vous posiez simplement des questions sur le fonctionnement du cerveau et les moyens pour le maintenir en bonne santé. Au milieu de ces milliards de neurones qui s'activent, on ne contrôle pas tout, mais on peut tout de même avoir un impact sur les différentes connexions qui se font ou se défont.

BON VOYAGE !

En cas de besoin, consultez !

Cet ouvrage n'est pas un manuel d'autodiagnostic. Il pourra bien sûr vous permettre de mieux comprendre ce qui vous arrive, d'orienter vos hypothèses concernant votre état de santé mentale ou celui d'un·e proche, mais il ne remplacera jamais la consultation avec un·e médecin et sa conduite diagnostique et thérapeutique.

PARTIE 1

QUE FAIRE QUAND ON NE SE SENT PAS BIEN MENTALEMENT ?

Face à vos sensations mentales, vous vous sentez peut-être perdu·e : « Ce manque d'élan que je ressens depuis quelque temps est-il simplement un petit passage à vide ou quelque chose de plus grave ? », « Pourquoi ai-je autant peur pour mes proches et de l'avenir ? », etc. Ce genre d'interrogations est une base essentielle pour commencer à autoévaluer votre santé mentale, et nous allons les décortiquer ensemble pour vous fournir des pistes et vous orienter sur votre état psychique.

Mais parfois, la perspective de consulter un·e psy fait peur et souffre encore de nombreux préjugés (« Est-ce un signe de faiblesse d'aller consulter ce genre de professionnel·le ? », « Vais-je passer pour un fou ou une folle ? »). Ces craintes proviennent en partie d'une certaine méconnaissance du monde de la psychiatrie et de la psychologie, aussi bien de celles et ceux qui l'exercent que des traitements proposés. Pour vous éclairer, nous allons d'abord dresser un point précis sur les différent·es psys et leurs spécificités (psychologue, psychiatre, psychothérapeute, etc.) puis expliciter les traitements disponibles (psychothérapies, médicaments, etc.) afin que vous puissiez apprécier leurs bénéfices.

CHAPITRE 1

Comment vous sentez-vous psychiquement ?

Identifiez vos émotions

« Je n'ai plus goût à rien, plus rien n'a de sens dans ma vie »

QUE VOUS ARRIVE-T-IL ?

Vous vous réveillez le matin sans anticiper une seule source de plaisir potentielle, vous avez la sensation que la journée est une montagne à gravir, à affronter, un froid polaire à traverser.

Avant, vous aviez plaisir à vous lever, sentir votre café qui coule, écouter les informations en même temps, observer le coin de ciel à travers votre fenêtre pour deviner la météo, parcourir vos groupes de discussion sur votre téléphone pour donner des nouvelles à vos proches, faire un peu d'activité physique avant de partir pour le travail.

Ce genre de séquences semblent anodines quand on va bien. Mais elles peuvent devenir impossibles, irréalisables, comme un lointain souvenir d'une vie passée, avant que tout s'effondre, que la moindre chose à faire ne devienne plus qu'une contrainte, sans saveur ni plaisir.

L'élan vital, qui vous portait jusque-là, s'est-il définitivement volatilisé ? Où est-il passé ?

L'AVIS DU PSY

Le matin, on parvient à se lever et sortir du lit car on pense aux choses agréables qui nous motivent dans la vie : un·e collègue qu'on a très envie de croiser, un loisir en fin de journée, une mission professionnelle particulièrement stimulante, etc.

Quand vous n'anticipez plus rien de savoureux, quand vous n'arrivez plus à éprouver du plaisir pour les choses que vous aimiez faire habituellement, cela s'appelle l'anhédonie, avec des mécanismes multiples du point de vue psychique. On peut la retrouver dans :

- **la dépression**, lorsqu'elle est associée à d'autres signes (problèmes de sommeil, tristesse, perte d'appétit, parfois idées suicidaires) ;
- **les suites de certains traumatismes psychiques violents** qui peuvent plonger dans un état de sidération qu'on appelle la « dissociation » ;
- **la schizophrénie** (associée à des hallucinations, des idées délirantes, ou un manque majeur de motivation) ;
- **la consommation de cocaïne et de cannabis**, qui peut, à terme, produire aussi ce genre d'effets et générer ce que l'on appelle un « syndrome amotivationnel ».

QUE FAIRE ?

L'anhédonie peut être difficile à identifier, il n'est pas toujours évident de vous rendre compte que vous allez moins bien qu'avant, surtout lorsque les symptômes s'installent progressivement. Souvent, c'est votre entourage proche qui perçoit des signes de ce qu'il vous arrive, parfois même avant vous.

Quelquefois aussi, vous arrivez à faire semblant, à donner le change pour ne pas éveiller les soupçons, au travail par exemple, mais avec un coût énergétique majeur qui accroît d'autant plus votre fatigue.

Quelle que soit votre situation, la disparition du plaisir et de la motivation n'est pas une chose à laquelle vous devez vous habituer, **des solutions existent pour aller mieux :**

- En premier lieu, consulter votre médecin généraliste permettra de faire un premier bilan général pour vous assurer que votre état n'est pas dû à un problème physique autre (voir p. 40).
- Dans le cas d'une dépression, les médecins généralistes peuvent proposer des psychothérapies de soutien et, si besoin, un traitement antidépresseur dans les formes de dépressions modérées à sévères (voir p. 101).
- Pour des pathologies comme la schizophrénie, un relais vers un·e psychiatre sera certainement envisagé rapidement pour vous faire bénéficier d'un accompagnement global (voir p. 193).
- Enfin, des psys spécialisé·es dans la prise en charge du psychotraumatisme pourront être sollicité·es si cette anhédonie semble contemporaine d'un traumatisme psychique (voir p. 129).

« Les soucis tournent en boucle dans ma tête, sans cesse »

QUE VOUS ARRIVE-T-IL ?

Si tout le monde a des soucis et y fait face tant bien que mal, vous avez quant à vous le sentiment d'étouffer, de ne jamais y échapper, d'être littéralement harcelé·e par un flot de messages négatifs qui tournent en boucle dans votre tête, concernant surtout le passé. Il peut s'agir d'un détail comme la crainte d'avoir été ridicule au travail, ou des soucis financiers qui vous obsèdent.

Penser à ses soucis, c'est normal, mais chez certaines personnes, le phénomène s'emballe et devient incessant : ce sont les **ruminations anxieuses**. Vous demander en permanence et de manière rigide « pourquoi ? » tel ou tel événement négatif est arrivé vous place dans une situation d'impuissance et vous condamne à un raisonnement sans fin qui finit par vous épuiser, vous-même mais aussi votre entourage.

L'AVIS DU PSY

Les ruminations ont un impact sur tous les domaines de votre vie : elles peuvent retentir sur votre sommeil, votre activité professionnelle ou votre vie affective et sexuelle. En effet, lorsque votre cerveau est sans cesse préoccupé par un sujet bien précis, il ignore souvent tout le reste.

Les ruminations peuvent être un symptôme de troubles psychiques : on les retrouve fréquemment dans les dépressions, les troubles anxieux comme les troubles obsessionnels compulsifs (TOC) et le trouble anxieux généralisé, les états de stress post-traumatique et certaines addictions (alcool, cannabis, tabac) notamment.

QUE FAIRE ?

- Vous pouvez demander de l'aide à un·e psychologue ou un·e psychiatre qui vous proposeront une psychothérapie dont l'enjeu sera d'essayer de passer du « pourquoi ? » au « comment ? » afin de concentrer votre activité cérébrale à trouver des solutions. Vous apprendrez aussi des techniques de réduction du stress et de gestion des émotions (exercices de respiration, relaxation, techniques d'ancrage, etc.). Si les ruminations sont particulièrement sombres ou invalidantes, on pourra vous proposer un traitement médicamenteux.
- Pratiquer des activités variées peut vous aider à tromper votre cerveau, faire diversion tout en prenant du plaisir : faire du sport, jouer aux jeux vidéo ou de société, aller au cinéma, qu'importe. L'idéal est de multiplier des activités plaisantes pour éviter de n'en surinvestir qu'une seule.
- Quand les ruminations anxieuses sont un signe de troubles psychiques, dans une dépression par exemple, le traitement du trouble diagnostiqué suffit souvent à les faire disparaître.

Si des idées suicidaires sont associées à vos ruminations

Si vous ne dormez plus et que vous êtes dans un état d'épuisement tel que seule la mort serait vécue comme une délivrance, composez le 3114 (numéro national de prévention du suicide), contactez le SAMU en appelant le 15 ou rendez-vous immédiatement aux urgences les plus proches de chez vous.

Voir nos conseils p. 197 sur la prévention des idées suicidaires, pour vous comme pour un·e proche.

« Je suis obsédé·e par mon poids et mon alimentation »

QUE VOUS ARRIVE-T-IL ?

Il est tout à fait habituel de faire attention à son poids, sans comportement excessif, afin de ne pas développer de maladies cardiovasculaires et de promouvoir une bonne santé globale en étant vigilant·e vis-à-vis de ce qu'on mange, tout en se faisant plaisir de temps en temps.

Mais si le contrôle de votre poids et de votre alimentation est associé à des pensées incessantes et des comportements extrêmes pour tenter de les juguler, on parle alors de **troubles du comportement alimentaire**.

Certes, il est fréquent, de nos jours, de ressentir des préoccupations importantes concernant notre poids et notre alimentation, et entre des normes sociales de plus en plus absurdes parfois, des aliments toujours plus tentants, souvent transformés industriellement et addictifs, et des publicités de prêt-à-porter qui vouent un culte à la minceur, il est facile de se sentir influencé·e par ces injonctions paradoxales.

L'AVIS DU PSY

Lorsque le poids et l'alimentation sont des thématiques qui vous obsèdent, vous pouvez avoir différents comportements problématiques (alors même que vos ami·es, votre famille, tentent de vous raisonner et trouvent que vous allez trop loin) :

- Compter toutes les calories que vous ingurgitez, de manière rigide et inflexible.
- Faire du sport plus que de raison, parfois plusieurs heures par jour, en vous exposant à des blessures.
- Éprouver un sentiment de culpabilité quand vous essayez de vous faire plaisir avec certains aliments que vous appréciez habituellement, avant que tout cela ne s'emballe et ne devienne maladif.

- Vous regarder plusieurs fois par jour dans le miroir en vous focalisant sur une partie de votre corps que vous trouvez trop grosse, trop grasse.
- Perdre du poids à tout prix, au mépris de votre santé : vous habiller trop légèrement pour la saison, ce qui va laisser le froid consommer vos calories, vous asseoir sur la chaise d'une manière à faire travailler tel ou tel muscle, discrètement, en contraction, vous infliger des vomissements en cachette dans les toilettes, prendre des traitements laxatifs ou diurétiques pour perdre du poids, etc.
- Cette privation peut vous pousser à tomber dans l'excès inverse : vous avalez des quantités astronomiques de nourriture, vous ressentez du dégoût envers vous-même, vous souffrez, vous aimeriez sortir de cette spirale infernale.

Si votre enfant est concerné·e

Parfois votre enfant vous dissimulera ses troubles, s'habillant amplement pour cacher sa perte de poids, ayant d'excellents résultats scolaires ou sportifs qui vous rassureront et vous feront nettement moins voir le reste.

Inversement, la prise de poids peut être progressive, passer inaperçue, ou être mise sur le compte d'une « poussée de croissance » ou des changements corporels de la puberté (facilement évoqués pour expliquer un surpoids), et dissimuler en fait une boulimie.

Le retard au diagnostic est fréquent dans les troubles du comportement alimentaire car les parents découvrent souvent les symptômes plusieurs mois, voire années, après leur apparition. Mais même si un trouble est installé, ce n'est pas une fatalité et des solutions existent (voir p. 139).

Si vous avez le moindre doute, parlez-en avec votre enfant, sans le ou la juger, en lui expliquant que vous vous posez des questions, que vous avez remarqué des changements, que cela vous inquiète, que peut-être vous vous trompez, mais que vous vous interrogez.

QUE FAIRE ?

Les troubles du comportement alimentaire regroupent différentes pathologies : anorexie mentale, boulimie et hyperphagie boulimique (voir p. 139). Ces troubles sont potentiellement graves car des complications peuvent survenir lorsque vous manquez de vitamines, que des carences apparaissent, que les vomissements se répètent, avec parfois des effets sur le cœur, le rein, les poumons, les os.

À l'inverse, soumettre votre corps à des apports alimentaires trop importants et massifs augmente le risque d'obésité et de complications digestives.

Des solutions existent :

- Si vous êtes concerné·e ou si vous détectez de tels troubles chez votre enfant, il est important de consulter en premier lieu votre médecin traitant ou de famille qui connaît bien vos antécédents et pourra conduire les premiers examens et bilans (voir p. 40).
- Des équipes spécialisées dans l'accompagnement de ces maladies peuvent être sollicitées, qu'il s'agisse d'équipes mobiles, de services hospitaliers classiques ou tout simplement de professionnel·les de santé mentale qui pourront vous recevoir dans leur cabinet (voir p. 39). Tout dépendra de l'urgence de la situation, de l'intensité des troubles, de votre lieu de vie et des services disponibles proche de chez vous.

Le numéro utile

N'hésitez pas non plus à contacter la Fédération française anorexie boulimie au 09 69 325 900 pour obtenir l'aide et les conseils d'un·e spécialiste (médecin, psychologue, etc.), pour vous renseigner sur les centres de soins autour de vous, mais aussi sur l'attitude à adopter avec un·e proche.

« J'ai peur en permanence qu'un danger survienne »

QUE VOUS ARRIVE-T-IL ?

Avoir peur, ce n'est pas en soi un trouble psychique. La peur est utile pour rester sur le qui-vive et guetter les dangers dans l'environnement qui nous entoure. Avoir peur, cela nous a été nécessaire pour survivre au fil des siècles et faire que l'espèce humaine parvienne à évoluer et s'adapter à ses conditions de vie. La peur est donc une émotion nécessaire.

Mais lorsque ce sentiment de peur s'emballe, qu'il est soit trop fort, soit permanent, soit les deux en même temps, il se peut que vous n'arriviez plus à vivre confortablement. La peur peut s'installer progressivement, sans que vous y preniez garde, ou au contraire arriver brutalement à la suite d'un traumatisme psychique important.

L'AVIS DU PSY

La peur peut être le signe d'une phobie, centrée sur un objet, un animal, une situation, comme la phobie du vide, des araignées ou des prises de sang par exemple. La plupart du temps, celle-ci est ponctuelle et vous arrivez assez facilement à relativiser ou à éviter les situations anxiogènes. Mais une phobie peut être très invalidante et vous aurez alors besoin d'aide.

La peur est parfois un signe de traumatisme : ce sentiment peut survenir à la suite d'un événement traumatisant particulièrement intense ou répété. Qu'il s'agisse d'un accident de la voie publique, de violences sexuelles dont vous avez été victime ou d'une prise d'otage, vous pouvez par la suite ressentir une peur permanente qu'un danger survienne en étant sans arrêt sur le qui-vive. Vous pouvez aussi avoir la sensation de revivre la scène par des reviviscences, avec le cœur qui palpite, les mains moites, des sueurs, etc. Si ces phénomènes durent moins d'un mois, on parle de stress aigu, au-delà, il s'agit d'un trouble de stress post-traumatique (voir p. 129). Ces phénomènes peuvent survenir à distance de l'événement et pas uniquement juste après le traumatisme.

Quelquefois, la peur vous donne le sentiment d'être paranoïaque : vous avez peur quand vous vous promenez dans la rue ou quand vous êtes seul·e chez vous. Vous vous sentez épié·e, écouté·e, suivi·e. Vous avez la sensation que les gens parlent de vous et complotent à votre sujet. Vous avez peur qu'on lise dans vos pensées, par télépathie, ou qu'une force supérieure contrôle vos faits et gestes et vous manipule à distance. Ces phénomènes, sans être courants, ne sont pas si rares, et vous donnent un sentiment diffus de persécution qui peut fortement vous stresser et vous isoler socialement.

QUE FAIRE ?

Si vous souffrez d'une **phobie**, un·e psychologue ou un·e psychiatre vous aidera à déconstruire certains schémas de pensée qui vous font perdre vos moyens, à l'aide d'exercices de thérapie comportementale et cognitive (voir p. 68).

En cas de **trouble de stress post-traumatique**, l'EMDR (*eye movement desensitization and reprocessing*) est une psychothérapie souvent efficace qui consiste à retraiter des souvenirs traumatiques pour tenter de les débarrasser des charges affectives négatives (sensations, émotions, pensées) qui y sont associées (voir p. 74). Des médicaments anxiolytiques peuvent vous soulager sur le court terme, mais attention aux benzodiazépines comme le diazépam (Valium®), le bromazépam (Lexomil®) ou le zolpidem (Stilnox®), qui peuvent créer une dépendance et parfois entraîner une fixation plus importante du souvenir traumatique (voir p. 85 pour nos explications sur les médicaments).

Enfin, les symptômes concernant la sensation de **paranoïa** peuvent avoir des causes diverses : la consommation de cannabis ou d'autres drogues, le manque de sommeil et quelques troubles psychiques comme la schizophrénie (idées délirantes paranoïdes), les troubles de personnalité paranoïaque ou certaines formes de dépression. Identifier la cause vous permettra le traitement adapté auprès du ou de la professionnel·le spécialisé·e : addictologue (voir p. 154), psychiatre (voir p. 98 pour plus d'informations sur les maladies psychiques).

« J'ai l'impression de ne pas avoir les codes sociaux ou qu'on me juge en permanence »

QUE VOUS ARRIVE-T-IL ?

Peut-être avez-vous la sensation, depuis votre plus jeune âge, d'avoir des difficultés, voire une incapacité totale, à comprendre et reproduire les codes sociaux, les convenances que les autres acquièrent généralement avec le temps et qu'ils ou elles semblent suivre ensuite automatiquement, plus ou moins consciemment.

Vous pouvez aussi avoir la sensation que vos moindres faits et gestes sont surveillés, épiés par celles et ceux qui vous entourent, comme s'ils ou elles pouvaient lire à travers vous comme dans un livre ouvert, une sensation d'être nu·e psychiquement, de dévoiler des choses très intimes de vous par un mot ou un geste. Vous pouvez avoir peur de sembler ridicule en essayant de lancer une blague, être terrifié·e à l'idée de renvoyer une image sale quand vous mangez avec les autres. Vous n'osez pas prendre la parole parce que vous n'avez pas confiance en vous. Alors vous préférez rester discret·ète, voire seul·e.

L'AVIS DU PSY

Ces difficultés peuvent concerner les personnes autistes : vous pouvez être gêné·e dans des situations sociales en apparence quelconques, comme des moments qui se prêtent à des échanges de banalités sur le temps qu'il fait par exemple. Vous rencontrez parfois des difficultés à vous intéresser à ce que dit la personne en face de vous. Aussi, la distance physique sociale peut être difficile à établir sereinement : « Comment dois-je me positionner ? Face à mon interlocuteur·ice ou un peu de biais ? Assez loin, où je me sens plutôt bien ? Un peu plus proche, au risque de m'exposer à un inconfort sensoriel ? » Ces « calculs » sont parfois à l'origine d'une fatigue importante car ils demandent une adaptation permanente pas toujours naturelle.

Par ailleurs, si vous avez du mal à décoder les émotions des autres, vous avez en retour des difficultés à les mimer pour vous les approprier vous-même en miroir. Avec le temps, vous êtes peut-être parvenu·e à « rentrer dans le moule » pour ne pas éveiller les soupçons, ce qui peut vous causer une grande perte d'énergie et la crainte d'être démasqué·e de votre neurodiversité et des représentations sociales négatives qui y sont encore trop souvent associées (voir p. 216).

Il peut également s'agir de phobie sociale, qui crée une grande anxiété dans les moments de vie sociale. Vous craignez alors en permanence le jugement des autres, ce que vos proches, amie·s, ou même des inconnu·es, pourraient penser de vous en vous écoutant parler, en vous regardant manger, en vous côtoyant. Ce trouble peut être si intense, à l'origine d'un stress si douloureux, qu'il peut progressivement vous écarter de la vie en société (voir p. 122).

QUE FAIRE ?

Si vous vous reconnaissez dans ces descriptions, sachez tout d'abord que vous n'êtes pas seul·e à les vivre et que des solutions efficaces existent. Ces difficultés sociales s'accompagnent et peuvent, si elles sont trop invalidantes et inconfortables au quotidien, bénéficier d'outils et de soins spécialisés.

Si vous avez des difficultés à détecter et interpréter les codes sociaux : de plus en plus de psychiatres, psychologues, infirmier·ères, etc., se forment aux thérapies cognitivo-comportementales (TCC) afin de proposer des ateliers de renforcement aux habiletés sociales, sortes d'exercices et mises en situation pour vous aider, avec des exemples très pratiques, à vous sentir plus à l'aise en société. L'idée ici est plutôt d'identifier vos besoins, les situations qui vous mettent en difficulté, et de vous accompagner pour mieux les gérer, pour vivre votre vie comme vous l'entendez, et ne plus la subir.

Si vous souffrez de phobie sociale, les TCC sont très efficaces pour diminuer vos angoisses et pensées catastrophistes, ces pensées qui tentent chaque jour de vous convaincre que vous êtes nul·le, inintéressant·e et qu'il vaudrait mieux vous taire à jamais. D'autres types de psychothérapie permettent aussi d'améliorer l'estime que vous avez de vous-même. De même, certains médicaments comme les antidépresseurs peuvent être très efficaces et vous aider à vous sentir moins jugé·e en permanence, et ainsi abaisser votre seuil d'hypervigilance (voir p. 85).

« Je n’arrive pas à me concentrer et à écouter ce qu’on me dit »

QUE VOUS ARRIVE-T-IL ?

Vous êtes en soirée, avec des ami·es. Tout le monde semble s’amuser, prendre du bon temps et discuter. Mais vous, de votre côté, vous vous sentez isolé·e, incapable de suivre le fil de la conversation. Vous faites évidemment mine de suivre ce qui se dit, vous répondez deux ou trois banalités afin de ne pas trop éveiller les soupçons et donner le change. L’objectif pour vous est de ne pas être démasqué·e. Mais en vérité, vous êtes dans votre bulle, dans vos pensées, avec de grandes difficultés à vous concentrer sur ce qui se passe autour de vous.

L’AVIS DU PSY

Tout d’abord, il se peut que vous n’arriviez pas à suivre le fil de ce qu’on vous dit pour la simple et bonne raison que le sujet ne vous intéresse pas.

Mais il peut aussi s’agir d’un **trouble du déficit de l’attention avec ou sans hyperactivité** (TDAH). Peut-être avez-vous la sensation de vous lasser facilement des choses, en général, et depuis toujours, de vous ennuyer un peu partout, sauf lorsqu’il s’agit d’activités vraiment stimulantes et qui vous donnent une récompense immédiate, une source de plaisir qui vous procure un effet renforçateur : un sport, un jeu vidéo, une sensation forte. Si vous êtes comme cela, alors dans les situations que vous trouvez un peu molles et tièdes, un peu ennuyeuses, où les stimulations ne sont pas évidentes et soutenues, vous avez du mal à tenir la longueur. Si cette tendance à rapidement vous ennuyer se traduit également par des difficultés à vous concentrer précisément lorsqu’on s’adresse à vous, à l’oral ou à l’écrit, à suivre les cours ou des instructions, alors peut-être présentez-vous un TDAH.

Si vous souffrez d’une **dépression**, vous pouvez aussi avoir du mal à vous intéresser et à suivre les événements qui se passent autour de vous. C’est un peu comme si le cerveau subissait une inflammation, que toutes les aires étaient atteintes, à des degrés plus ou moins importants : la mémoire, le plaisir, l'envie, le sommeil, la gestion des émotions. Comme vous êtes comme dans un brouillard épais qui vous isole des autres, quand on vous parle, vous ne comprenez pas toujours tout. Vous devez vous concentrer plus que d'habitude, mais vous évitez de perdre le peu de force qu'il vous reste dans des tentatives de compréhension de phrases qui, en plus, ne vous intéressent pas tant que cela.

Enfin, des **ruminations anxieuses** incessantes peuvent également vous empêcher de vous concentrer, au travail ou dans votre vie sociale. De manière similaire, des **troubles obsessionnels compulsifs** (TOC) produisent le même effet désastreux, comme cette phrase que vous vous répétez à vous-même, à longueur de temps, sans jamais pouvoir y répondre à moins de vérifier en personne : « Ai-je bien fermé le robinet de l'évier en partant ce matin ? » Les angoisses sont puissantes et lorsqu'elles vous préoccupent trop, qu'elles sont trop fréquentes ou trop intenses, ou les deux, impossible pour vous de converser tranquillement avec un·e ami·e comme si de rien n'était. Vous faites répéter, vous avez du mal à vous intéresser, vos obsessions vous accaparent (voir p. 126).

QUE FAIRE ?

Dans le cas d'une suspicion de **TDAH**, si les sensations éprouvées se répètent et entraînent une souffrance chez vous, le mieux reste de consulter un·e spécialiste pour explorer cette piste : c'est un trouble fréquent qui touche environ 5 % des enfants et 2 à 5 % des adultes, et pour lequel des solutions existent (voir p. 213).

Si ce manque de concentration s'accompagne d'un désintérêt général et vous évoque les symptômes d'une **dépression** (voir p. 101), la première étape est de consulter votre médecin généraliste.

Enfin, dans le cas de **ruminations anxieuses** ou de **TOC**, en consultant un·e spécialiste (psychiatre, psychologue), vous pourrez d'une part mettre des mots sur ce qu'il vous arrive et d'autre part bénéficier d'un traitement (médicament, psychothérapie cognitivo-comportementale ou autre) pour diminuer ou faire disparaître ces phénomènes douloureux qui vous isolent des autres et parfois de vous-même.

Et les drogues dans tout cela ?

Chez les personnes souffrant d'addiction, le manque de substance peut s'avérer si angoissant et terrifiant qu'elles seront dans l'incapacité de se concentrer sur une tâche autre que le fait de chercher un moyen de consommer.

Les gens anxieux se retrouvent fréquemment pris au piège des drogues : celles-ci, et particulièrement l'alcool, du moins au début, peuvent faire baisser les angoisses de manière si intense que la concentration peut s'en trouver momentanément améliorée : on est moins angoissé·e, on a moins de pensées obsédantes qui fusent, par conséquent on se sent davantage dans l'instant présent.

Mais au fur et à mesure qu'on prend la mauvaise habitude de gérer ses angoisses de cette façon, les symptômes vont peu à peu s'aggraver alors même qu'on se retrouve avec un nouveau problème à gérer : l'addiction (voir p. 151).

« J'ai des problèmes d'impulsivité, je suis parfois violent·e »

QUE VOUS ARRIVE-T-IL ?

Souvent, le sang vous monte à la tête et vous pourriez tout casser autour de vous, comme si plus rien ne vous retenait, toutes les barrières cèdent en même temps, à la même seconde. Dans votre cerveau, c'est comme un déclic, une étincelle. Alors vous ne vous contrôlez plus, des hurlements surviennent, ou des coups, ou les deux. Vous pouvez frapper les autres, ou vous-même, ou tout le monde sans faire dans le détail.

Parfois, les situations qui déclenchent ces états vous sont connues et bien identifiées : un mot que vous ne supportez pas, une manière qu'on a de vous qualifier, un sentiment d'injustice, une insulte, votre enfant qui vous désobéit, quelqu'un qui vous coupe la route. Vous en venez aux mains immédiatement, à chaque fois. C'est plus fort que vous. Plus personne ne peut vous faire entendre raison. Ensuite, souvent, vous culpabilisez, vous regrettez, vous vous confondez en excuses (mais pas toujours).

L'AVIS DU PSY

On a tou·tes des cerveaux différents, des manières personnelles de réagir à des situations de stress et des capacités de se contrôler qui varient. On a tou·tes (ou presque) déjà eu envie de mettre une gifle à quelqu'un qui s'adressait à nous de manière insultante et humiliante, de saisir quelqu'un par le col à la suite d'une incivilité. Mais de là à franchir le cap, il y a un pas qu'on ne franchit pas tou·tes, qui dépend aussi grandement du contexte social, de notre bagage génétique et de notre état de fatigue à un instant précis – et aussi des substances consommées juste avant…

Une plus grande impulsivité peut être rencontrée dans différentes situations :

- **Vous pouvez être plus impulsif·ve que les autres** et n'avoir aucun autre problème associé. Mais votre impulsivité peut causer des mises en danger. L'un des facteurs aggravants, c'est que pour la juguler, vous allez fréquemment vous tourner vers des substances que vous considérez comme efficaces pour gérer vos émotions, mais c'est souvent l'effet inverse qui se produit, et l'impulsivité finit en fait par augmenter et l'emporter.
- **Si vous souffrez d'un trouble du déficit de l'attention avec ou sans hyperactivité** (TDAH), l'impulsivité est souvent plus élevée, avec parfois des accès de violence envers vous-même (scarifications par exemple, voir p. 29), ou contre les autres. En fait, vous vous contrôlez moins facilement que les autres.
- **Dans le cas d'une dépression irritable** (qu'on oppose à la dépression léthargique), d'un trouble bipolaire, ou encore lorsque le manque de sommeil s'accumule (comme après la naissance d'un·e enfant), vous pouvez présenter plus facilement des accès de violence verbale ou physique.
- **Si vous avez un trouble de personnalité psychopathe**, vous serez plus enclin·e à commettre des actes de violence sur autrui, en raison d'une plus grande impulsivité mais aussi d'un défaut majeur d'empathie, ce qui rend difficile le fait de vous représenter la souffrance que les autres peuvent ressentir.

QUE FAIRE ?

Si vous vous reconnaissez dans ces situations, que vous passez régulièrement à l'acte sur vous-même ou les autres, que vous constatez être souvent violent·e, que ce soit verbalement ou physiquement, il est de votre responsabilité de consulter un·e spécialiste, qu'il s'agisse d'un·e médecin généraliste, d'un·e psychiatre ou d'un·e psychologue, pour faire le point sur ce comportement problématique, ses répercussions sur vous-même et les autres, et les solutions possibles :

- **Si cette violence est liée à un trouble psychique**, il est fort probable que le traitement (médicaments, psychothérapies) améliore grandement vos accès de violence. De même, la prise en charge d'addictions associées viendra diminuer encore un peu le risque de perdre le contrôle de vous-même, l'alcool étant par exemple un puissant désinhibant qui rend souvent violent·e (voir p. 151).

- **La recherche d'un événement particulièrement traumatisant**, comme des négligences dans l'enfance, des parents violents ou un viol, peut permettre une prise en charge et un accompagnement, par une psychothérapie notamment, afin de réduire autant que possible leurs impacts actuels sur votre quotidien, mais aussi renforcer votre propre estime. Cependant, il ne faut pas tomber dans la caricature : ce n'est pas parce que vous avez subi des agressions verbales, physiques, sexuelles dans l'enfance ou à l'âge adulte que vous reproduirez vous-même ces comportements sur les autres.

Attention aux clichés !

Excepté en cas de consommation de substances, les personnes souffrant de troubles psychiques ne sont pas plus dangereuses que la population générale en ce qui concerne l'agressivité envers les autres. En revanche, elles sont plus souvent agressives envers elles-mêmes et plus souvent victimes d'agressions, notamment du fait d'une plus grande vulnérabilité.

« Je me mutile »

QUE VOUS ARRIVE-T-IL ?

Vos émotions débordent-elles brutalement jusqu'à devenir incontrôlables ? Un sentiment puissant de colère surgit-il ? Une violence dirigée contre vous, les autres, personne ou tout le monde à la fois ? Une angoisse massive vous dévore-t-elle ? Des souvenirs tragiques et douloureux vous rongent-ils en profondeur ?

Dans ces situations extrêmes et difficilement descriptibles, vous en arrivez parfois malheureusement à saisir un couteau, une lame, une aiguille, et à retourner l'objet contre vous.

L'AVIS DU PSY

Les automutilations non suicidaires (ANS), ou les lésions auto-infligées non suicidaires, rassemblent différentes blessures qu'une personne s'inflige à elle-même. Elles semblent plus fréquentes à l'adolescence et se raréfient généralement au fur et à mesure que l'âge avance.

Il existe différents types d'automutilations :

- Les scarifications : le fait de se trancher ou de léser la peau avec un couteau, des ciseaux, un rasoir ou tout autre objet tranchant. Souvent au niveau des poignets, elles peuvent aussi se voir partout sur le corps, notamment les cuisses et le ventre.
- Les brûlures (cigarettes, briquet, bougie...).
- Les morsures.
- S'arracher les cheveux.
- Le fait de se taper soi-même contre un mur ou toute autre surface dure.
- Le *skin-picking* : généralement classé dans les troubles obsessionnels compulsifs (TOC), il s'agit du fait de créer ou gratter, presser, écorcher des lésions sur la peau (blessures, croûtes) pour les entretenir, ce qui empêche leur cicatrisation.

Les automutilations que vous vous infligez peuvent être automatiques – vous ne vous rendez pas compte que vous êtes en train de les faire – ou conscientes : vous savez précisément ce que vous faites au moment où vous les réalisez, de manière concentrée et souvent précise. Ce qui n'enlève en rien à la souffrance psychique que vous éprouvez à cet instant.

Les causes de ces phénomènes sont complexes et souvent multiples. **Plusieurs effets peuvent être recherchés :**

- Le besoin de contrer des pensées anxieuses ou obsédantes en faisant diversion par le corps, quitte à le blesser ou l'abîmer.
- Un moyen de chasser des idées suicidaires envahissantes.
- Un moyen de vous punir pour un acte dont vous estimez être coupable (violences sexuelles, viols subis ou exercés sur autrui).
- Une manière de demander de l'aide à vos proches lorsque vous rencontrez des difficultés à mettre des mots sur vos émotions, ou quand vous n'avez pas appris à les verbaliser.

Si vous avez été victime d'agressions sexuelles ou de viols, si vous souffrez de troubles de la personnalité borderline ou du spectre de l'autisme, de dépression, d'anorexie mentale, ou si vous êtes en état de stress post-traumatique ou dépendant·e à l'alcool, il y a plus de risques que vous vous automutiliez. Mais on peut vous aider.

QUE FAIRE ?

Les traitements dépendent évidemment des causes et des troubles psychiques associés. Certains médicaments sont parfois indiqués (antidépresseurs, neuroleptiques, antiépileptiques, voir p. 85) et les psychothérapies peuvent s'avérer efficaces, notamment les thérapies cognitivo-comportementales (voir p. 68), afin de vous aider à prendre conscience des schémas de pensées conduisant aux automutilations et adopter d'autres stratégies de régulation émotionnelle.

Comment réagir si vous surprenez votre enfant en train de se faire du mal ?

En tant que parent ou proche, on peut se sentir profondément choqué·e et bouleversé·e de voir un·e enfant ou un·e adolescent·e se scarifier ou se faire du mal d'une autre manière. Voici quelques conseils pour vous aider à réagir si vous êtes témoin de ce genre de scène :

➔ **Ne le ou la culpabilisez pas**. Il ou elle verra sûrement que vous êtes triste et peiné·e par la scène. Vous allez peut-être aussi paniquer car on ne sait jamais comment on va réagir sur le moment quand on voit son enfant le bras ensanglanté ou qu'on découvre des cicatrices anciennes et insuffisamment dissimulées. C'est normal, vous faites comme vous pouvez, mais essayez de ne pas lui en vouloir. Vous pouvez par exemple dire que vous comprenez par ce geste qu'il existe une souffrance chez lui ou elle et que vous allez tout faire pour l'aider à mettre des mots dessus et tenter de trouver d'autres solutions que les automutilations. Vous pouvez le dire autrement, par exemple : « Je sais que tu te fais du mal pour te sentir un peu moins mal, comme pour ressentir un peu de bien quand tu ne vas pas bien, mais cela abîme ton corps et cela m'inquiète, donc on va essayer de trouver d'autres solutions, si tu es d'accord. » Indiquez-lui qu'il faut quand même consulter un·e spécialiste pour s'assurer qu'il n'y a pas d'autres causes qui nécessitent des traitements spécifiques.

➔ **Demandez-lui s'il ou elle a des idées suicidaires associées**, c'est-à-dire une volonté nette de mettre fin à ses jours, ou pas du tout. Il ou elle vous répondra peut-être qu'il ou elle ne sait pas trop, qu'il ou elle est un peu perdu·e. Essayez de ne pas dramatiser la situation mais s'il ou elle vous répond « oui », contactez les urgences ou le 3114.

➔ **Sollicitez l'aide immédiate de professionnel·les formé·es** pour faire le bilan de l'épisode récent, recueillir la parole de votre enfant et la vôtre. Ce sera l'occasion de débuter un suivi, que ce soit chez votre médecin généraliste, dans un centre médico-psychopédagogique (CMPP, voir p. 249) ou aux urgences. Une prise en charge rapide aide l'enfant à trouver des stratégies gagnantes et évite de faire perdurer ces comportements à risque.

➔ **N'oubliez jamais la possibilité de violences sexuelles**, causes fréquentes de scarifications (voir p. 256).

« J'entends des voix ou je vois des choses bizarres »

QUE VOUS ARRIVE-T-IL ?

Vous êtes tranquillement chez vous, quand quelqu'un vous chuchote à l'oreille une phrase qui n'a pas forcément de sens, ou à l'inverse, des mots qui font écho à quelque chose que vous venez de vivre. Cette voix peut vous dire : « Tu es nul·le, tu n'y arriveras jamais », ou elle peut sembler bienveillante : « Tu es séduisant·e aujourd'hui, reste comme tu es. »

Cette voix est tantôt féminine, tantôt masculine, tantôt un mélange des deux. Parfois, vous avez l'impression qu'il y en a plusieurs qui discutent dans un brouhaha permanent et épuisant. Vous pouvez être seul·e, ou apercevoir une forme étrange, à moitié humaine, vaporeuse, qui vous donne la sensation de percevoir des âmes ou des défunt·es.

Vous hésitez à en parler à vos proches ou au contraire à le garder pour vous, par crainte qu'on vous prenne pour un fou ou une folle. Car si vous entendez réellement ces voix, si vous voyez réellement ces visions, si vous ressentez vraiment des insectes sur votre peau, c'est bien que cela existe, non ? On va vous dire que c'est dans votre tête. Mais comment en être sûr·e ?

Tel est le dilemme vertigineux dans lequel sont propulsées les personnes qui expérimentent des hallucinations : « Suis-je dans le réel ou dans un monde parallèle ? »

L'AVIS DU PSY

On estime qu'environ une personne sur dix aura au moins une fois dans sa vie une hallucination, qu'elle soit auditive, visuelle, tactile ou autre.

Leurs causes sont très nombreuses comme le manque de sommeil, les migraines, la consommation d'alcool et certaines drogues hallucinogènes (cannabis, champignons), certains médicaments et leur sevrage, certains états de stress post-traumatique, la schizophrénie (même si on n'entend pas forcément des voix lorsqu'on souffre de cette maladie, voir p. 193), certaines formes de dépression...

Les hallucinations peuvent vous exposer à des risques :

- Des accidents : des voix qui vous disent de sauter d'une fenêtre par exemple, ou de fermer les yeux en conduisant...
- Un isolement social : sentiment de honte, peur d'en parler aux autres, risque de vivre dans une réalité alternative.
- Un décrochage scolaire, un retentissement professionnel : difficultés à vous concentrer en même temps que les voix vous parlent.
- Une consommation de substances souvent utilisées pour tenter de contrôler ou diminuer les hallucinations – mais le plus souvent, cela les aggrave.
- Des idées suicidaires, par épuisement ou par injonction : « Les voix me disent de me suicider. »

Mais les hallucinations ne sont pas forcément synonymes de maladie. De nombreuses personnes entendent quotidiennement des voix sans que cela provoque une gêne ou de la souffrance. Si les voix ne sont pas inquiétantes, ou sont même agréables, il n'y a aucune raison de médicaliser la situation. D'ailleurs, des groupes d'entendeur·euses de voix se forment un peu partout en France pour justement permettre de discuter du contenu des hallucinations et tenter d'y mettre un certain sens, une démarche qui peut parfois être la source d'un soulagement.

QUE FAIRE ?

Si vos hallucinations sont particulièrement intenses et envahissantes, et qu'elles retentissent sur votre qualité de vie, consultez un·e médecin pour essayer de comprendre le mécanisme en question et vous apporter les soins nécessaires : votre médecin généraliste, un·e psychiatre ou un·e urgentiste par exemple.

Si les hallucinations proviennent d'un trouble psychique, les traitements qui vous seront proposés seront liés. Par exemple, pour la schizophrénie, des médicaments de la famille des neuroleptiques pourront être indiqués (voir p. 88). Mais si vos hallucinations sont secondaires à des consommations de substances, un·e addictologue sera sûrement plus adapté·e à vos besoins (voir p. 154).

« J'ai la sensation que ma personnalité est vraiment différente de celle des autres »

QUE VOUS ARRIVE-T-IL ?

Vous avez peut-être la sensation de fonctionner d'une manière vraiment distincte des autres, et ce, depuis toujours, c'est-à-dire depuis que votre identité s'est structurée autour de l'enfance et l'adolescence, ce mélange de votre tempérament de base et de votre caractère, façonné au fil de vos rencontres, vos expériences… et vos traumatismes.

Depuis, vous rencontrez des difficultés à faire comme les autres, eux ou elles qui semblent s'adapter si bien à différentes situations, de manière souple et naturelle. Ainsi peut-être fuyez-vous les interactions sociales par peur du rejet et des critiques, ou bien vous ne prenez aucun plaisir dans ces échanges justement. Parfois, vous pouvez aussi avoir le sentiment que le monde autour dit du mal de vous et vous vous en méfiez à l'extrême. À l'inverse, peut-être avez-vous la sensation de toujours dépendre des autres pour la moindre décision ou action. Peut-être jugez-vous plutôt n'avoir besoin de personne pour réussir ce que vous entreprenez, car vous vous considérez comme le ou la meilleur·e et supérieur·e aux autres.

L'AVIS DU PSY

Il existe tout un éventail de personnalités (borderline, narcissique, évitante, paranoïaque, etc., voir p. 174) dans lesquelles vous pouvez plus ou moins vous retrouver, mais celles-ci ne deviennent un trouble psychique que si elles sont chez vous à l'origine d'une souffrance importante ou d'un retentissement notable sur vos relations sociales, familiales, amicales, professionnelles, etc.

Les troubles de personnalité concernent environ 10 % de la population et sont souvent associés à une plus grande consommation de substances (alcool, tabac, drogues), des complications psychiques (dépression, anxiété, idées suicidaires, état de stress post-traumatique) et sociales (licenciement, épuisement familial, ruptures sentimentales, etc.). Les causes sont multiples, mêlant vulnérabilité génétique, carences affectives dans l'enfance ou bien des viols et agressions sexuelles subis à cette période (voir p. 256).

QUE FAIRE ?

Si vous vous sentez concerné·e, que vous avez la sensation d'être bloqué·e dans des schémas de fonctionnement rigides qui vous épuisent moralement et socialement, vous ou votre entourage, ou les deux, que vous souhaitez de l'aide pour tenter de modifier votre manière d'être, sachez que **certaines psychothérapies peuvent vous être proposées**, afin de moduler certains traits de votre personnalité, ceux qui vous gênent le plus, et tenter de vous rendre la vie plus confortable.

Il s'agira aussi de prendre en charge vos troubles associés, souvent présents, qu'il s'agisse d'addictions ou d'un traumatisme psychique ayant possiblement joué un rôle dans la structuration de votre personnalité.

Un point essentiel à retenir est que les troubles de personnalité peuvent s'améliorer quand on avance en âge et qu'on a développé certaines capacités d'adaptation sociale.

Méfiez-vous !

Attention au marché florissant du développement personnel, où on peut vous vendre des tests de personnalité plus ou moins farfelus. Le mieux reste de consulter un·e spécialiste de santé mentale.

« Je ne me sens pas très bien, mais je n'ai rien de tout cela. Est-ce que consulter me ferait du bien ? »

QUE VOUS ARRIVE-T-IL ?

Sans forcément identifier précisément vos émotions, vous pouvez vous sentir globalement mal, pas bien, dans un inconfort diffus, un peu plus fatigué·e que d'habitude, avec un peu moins d'envie de faire les choses – que vous faites quand même, de manière automatique –, avec un sommeil qui devient un peu capricieux, même si vous finissez par vous endormir, avec des pics d'angoisse dans la journée, sans non plus vivre des attaques de panique massives (voir p. 118).

Vous pouvez aussi remarquer que vous multipliez les sorties, comme des prétextes à consommer un peu plus d'alcool que d'habitude, ou d'autres drogues, comme si vous vous automédiquiez face à un mal un peu plus profond. Vous sentez un mal-être que vous peinez à bien cerner, avec une tendance à minimiser et à vous raconter des histoires pour vous rassurer.

Cela peut durer quelques jours, puis s'arrêter, ou survenir à des périodes précises, comme avec le *blues* hivernal qui peut débuter dès l'automne chez certaines personnes, à cause de la moindre quantité de lumière à laquelle elles sont exposées. Vous mangez aussi un peu plus que d'habitude, et vous avez un peu moins de motivation pour faire du sport.

Il n'y a rien de dramatique, mais une tendance négative qui semble s'installer, des signes qui surviennent sans trop de raison, ou alors que vous pouvez mettre en lien avec un épisode de vie précis : vos enfants qui partent de la maison, un deuil difficile, la retraite qui arrive, un traumatisme que vous pensiez avoir réglé et qui resurgit. Ces signes, parfois à bas bruit, peuvent devenir lourds à gérer pris tous ensemble, et vous pouvez bénéficier d'une aide précieuse face à eux.

L'AVIS DU PSY

Si vous ne vous reconnaissez pas vraiment dans les parties précédentes de ce chapitre, il se peut quand même que consulter un·e professionnel·le de santé mentale, qu'il s'agisse d'un·e psychiatre, d'un·e psychologue ou d'un·e psychothérapeute, vous soit bénéfique. En effet, on ne coche pas toujours tous les signes d'un syndrome médical, et pour autant on peut avoir besoin d'aide pour mieux gérer ses émotions, son humeur au quotidien, et surtout pour apprendre à bien identifier et nommer nos émotions. On n'est pas tou·tes égaux ou égales devant le décodage, le décryptage des sensations et vécus qui nous traversent : certain·es plus que d'autres ont besoin d'un·e spécialiste pour comprendre ce qu'ils ou elles expérimentent.

Par ailleurs, certaines souffrances psychiques qu'on peine à identifier clairement peuvent parfois être associées, sans forcément qu'il y ait de cause à effet, à des signes physiques inexpliqués, plus ou moins invalidants au quotidien. Des diarrhées qui vont et viennent, parfois un bras qui fonctionne moins bien, temporairement, des boutons qui apparaissent sur la peau, une articulation qui fait mal. Et le ou la médecin généraliste, de même que les différent·es spécialistes, ne trouvent rien de particulier. Cette errance médicale peut, à terme, peser sérieusement sur le moral et nécessiter un soutien psychique. Il est alors possible que, durant ce suivi, chez certaines personnes, un accompagnement psychologique puisse venir soulager une partie, voire la totalité des symptômes physiques en question. Par des mécanismes qui ne sont pas encore très bien compris, même en 2024, prendre soin de la tête peut venir soulager le corps, et vice versa (voir p. 203).

QUE FAIRE ?

Quand vous sentez, en vous, que quelque chose ne va pas, que cela dure depuis quelque temps et que vous n'avez pas obtenu de réponse chez votre médecin généraliste ou les éventuel·les spécialistes que vous avez consulté·es, avec ce sentiment de ne pas avancer, voire de reculer, l'avis d'un·e professionnel·le de santé mentale diplômé·e peut venir apporter sinon des réponses, au moins un soutien ponctuel dans l'épreuve que vous traversez, quelle qu'elle soit. Mieux vaut globalement s'inscrire dans une démarche préventive, dans ces situations, que d'attendre trop longtemps que les choses empirent.

Je me sens plutôt bien, dois-je quand même voir un·e psy ?

Même quand vous allez plutôt bien, vous pouvez être tenté·e de vouloir aller encore mieux, de vous connaître davantage vous-même : savoir mieux identifier et gérer vos émotions, comprendre les mécanismes de votre psyché, faire des liens entre des événements importants de votre enfance et votre vie d'adulte, répondre à des questions que vous vous posez concernant les schémas relationnels que vous avez tendance à répéter avec vos ami·es et vos proches, obtenir des conseils sur l'importance du sport, les liens entre l'alimentation et le moral (psychonutrition), pour optimiser votre sommeil, etc.

Ce voyage n'intéresse pas tout le monde et n'a rien d'obligatoire, mais chez certain·es, il peut s'avérer une aventure palpitante et riche d'enseignements. Celui-ci peut aussi être une perte de temps et d'argent si vous ne rencontrez pas la bonne personne au bon moment, si vous vous exposez à des théories fumeuses qui peuvent vous égarer.

Trouver le ou la psy idéal·e pour vous accompagner vers une meilleure connaissance de vous-même, au bon moment, et qui n'est pas déjà débordé·e par des demandes de personnes en grande souffrance, c'est un peu une question de chance et de hasard, mais c'est possible (voir p. 54). Ensuite, de la même manière que vous allez régulièrement faire des bilans chez le ou la dermatologue ou dentiste, vous pouvez imaginer des visites de routine chez votre psy.

CHAPITRE 2

Qui consulter quand on ne va pas bien ?

Si vous avez la sensation que quelque chose ne va pas mentalement, psychiquement – que ce soient des angoisses incontrôlables, une absence d'énergie et de goût pour la vie ou des problèmes de sommeil – il faut toujours d'abord aller consulter votre médecin généraliste pour qu'il ou elle s'assure que votre problème est bien d'ordre psychique. C'est seulement lorsque toute cause physiologique est écartée qu'il ou elle peut vous conseiller d'aller voir un·e psy. Mais derrière ce mot très court se cachent différentes réalités : psychiatre, psychologue, psychothérapeute, etc.

Ce chapitre est destiné à vous donner les clés pour vous y retrouver devant toutes ces dénominations qui désignent des professionnel·les différent·es et pour choisir celui ou celle qui vous correspond le mieux.

Pourquoi commencer par consulter son ou sa médecin traitant ?

ON DOIT S'ASSURER QUE VOUS NE SOUFFREZ PAS D'UNE MALADIE PHYSIQUE

Votre médecin doit commencer par éliminer toute cause physique : des problèmes en apparence psychologiques sont parfois secondaires à des anomalies et dysfonctionnements physiques. Par exemple, un mauvais fonctionnement de la glande thyroïde peut entraîner des changements d'humeur qui vont alors mimer un trouble bipolaire. Ou alors, des problèmes de sommeil, et même une dépression, peuvent être la conséquence d'un syndrome d'apnées du sommeil.

Attribuer immédiatement une explication psychologique à ce genre de symptômes vous expose à différents risques. D'abord, celui de ne pas être diagnostiqué·e pour le bon problème, et de ne pas recevoir le bon traitement au bon moment. Les symptômes vont durer dans le temps, sûrement s'aggraver et altérer votre confort de vie. Ce qui détériorera d'autant plus votre santé mentale, même si initialement votre problème n'avait rien de psychologique.

VOTRE MÉDECIN TRAITANT PEUT VOUS AIDER SUR LE PLAN PSYCHOLOGIQUE

Si vous rencontrez une difficulté psychologique, votre médecin généraliste peut aussi vous apporter les premières explications et des conseils concernant votre hygiène de vie. En effet, en faisant par exemple davantage de sport ou en réduisant votre consommation de tabac ou d'alcool, vous pouvez déjà nettement améliorer une anxiété excessive ou une tristesse de l'humeur qui commence à s'installer.

Certain·es médecins généralistes maîtrisent également des techniques de psychothérapie et pourront vous proposer leurs services. Si un médicament est envisagé, comme un antidépresseur, votre médecin traitant est tout à fait habilité·e à le prescrire.

VOTRE GÉNÉRALISTE PEUT VOUS ORIENTER VERS UN·E PROFESSIONNEL·LE DE SANTÉ MENTALE

Si votre médecin traitant ne s'estime pas suffisamment formé·e pour prendre en charge vos difficultés psychiques, lorsqu'il ou elle se sent dépassé·e ou a besoin d'un avis complémentaire, il ou elle peut vous orienter vers un·e psychologue ou un·e psychiatre avec lequel ou laquelle il ou elle a l'habitude de travailler.

Votre médecin vous posera certainement quelques questions pour vous recommander la personne la plus adaptée : un·e psychiatre ou un·e psychologue ? Dans un centre médico-psychologique ou en libéral ? Une thérapie brève ou plutôt un accompagnement au long cours ?

Vous pouvez consulter un·e psy directement

Vous n'avez pas besoin de l'autorisation ou d'une lettre de votre médecin traitant pour consulter un·e psychiatre ou un·e psychologue. Toutefois, votre consultation chez le ou la psychiatre sera mieux remboursée si vous passez d'abord par un·e médecin généraliste (c'est ce qu'on appelle le parcours de soins).

Les différents types de psys

Pour vous aider à vous repérer dans votre parcours, ou trouver la personne qui vous convient dans le cas où votre médecin n'a pas de professionnel·les de santé à vous recommander, voyons ensemble ce qu'on entend par « psy », un mot derrière lequel se cachent des métiers très différents et aux encadrements légaux inégaux.

LE OU LA PSYCHIATRE

Un·e psychiatre est un·e médecin spécialisé·e en psychiatrie. Il ou elle a d'abord effectué un tronc commun de six années d'études pour apprendre le fonctionnement global du corps humain, les bases de la relation de soin, les maladies et les différents traitements disponibles. Ensuite, il ou elle a continué son cursus durant quatre années de spécialisation pour devenir psychiatre. L'internat de psychiatrie comprend huit stages de six mois dans différents services : pédopsychiatrie, unités pour malades difficiles (UMD), unités de soins psychiatriques libres, unités de soins sans consentement (ou « unités fermées »), centres médico-psychologiques (CMP), urgences psychiatriques, etc.

Le cursus se termine par la thèse, qui lui donne le titre de docteur·e en médecine. Un·e médecin psychiatre a donc le droit de poser un diagnostic médical, de prescrire des médicaments ou des examens, d'établir des arrêts de travail et des certificats médicaux en tous genres (comme des demandes de prestations sociales, voir p. 273).

Dans quels cas consulter un·e psychiatre ?

En général, on consulte un·e psychiatre lorsqu'on souffre de troubles psychiques intenses et invalidants : dépression, idées suicidaires, anorexie mentale, troubles anxieux, trouble bipolaire, etc. Le ou la psychiatre participe aussi au diagnostic de troubles neurodéveloppementaux comme les troubles du spectre de l'autisme et le trouble du déficit de l'attention avec ou sans hyperactivité (TDAH).

Si vos troubles ont un retentissement majeur sur votre quotidien, nous vous conseillons d'aller voir un·e psychiatre, qui pourra ensuite vous réorienter vers un·e psychologue si besoin, en fonction de vos symptômes et de leurs impacts. Il est aussi possible de voir les deux en parallèle : un·e psychiatre pour l'approche médicamenteuse, et un·e psychologue pour la psychothérapie. Cela arrive souvent, les psychiatres n'étant pas toujours formé·es à une psychothérapie spécifique, ce que l'on peut d'ailleurs regretter.

Qu'est-ce que la psychothérapie ?

Dans ce livre, nous évoquons souvent la psychothérapie. C'est une technique de soin reconnue et efficace, basée sur le fait, pour un·e psychothérapeute, de créer une relation avec une personne, l'écouter activement, l'aider à identifier ses difficultés psychologiques et lui proposer des pistes pour aller mieux. Faire une psychothérapie, c'est un peu comme établir la notice de votre propre fonctionnement psychique (mémoire, concentration, rapports sociaux, addictions), mieux comprendre comment vos émotions se manifestent, quels impacts elles peuvent avoir sur votre quotidien et quel pouvoir vous pouvez avoir dessus. Si vous regardez tout ce qui se passe dans votre cerveau, vous constaterez vite que vous n'êtes pas le ou la seul·e maître·sse à bord. Il y a des choses sur lesquelles vous avez une certaine influence, d'autres nettement moins, voire pas du tout. Faire une psychothérapie, c'est comme faire le tri dans tout cela.

Ainsi, les psychothérapies et les médicaments sont des traitements complémentaires. Chez certaines personnes, un médicament seul suffira à stabiliser un trouble de l'humeur et à reprendre une vie normale, en parallèle d'une écoute attentive et d'un suivi régulier chez le ou la spécialiste. Chez d'autres personnes, une psychothérapie spécifique sera nécessaire en complément, pour cibler des points précis. Chez d'autres encore, une psychothérapie sans médicament permettra de résoudre des problématiques de manière efficace et durable.

Une information importante

Un·e psychiatre étant médecin, il ou elle s'assurera d'abord que vous ne souffrez pas d'une maladie physique qui pourrait expliquer vos symptômes avant d'évoquer une cause psychique.

Le tarif : prêter attention au secteur

En secteur 1, le tarif des consultations est réglementé par l'État et est de 51,70 euros pour un·e adulte et 54,70 euros pour un·e enfant ou un·e adolescent·e de moins de 16 ans. Un·e psychiatre en secteur 2 peut fixer librement le tarif de ses consultations sur une base de remboursement d'une quarantaine d'euros.

Quel montant est remboursé ?

Pour connaître plus précisément les bases de remboursement des psychiatres en fonction des secteurs 1 et 2, rendez-vous sur https://www.service-public.fr/particuliers/vosdroits/F34917. Par ailleurs, certain·es praticien·nes font le choix de ne pas être conventionné·es, ce qui induit une base de remboursement très basse : sentez-vous alors libre de poser clairement la question du tarif de la consultation lorsque vous contactez un·e professionnel·le de santé mentale, c'est une question importante. Si ce sujet vous gêne, vous pouvez aussi consulter l'annuaire des professionnel·les de santé (https://annuairesante.ameli.fr/) qui indique à quel secteur le ou la médecin appartient et s'il ou elle est conventionné·e ou non.

LE OU LA PSYCHOLOGUE

Pour devenir psychologue, il faut suivre un cursus de cinq années en faculté de psychologie. Plusieurs stages sont également nécessaires pour obtenir ce titre. Les formations proposent des spécialités : psychologie clinique, psychologie du travail, neuropsychologie, etc.

Un·e psychologue clinicien·ne est formé·e à une ou plusieurs techniques de psychothérapie particulières et propose des outils pour soulager les personnes souffrant de troubles psychiques. Un·e neuropsychologue va plutôt développer des compétences lui permettant d'évaluer de manière précise tel ou tel dysfonctionnement psychologique et cognitif, et ainsi contribuer à un diagnostic. Il ou elle peut par exemple faire passer des échelles psychométriques pour infirmer ou confirmer un diagnostic de TDAH (trouble du déficit de l'attention avec ou sans hyperactivité) fortement suspecté (voir p. 213). Par définition, un·e psychologue est aussi un·e psychothérapeute.

Une consultation requise dans de nombreuses situations personnelles

Nous conseillons d'aller voir un·e psychologue lorsque vous rencontrez des difficultés dans différents domaines de votre vie : la gestion du stress et de vos émotions, les relations sociales, certaines addictions, des souvenirs ou des traumatismes psychiques qui vous hantent, des difficultés dans les relations sentimentales, une perte de confiance en vous, etc. Le retentissement de ces difficultés sur votre quotidien est réel, sans être non plus majeur étant donné qu'il n'existe pas une rupture brutale avec votre état antérieur, que vous pouvez tout de même poursuivre vos obligations habituelles (professionnelles, familiales, sociales) et que vos fonctions instinctuelles sont relativement préservées (alimentation, sommeil).

En fonction de sa formation, le ou la psychologue vous proposera telle ou telle approche. Il ne faut pas hésiter à lui demander rapidement quels types de psychothérapie il ou elle pratique. En fonction des difficultés que vous rencontrez, certaines approches seront plus indiquées que d'autres, ou vous conviendront mieux.

La consultation chez un·e psychologue peut être remboursée

Les psychologues non conventionné·es avec la CPAM (Caisse primaire d'assurance maladie) fixent librement leurs tarifs et ne sont pas remboursé·es. Les psychologues conventionné·es CPAM coûtent 50 euros par séance, une somme remboursée à 60 % par l'Assurance maladie et 40 % par votre mutuelle ou les complémentaires santé. Depuis peu, le dispositif « Mon parcours psy » permet de bénéficier de huit séances remboursées par an (psychologues conventionné·es). De même, les psychologues qui travaillent à l'hôpital (dans les services d'hospitalisation ou les centres médico-psychologiques comme les CMP ou CMPP) sont pris en charge par la Sécurité sociale.

LES AUTRES TYPES DE PSYS

Le ou la psychothérapeute

Le titre de psychothérapeute a été réglementé en 2010. Pour y prétendre, il faut être soit médecin, soit psychologue, ou avoir réalisé un master de psychanalyse. Gardez en tête qu'un·e psychothérapeute n'est donc pas nécessairement psychiatre ou psychologue. La formation de psychothérapeute comprend 400 heures d'enseignement théorique minimum et un stage pratique d'une durée minimale correspondant à cinq mois pour tou·tes les professionnel·les souhaitant user de ce titre.

On me recommande un·e psychothérapeute, est-ce une bonne idée ?

Si votre médecin généraliste, un·e ami·e, un·e collègue de travail vous recommande de consulter un·e psychothérapeute, il n'y a pas forcément de raison de douter du professionnalisme de cette personne, tout en étant vigilant·e, une règle qui reste vraie quel·le que soit le ou la professionnel·le que vous avez en face de vous. Car un titre (médecin, psychiatre, psychologue ou psychothérapeute) ne donne jamais tout pouvoir sur les gens et ne met jamais à l'abri d'un risque d'abus. De manière générale, n'hésitez jamais à vous documenter sur la thérapie qu'on vous propose, à demander des sources, à aiguiser votre esprit critique pour vous faire votre propre avis sur la question. Dans la santé mentale, les certitudes scientifiques sont finalement rares et c'est d'abord vous seul·e qui acceptez ou non tel ou tel traitement, telle ou telle approche. Même si tout cela est facile à dire mais difficile à faire quand on souffre d'une dépression, d'anxiété, qu'on a du mal à se concentrer et qu'on cherche en plus désespérément un soulagement.

Le tarif : les psychothérapeutes qui ne sont ni médecin ni psychologue fixent librement le tarif de leur consultation.

Le ou la psychanalyste

Le titre de psychanalyste n'est pas réglementé par l'État. Ce qui veut dire que n'importe qui, du jour au lendemain, peut s'autoproclamer « psychanalyste » et l'écrire sur une plaque dorée sans qu'aucune autorité ait à dire quoi que ce soit. Chaque institut de psychanalyse a ses propres critères de recrutement, souvent très flous. Un·e psychanalyste n'est donc pas forcément médecin, psychiatre ou psychologue, et n'a pas toujours reçu une formation dans un institut de psychanalyse...

Pour autant, certain·es psychanalystes qui sont en parallèle médecin ou psychologue, ayant plusieurs cordes à leur arc, et acceptant de travailler de manière transparente au sein d'une équipe pluridisciplinaire, peuvent contribuer au bien-être des personnes accompagnées. De cette manière, la psychanalyse a pu montrer une efficacité chez les personnes souffrant d'un trouble de personnalité borderline, et sur certains troubles anxieux et dépressifs de faible intensité, lorsqu'elle est associée à un traitement antidépresseur. Pour les troubles obsessionnels compulsifs (TOC) et les dépressions modérées à sévères, elle serait moins efficace qu'une thérapie comportementale et cognitive (voir p. 68). Pour la schizophrénie, le trouble bipolaire, l'anorexie mentale, les addictions, le trouble du déficit de l'attention avec ou sans hyperactivité (TDAH) et les troubles du spectre de l'autisme, la psychanalyse n'a montré à notre connaissance aucune efficacité faisant l'objet d'un consensus scientifique.

Il faut différencier la psychanalyse à la française et les psychothérapies d'orientation ou d'inspiration psychanalytiques (PIP ou POP) qui sont des psychothérapies brèves avec une approche plus transparente, qui s'inspirent de certains concepts psychanalytiques mais dont le rythme et le contenu des séances ont été adaptés pour pouvoir être davantage étudiés scientifiquement.

Concernant l'approche psychanalytique à la française, « sur le divan », d'ailleurs très critiquée dans le reste du monde et qui ne représente pas toute la psychanalyse proposée en France, nous aurions tendance à la déconseiller globalement à une personne souffrant de troubles psychiques, car elle peut s'étirer inexorablement sur plusieurs années, souvent sans objectif clairement défini à l'avance, reposant sur de grandes théories et certitudes la plupart du temps non validées scientifiquement (comme le complexe d'Œdipe). Le risque est, notamment, d'emmener les gens là où ils ne veulent pas forcément aller, ou encore de voir leur état s'aggraver et de passer à côté de soins qui les auraient sûrement aidés davantage et plus rapidement.

En revanche, quand on va plutôt bien mais qu'on se pose des questions sur son enfance, qu'on ressent le besoin de faire certains liens, qu'on apprécie la démarche intellectuelle et historique derrière la psychanalyse, et qu'on a le temps et l'argent pour s'allonger sur le divan, on peut le faire si on en a envie, un peu comme une séance de bien-être, un massage ou un moment pour soi. Il existe tout de même des risques clairs : faux souvenirs induits et emprise mentale principalement.

Qu'est-ce que la psychanalyse ?

Héritage de Sigmund Freud d'abord (neurologue autrichien né en 1856), de Carl Gustav Jung ensuite (psychiatre suisse né en 1875), puis de Jacques Lacan (psychiatre français né en 1901), la psychanalyse, tour à tour présentée comme une science sociale, du développement personnel ou de la médecine, regroupe des courants différents mais partage un socle de concepts communs, comme l'interprétation des rêves, l'inconscient, le transfert et le refoulement. Avant Freud, Spinoza, célèbre philosophe néerlandais né en 1632, évoquait déjà l'importance des automatismes psychiques, constatant bien que nous ne sommes pas toujours conscient·es de ce que nous faisons à un instant précis. Freud n'a pas inventé le concept d'inconscient, il l'a en revanche intégré dans des théories plus larges en le considérant comme la résultante de contenus refoulés et de pulsions primaires. Si nous accomplissons et avons quotidiennement des actes et des pensées automatiques dont nous n'avons pas toujours conscience, il n'y a cependant pas de preuves que ces processus aient constamment un lien quelconque avec des pulsions refoulées de l'enfance.

L'autre point problématique est la cause des troubles que défend la psychanalyse. En effet, Freud explique qu'une névrose est secondaire à « un conflit psychique refoulé d'origine infantile ». Or, c'est globalement faux et on ne peut généraliser ainsi avec autant de certitudes devant la multitude de causes qui s'entremêlent au sein des troubles psychiques. Les dépressions, les troubles obsessionnels compulsifs (TOC), l'anxiété, sont des troubles qui n'ont pas grand-chose à voir avec un quelconque refoulement. D'ailleurs, le refoulement n'a jamais été validé scientifiquement, à notre connaissance. La psychanalyse prétend aussi expliquer les stades de développement sexuel chez les enfants, avec le fameux complexe d'Œdipe qui voudrait qu'un·e enfant ait forcément envie d'avoir une relation sexuelle avec l'un de ses parents et de tuer l'autre. C'est une théorie romancée qui n'a jamais été non plus prouvée scientifiquement mais qui est bien installée dans notre imaginaire collectif. C'est problématique car cela peut banaliser des traumatismes sexuels vécus par des enfants ou les considérer comme séducteur·ices et provocateur·ices vis-à-vis des adultes. Ainsi, on ne compte malheureusement plus les affaires judiciaires dans lesquelles le complexe d'Œdipe a été évoqué par des expert·es.

Quant aux rêves, ce sont eux aussi des phénomènes complexes, liés à plusieurs facteurs, et venir les interpréter pour leur faire dire telle ou telle « grande vérité » sur un conflit interne ou un antécédent de traumatisme, ne repose sur rien de scientifiquement prouvé. Qu'on puisse malheureusement expérimenter des cauchemars et revivre des scènes traumatisantes, par exemple lors d'un état de stress post-traumatique : évidemment. Mais recourir à des métaphores et symboles cachés tirés par les cheveux pour mettre les personnes en souffrance sur des pistes douteuses : certainement pas. La nuit, on rêve souvent de ce qui nous préoccupe la journée qui précède, ni plus ni moins. Par ailleurs, beaucoup de gens font des rêves dont ils ne se souviennent jamais, ce qui ne veut pas dire que leur vie psychique est plus pauvre que celle des autres. Actuellement, les travaux scientifiques montrent avant tout que les rêves (mais surtout un sommeil de bonne qualité) auraient une fonction d'expérimentation mais aussi de résolution de problèmes (phénomène de l'eurêka nocturne) en permettant également parfois de développer notre créativité.

La psychanalyse est à la base de la classification (aujourd'hui caduque, à notre sens) des maladies en psychoses d'un côté (la schizophrénie, la psychose maniaco-dépressive, qu'on appelle désormais le trouble bipolaire) et névroses de l'autre (la dépression, les troubles obsessionnels compulsifs (TOC), les troubles anxieux, les phobies, etc.). On disait facilement à l'époque que « les psychotiques » n'avaient pas conscience de leur maladie, vivaient dans leur bulle, leur monde, alors que « les névrosés » avaient pleinement conscience de leurs symptômes, ce qui s'est révélé faux par la suite. La réalité est bien plus complexe que cela, la conscience de sa propre maladie étant très différente d'un individu à un autre et d'une période de vie à une autre.

Sachez enfin que la France est l'un des derniers pays au monde, avec l'Argentine, à promouvoir autant la psychanalyse, que ce soit dans les médias ou sur les bancs de certaines facultés de psychologie. Elle peut être, encore aujourd'hui, considérée comme un outil d'aide à la compréhension du psychisme humain, sur certains aspects, un instrument parmi d'autres mais dans une boîte à outils bien plus vaste et qui la dépasse largement.

Le tarif : les psychanalystes qui ne sont ni médecin ni psychologue fixent librement le tarif de leur consultation.

Le ou la psychopraticien·ne

Le titre de psychopraticien·ne est apparu à la suite de la loi de 2010 qui est venue réglementer et protéger le titre de psychothérapeute. Il n'est encadré par aucune réglementation française et tout le monde peut y prétendre. Ce terme a été créé pour englober différentes personnes aux activités non réglementées et qui ne pouvaient plus se dire psychothérapeutes : il vaut donc mieux les éviter.

Restez vigilant·e

Attention également aux « thérapeutes » autoproclamé·es qui entretiennent l'ambivalence sur ce terme qui semble promettre des soins et un mieux-être. Le titre de thérapeute n'est pas protégé en France et n'offre donc aucune garantie.

Par ailleurs, si vous suspectez, chez un·e proche ou pour vous-même, un risque de dérive sectaire secondaire à des soins douteux, n'hésitez pas à prévenir les autorités ou à vous rendre sur le site Internet luttant contre ces dérives :

https://www.miviludes.interieur.gouv.fr/

EN RÉSUMÉ : POUR VOUS GUIDER

Les psys et leurs spécificités

TYPE DE PSY	MÉDECIN ?	FORMATION UNIVERSITAIRE	TITRE RÉGLEMENTÉ	REMBOURSEMENT OU TARIF LIBRE ?
PSYCHIATRE	Oui	Faculté de médecine (bac + 10)	Oui	Remboursé·e avec parfois dépassement d'honoraires (secteur 2)
PSYCHOLOGUE	Non	Faculté de psychologie (bac + 5) + stages	Oui	Remboursé·e (si conventionné·e CPAM) ou tarif libre
PSYCHOTHÉRAPEUTE	Pas nécessairement	400 heures de formation + un stage de cinq mois	Oui	Tarif libre si n'est ni médecin ni psychologue
PSYCHANALYSTE	Pas nécessairement	Pas nécessairement	Non	Tarif libre si n'est ni médecin ni psychologue
PSYCHOPRATICIEN·NE	Non	Non	Non	Tarif libre

Conduites à tenir

Si j'ai des symptômes psychiques particulièrement intenses et sévères qui m'empêchent de vivre au quotidien :

1. Je me rends chez mon ou ma médecin généraliste pour un bilan physique (prise de sang, autres examens complémentaires) puis le cas échéant, pour le début des soins médicamenteux ou psychothérapeutiques.

2. Je peux me rendre directement chez un·e psychiatre (dans le cas d'un·e médecin généraliste insuffisamment formé·e par exemple) ou bien aller le ou la consulter sur les conseils de mon ou ma médecin traitant (dans le cas de l'échec des premiers traitements, de troubles psychiques résistants).

3. Je devrai peut-être consulter également un·e psychologue (dans le cas de la nécessité d'une psychothérapie spécifique au trouble psychique diagnostiqué, si mon ou ma psychiatre ou médecin généraliste n'est pas formé·e, ou si c'est ma préférence).

Si j'ai des symptômes psychiques qui ne m'empêchent pas de vivre et de fonctionner au quotidien mais pour lesquels j'ai quand même besoin d'aide :

1. Je me rends chez mon ou ma médecin généraliste.

2. Je peux me rendre directement chez un·e psychologue.

3. Je devrai peut-être me rendre chez un·e psychiatre pour le diagnostic d'un éventuel trouble si je ne vais pas mieux.

Comment choisir son ou sa psy ?

Cette recherche dépend de nombreux paramètres : votre situation géographique, votre réseau social (qui vous fournira peut-être des recommandations, plus ou moins adéquates), vos finances (malheureusement), vos goûts (votre définition du ou de la « bon·ne psy » ne sera pas forcément la même que celle d'un·e ami·e), vos besoins et votre capacité à faire confiance. Il y également une part de chance dans le fait de trouver la personne qui nous convient.

UNE « QUESTION DE *FEELING* » : L'ALLIANCE THÉRAPEUTIQUE

Pour acheter une maison, on en visite plusieurs. Quand on effectue des travaux, on demande plusieurs devis. C'est la même chose avec la personne à qui vous allez confier votre santé mentale. C'est assez rare de trouver son ou sa psy du premier coup : souvent, les gens disent avoir eu besoin de rencontrer plusieurs professionnel·les avant de se sentir en confiance. « Le ou la bon·ne psy », c'est celui ou celle qui comprend nos besoins et sait utiliser les bons mots, au bon moment, pour cerner notre problématique et offrir les outils indiqués. Pour le ou la trouver, sentez-vous libre de comparer deux psychologues, deux psychiatres, ou un·e psychiatre et un·e psychologue.

Trouver son ou sa psy, c'est avant tout une question de ressenti : un premier contact téléphonique qui vous plaît, un mot qui vous marque, un bureau agréablement décoré. Parfois, cela se joue à peu de chose. Se sentir écouté·e, compris·e, avant de vous proposer des solutions : c'est la base de toute relation thérapeutique. Certain·es préféreront des psys assez discret·ètes tandis que d'autres apprécieront quelqu'un de plus directif. Vous le ou la contacterez par l'intermédiaire du bouche-à-oreille, sur les conseils d'un·e proche ou directement grâce à Internet – et les avis peuvent vous donner un aperçu, d'ailleurs pas toujours juste et représentatif de la personne. Parfois, vous saurez tout de suite que c'est la bonne personne, parfois, plusieurs séances seront nécessaires.

Ainsi, quand vous vous sentirez en collaboration avec votre psy, que vous construirez ensemble un plan d'attaque pour aller mieux et que vous aurez la sensation d'avancer avec lui ou elle, on parlera d'« alliance thérapeutique ».

Si vous rencontrez des difficultés à trouver la bonne personne

Il se peut qu'au bout d'une, deux voire trois tentatives, vous ne parveniez toujours pas à trouver le ou la psy qui vous convienne, induisant un sentiment de désespoir, et vous poussant à vous demander finalement si cela vaut vraiment la peine ou non de dépenser tant de temps, d'argent et d'énergie dans cette quête.

« En fin de compte, en ai-je vraiment besoin ? » : vous serez le ou la mieux placé·e pour y répondre. Certain·es mettent parfois tellement de temps à trouver un·e professionnel·le qu'ils ou elles estiment de qualité que lorsqu'ils ou elles y parviennent, leurs troubles se sont améliorés du fait d'un ou plusieurs autres facteurs : une rencontre amoureuse, un nouvel emploi, davantage d'activité physique, l'arrêt d'une substance qui entretenait une dépression. Cette dernière, d'ailleurs, peut « guérir » d'elle-même au bout de six mois à un an chez certaines personnes, « naturellement », sans intervention extérieure.

Quoi qu'il en soit, si vous continuez de souffrir mais qu'il vous reste encore un peu d'énergie pour rencontrer un nouveau ou une nouvelle psy, cela vaut sûrement la peine d'essayer. Ne restez pas seul·e et sans aide avec des pensées douloureuses. Les risques sont immenses et quelqu'un, quelque part, peut certainement vous apporter de l'aide.

LES QUESTIONS À POSER

S'il n'existe pas de recette magique pour trouver le ou la bon·ne psy qui vous conviendra du premier coup, en revanche, voici quelques questions à lui poser ou thématiques à aborder lors de vos premiers échanges :

- **Son parcours :** il ne faut jamais hésiter à interroger un·e psy sur son parcours, ses études, lui demander à quelle approche il ou elle a été formé·e et s'il ou elle continue de se former régulièrement. Vous avez aussi tout à fait le droit de demander à voir ses diplômes. Une personne qui ne répond pas à ce type de questions et qui vous semble hésitante et fuyante, ce n'est pas bon signe.

- **Le type de psychothérapie pratiquée :** nous vous conseillons de demander d'emblée, dès le premier rendez-vous, voire lors de la prise de contact, quel type de psychothérapie propose le ou la professionnel·le. Voici une liste, nous les évoquerons en détail plus bas (voir p. 66) :
    - Thérapie cognitivo-comportementale (TCC) : souvent indiquée pour les troubles obsessionnels compulsifs (TOC) et phobies.
    - EMDR (*eye movement desensitization and reprocessing*) : préconisée en général en cas d'état de stress post-traumatique.
    - Psychothérapie de soutien : recommandée ordinairement pour une dépression légère ou pour faire face à des épreuves de vie douloureuses.
    - Thérapie familiale : indiquée généralement pour des situations dans lesquelles la dynamique familiale et les relations interpersonnelles peuvent expliquer les symptômes d'un ou plusieurs membres.
    - Thérapie d'acceptation et d'engagement (ACT) : préconisée communément pour la phobie sociale, la dépression et la réduction du stress.
    - Psychanalyse : pratiquée parfois chez des personnes avec trouble de personnalité borderline et certaines dépressions légères, ou comme une forme d'amélioration du bien-être et de développement personnel.

Même si vous ne connaissez pas bien ces thérapies, la réponse du ou de la psy pourra vous donner envie de poursuivre avec lui ou elle ou, au contraire, vous vous direz que ce n'est pas la bonne approche pour vous.

- **Une estimation du nombre de séances :** vous pouvez demander au ou à la psy de vous donner un ordre de grandeur du nombre de séances qu'il ou elle pense nécessaire dans votre situation. Évidemment, il ne s'agit pas d'être rigide et trop contractuel·le, car il y a toujours des aléas, mais simplement d'avoir un ordre d'idée : quelques semaines ? quelques mois ? quelques années ? Mieux vaut être fixé·e dès le début pour savoir dans quelle aventure on se lance. Vous pouvez d'ailleurs aussi présenter les choses dans l'autre sens, exprimant clairement vos besoins : « J'ai besoin d'aller mieux assez rapidement, j'ai une échéance qui approche et je dois être disponible psychiquement pour y arriver. » Le ou la professionnel·le en question pourra soit relever le défi, soit vous dire précisément qu'il ou elle ne peut y répondre ou qu'il ou elle n'est pas sûr·e de pouvoir y arriver. Ensuite, à vous de voir.
- **Le tarif :** cela compte aussi, n'hésitez pas à poser la question franchement.

LES SIGNES QUE CE N'EST PAS LA BONNE PERSONNE POUR VOUS

Quelques signaux doivent vous alerter sur le bien-fondé de la démarche d'un·e psy ou d'un suivi avec cette personne :

Durant la séance, si **vous avez la sensation d'être le ou la seul·e à parler**, que les silences sont trop nombreux, vous gênent, que le ou la psy ne répond à aucune de vos questions : vous avez tout à fait le droit de ne pas vous en satisfaire, d'exiger mieux et de cesser le suivi s'il ne vous convient pas.

Si **vous sentez que quelque chose n'est pas clair**, qu'au bout de quelques séances votre état ne s'améliore pas voire empire, que le ou la professionnel·le ne se remet pas en question et ne vous oriente pas vers un·e autre psy pour se faire conseiller par un avis complémentaire : ce n'est pas bon signe.

Enfin, **un·e psy qui vous semble faire des interprétations tirées par les cheveux** sur votre vie, les épreuves traversées ou votre situation actuelle, en étant très convaincu·e de ce qu'il ou elle vous dit, n'ayant pas peur d'affirmer qu'il ou elle peut interpréter vos rêves ou lire dans votre inconscient : nous vous conseillons de ne pas insister. Un·e psy trop sûr·e de lui ou d'elle et des théories sur lesquelles il ou elle se fonde, c'est risqué pour vous et votre santé. Choisissez un·e professionnel·le qui opte pour une approche complexe et a conscience que nous sommes la somme d'éléments qui s'entremêlent : éducatifs, génétiques, cognitifs, affectifs, relationnels, sociaux.

Enfin, gardez en tête que c'est vous qui décidez et, dans le doute, faites confiance à votre instinct.

Si votre suivi s'éternise ou ne vous convient plus

Votre psy peut être le ou la « bon·ne » à un moment donné de votre vie, et plus du tout quelques années plus tard. Au fil de votre évolution, ce·tte psy peut d'abord être très à l'aise avec telle ou telle problématique mais pas du tout ensuite avec d'autres. Dans ce cas, n'hésitez pas à changer de psy : gardez en tête que ce qui compte avant tout, c'est votre santé mentale.

OÙ LES TROUVER ?

Au CMP ou à l'hôpital

Vous pouvez consulter un·e psychiatre ou un·e psychologue directement à l'hôpital. Les psys hospitalier·ères proposent aussi des consultations de suivi dans ce que l'on appelle les centres médico-psychologiques (CMP) : ce sont des structures qui dépendent des hôpitaux mais dont la vocation est de se rapprocher du milieu de vie des habitant·es et qui sont disséminées un peu partout sur un territoire donné.

Les CMP sont constitués de plusieurs corps de métier : psychiatre, psychologue, assistant·es sociaux et sociales, infirmier·ères, parfois des éducateur·ices et ergothérapeutes. En fonction de votre adresse, vous dépendez d'un CMP donné et cette structure permet de bénéficier de plusieurs services rassemblés en un seul lieu, ce qui est très intéressant. Les soins sont remboursés par l'Assurance maladie et votre mutuelle. Les psychiatres et psychologues travaillent de concert et vous pouvez avoir un double suivi si votre situation l'exige. Les infirmier·ères (en pratique avancée ou non) sont au cœur de l'accompagnement proposé et peuvent parfois proposer des visites à domicile.

Malheureusement, les CMP manquent de moyens et les délais de prise en charge sont souvent longs. N'hésitez pas à vous inscrire sur la liste d'attente malgré tout, tout en continuant vos recherches en parallèle. Il est toujours possible de changer de professionnel·le lorsque vous le souhaitez.

En cas de troubles plus importants

Il existe plusieurs types de prises en charge :

- **Les unités de soins psychiatriques libres** sont les services hospitaliers de base qui reçoivent des personnes souffrant de troubles psychiques et ayant besoin de quelques jours, semaines ou mois d'hospitalisation pour soulager des souffrances telles qu'une dépression, un trouble bipolaire ou une crise suicidaire, affiner un diagnostic ou faire des examens complémentaires. Ce sont des unités « libres », ce qui signifie que les personnes hospitalisées peuvent les quitter quand bon leur semble, sans avoir à se justifier. Elles ont le droit de sortir se promener dans le parc, en ville, et de recevoir de la visite (sauf cas particuliers, voir p. 229). Dans les cliniques psychiatriques privées, que certain·es appellent « maisons de repos », c'est le même principe.

➔ **Les unités « fermées »** sont réservées aux personnes hospitalisées sans leur consentement. La loi française permet en effet de priver ponctuellement quelqu'un de ses libertés lorsqu'il nécessite des soins psychiatriques urgents mais que son état l'empêche de s'en rendre compte (voir p. 232). Mais si vous êtes un jour enfermé·e en psychiatrie, vous conservez des droits.

➔ **Les UMD (unités pour malades difficiles)** sont des établissements qui reçoivent des personnes souffrant de maladies psychiatriques sévères, résistantes, et ayant souvent commis des actes médico-légaux (meurtres, agressions, incendies) pour lesquels elles ont été irresponsabilisées pénalement. Il s'agit d'établissements hautement sécurisés.

Dans un cabinet

Vous pouvez bien sûr consulter un·e psy en libéral, c'est-à-dire en cabinet, installé·e à son compte. Ils ou elles sont également très demandé·es mais sont souvent plus nombreux·ses, ce qui augmente vos chances de débuter un suivi professionnel rapidement. Les horaires sont généralement plus compatibles avec votre activité professionnelle puisqu'un·e psy en libéral consulte plus tard le soir ou plus tôt le matin. Certain·es font des dépassements d'honoraires, donc les tarifs peuvent être plus élevés. Toutefois, un·e psychiatre plus cher·ère n'est pas forcément meilleur·e qu'un·e autre remboursé·e à 100 %.

Les centres experts

Les centres experts sont des consultations ponctuelles remboursées pour vous apporter un diagnostic précis concernant vos difficultés psychiques, lorsque vous êtes dans le flou depuis plusieurs années ou que votre médecin généraliste ou votre psychiatre a besoin d'un éclairage supplémentaire.

Ces centres experts sont spécialisés par exemple dans les troubles bipolaires, la schizophrénie, les troubles anxieux. Il existe par ailleurs des centres de référence (autisme, TDAH, troubles neurodéveloppementaux). Vous accédez à ces centres (experts, de référence) la plupart du temps sur orientation de votre médecin traitant (ou de votre psychiatre traitant) qui doit généralement rédiger un courrier pour expliquer votre situation.

Pour en savoir plus sur les centres experts : https://www.fondation-fondamental.org/maladies-mentales-soin/les-centres-experts-fondamental/

DES PROFESSIONNEL·LES TRÈS DEMANDÉ·ES

Dans la vie réelle, souvent, les psys vous répondent : « Je suis complet, je ne prends pas de nouveau ou nouvelle patient·e. » Ou alors : « Je peux vous voir mais dans quatre mois seulement. » L'accès à un·e psychiatre ou psychologue est de plus en plus difficile et dans ces moments-là, le risque est grand de finir par se tourner vers des « médecines douces », des pratiques floues et mal définies, voire de rencontrer des charlatans.

Ainsi, si vous souffrez d'un problème psychique pour lequel vous voulez être aidé·e, nous vous conseillons de contacter d'abord le centre médico-psychologique le plus proche de chez vous pour être en premier lieu reçu·e par l'infirmier·ère de permanence qui pourra définir plus finement votre problématique et vous donner un ordre d'idée de l'état de la liste d'attente.

En parallèle, rien ne vous empêche de prendre aussi un rendez-vous avec un·e psy en libéral et ainsi pouvoir vous rendre chez le ou la plus réactif·ve des deux, ou de les comparer.

Enfin, différents services de téléconsultation sont disponibles sur Internet et certaines personnes sont satisfaites de ce nouvel outil. Grâce à ce dernier, les psys sont souvent accessibles plus rapidement, joignables depuis votre domicile ou votre lieu de travail, vous évitant des déplacements chronophages ou de vous mêler à la foule. Par ailleurs, certaines personnes apprécient les échanges par écrans interposés, se sentant plus rassurées et en sécurité.

CHAPITRE 3

Comment se passe une psychothérapie ?

La psychothérapie est la relation de soin psychique instaurée entre une personne accompagnée et un·e professionnel·le formé·e. Il existe divers types de psychothérapie qui s'adressent à différents problèmes psychiques et ont pour vocation d'aider les personnes à s'en débarrasser – dans l'idéal – ou du moins, en atténuer l'intensité et la fréquence pour apprendre à vivre avec. La psychothérapie est réglementée par un cadre bien spécifique (le statut de psychothérapeute étant protégé) : se fondant essentiellement sur la parole et la relation interpersonnelle, elle peut se suffire à elle-même ou être associée à un traitement médicamenteux.

Peut-être venez-vous de prendre contact avec un·e psy et vous vous demandez comment va se passer votre premier rendez-vous : dans ce chapitre, seront à la fois détaillées les étapes d'une psychothérapie (de la prise de rendez-vous à l'arrêt des soins) et les particularités et utilités de chaque approche pour que vous puissiez vous sentir rassuré·e et y voir plus clair devant les différentes options qui s'offrent à vous.

Les étapes de la psychothérapie

En fonction de la psychothérapie que vous allez suivre, les étapes seront différentes, chaque technique ayant ses propres particularités et exigences. Mais pour vous donner quelques repères, en voici les grandes phases :

1. ÉTABLIR UN CONTACT

Que vous preniez rendez-vous par téléphone, par mail ou en vous déplaçant dans le centre de consultation, la personne qui vous répondra – qu'il s'agisse du ou de la psychothérapeute ou d'un membre du secrétariat –, vous demandera différents éléments : informations administratives, données médicales (antécédents, allergies, etc.) et explication succincte des symptômes qui vous amènent à consulter.

Il s'agit, pour la personne que vous avez en face, de récolter des éléments vous concernant afin de s'assurer que vous êtes bien au bon endroit et que le ou la professionnel·le peut ou non répondre à votre besoin. Cela lui permettra aussi de se faire un premier avis, de définir le degré d'urgence pour vous recevoir dans les meilleurs délais, et de commencer à réfléchir à quelques hypothèses de prise en charge.

2. LA PREMIÈRE SÉANCE

Durant la première séance, le ou la psy va poursuivre son interrogatoire pour tenter de définir au mieux votre problématique, le moment dans votre vie où elle a débuté, les choses qui ont déjà été tentées (suivi précédent, traitement, hospitalisation, etc.) et les répercussions actuelles de vos symptômes sur votre vie : angoisses, préoccupations exagérées pour l'avenir, traumatismes psychiques, deuil qui ne passe pas, problèmes de famille pour lesquels vous souhaitez une aide extérieure, abus de substances, problèmes de sommeil, etc.

Il existe mille et une raisons de consulter un·e psy et l'idée va être de définir la vôtre précisément. Au terme de cette séance, le ou la professionnel·le vous proposera, ou non, d'assurer votre suivi en vous expliquant quelle technique de psychothérapie il ou elle souhaite mettre en place, les effets bénéfiques escomptés, les effets indésirables aussi (cela existe) et un ordre de grandeur du temps que tout cela prendra. On parle souvent de « contrat de soin ».

Il arrive fréquemment qu'on n'arrive pas tout de suite à évoquer pourquoi on vient, soit par honte d'en parler, soit par sentiment de culpabilité, ou alors parce qu'on attend de se sentir suffisamment en confiance. C'est tout à fait compréhensible : prenez votre temps, allez à votre rythme. La personne en face de vous est à votre service et s'adaptera à vos besoins.

Est-ce que chaque psy a ses « règles » ?

Durant la première séance, il se peut que votre psy évoque ses exigences : sur les absences, le règlement des séances, les moyens de contact, etc. À vous de voir si cela vous convient ou non.

Si cette première séance ne vous satisfait pas, écoutez-vous ! Vous n'êtes pas obligé·e de continuer et vous pouvez tout à fait contacter quelqu'un d'autre. Parfois, c'est le ou la psy lui-même ou elle-même qui vous recommandera à un·e autre professionnel·le de santé mentale, pour différentes raisons : il ou elle n'est pas spécialiste de votre problématique, il ou elle soigne déjà l'un·e de vos proches, etc. Ne le prenez pas comme un rejet, c'est au contraire plutôt le signe que le ou la psy effectue son travail avec professionnalisme.

Un·e psy peut-il ou elle soigner plusieurs membres d'une même famille ou des proches ?

Cela dépend des situations et de l'offre de soins de votre région.

Ce n'est pas souhaitable :

- S'il s'agit d'un suivi psychologique dont l'objectif est de démêler une problématique ancienne, avec des traumatismes dans l'enfance par exemple, dans lesquels des membres de la famille sont impliqués. Le risque étant que le ou la psy se retrouve emmêlé·e dans un imbroglio familial ou amical et perde de sa neutralité.

- Si l'idée d'avoir le ou la même psy qu'un·e proche vous déplaît.

Cela peut fonctionner :

- Dans des déserts médicaux, quand on a trouvé un·e professionnel·le qu'on apprécie et en qui on a confiance, à la manière d'un·e médecin généraliste qui soigne souvent plusieurs membres d'une même famille, connaît les secrets des un·es et des autres et arrive à faire la part des choses.
- Certain·es psychiatres acceptent de suivre les membres d'une même famille pour des troubles psychiatriques sévères (schizophrénie, trouble bipolaire, etc.), lorsque la dynamique familiale fonctionne bien et qu'il n'y a pas de conflit particulier.

C'est nécessaire :

- Pour les thérapies qui, par définition, prennent en charge plusieurs personnes : thérapie de couple, thérapie familiale.

3. LES SÉANCES DE TRAITEMENT

À la suite de la première rencontre, si les choses sont claires pour vous et si vous avez pu vous mettre d'accord avec le ou la psychothérapeute sur un contrat de soin, les séances de traitement vont pouvoir débuter. La fréquence de celles-ci, leur durée, l'intensité et l'engagement que vous allez devoir fournir seront la résultante de différents paramètres : la technique de psychothérapie, l'implication que vous souhaitez y mettre, le temps dont vous disposez et la relation que vous aurez avec le ou la professionnel·le en question. Il y aura des séances plus faciles que d'autres, plus ou moins agréables, d'autres qui vont littéralement vous brasser ou résonner en vous-même plusieurs mois ou années après, des instants de grande lucidité ou au contraire des jours où rien ne semblera fluide. Tout cela est parfaitement normal. Bien plus que votre état à un instant précis, c'est plutôt la tendance à l'amélioration ou à l'aggravation qu'il faudra surveiller afin de poursuivre ou non dans la direction empruntée.

4. LES SÉANCES DE CONSOLIDATION

Les séances de consolidation interviennent en général lorsque votre problématique initiale semble plus ou moins bien contrôlée mais que vous sentez encore une certaine fébrilité dans votre état. Durant cette phase, les séances peuvent s'espacer progressivement, ce qui permettra de ce fait de tester l'évolution de vos symptômes. Parfois, vous ressentirez le besoin de revenir un peu plus souvent, ou vous constaterez que l'espacement des séances est bénéfique. La progression n'est pas forcément linéaire.

5. SAVOIR ARRÊTER

Lorsque vous sentez que la psychothérapie est inefficace

Il faut tout d'abord savoir faire cesser un suivi insuffisamment efficace ou totalement sans effet. Mais ce n'est pas toujours une chose facile car souvent on veut y croire, on s'est engagé·e corps et âme dans le processus, on a posé des jours de congé, on a raté d'autres moments importants pour pouvoir se rendre en consultation. Alors, voir son état qui stagne ou qui s'aggrave est particulièrement amer et douloureux.

Plusieurs motifs sont possibles face à l'insuccès d'une psychothérapie : la problématique a été mal identifiée, la psychothérapie n'est pas la bonne, l'entente avec le ou la psy ne se crée pas, vous ne vous sentez pas à l'aise ou pas assez en confiance, les délais entre deux séances sont trop importants, etc. Quelle que soit la difficulté, il faut idéalement l'identifier le plus rapidement possible pour tenter de trouver une autre solution : discuter avec le ou la psy du rythme ou du contenu des séances, expliquer votre insatisfaction ou votre incompréhension, ou demander un autre avis. Ces éléments sont essentiels pour clarifier votre ressenti.

Lorsque la psychothérapie porte ses fruits

Concernant les suivis efficaces avec lesquels vous avez vraiment la sensation que votre état s'est amélioré, la question d'arrêter ou non n'est pas forcément plus simple. On peut être rassuré·e de poursuivre encore un peu, même si on se sent nettement mieux, pour ne prendre aucun risque. D'autres personnes, en revanche, voudront cesser rapidement le suivi dès que les premières améliorations se feront sentir.

Libre à vous d'adopter telle ou telle posture mais ne précipitez pas trop l'arrêt d'un suivi qui vous aide (si évidemment ce suivi n'est pas trop contraignant en termes d'organisation) au risque de vous exposer à une résurgence des symptômes. Enfin, un suivi arrêté peut tout à fait se reprendre quelques semaines, mois ou années après si votre état le justifie.

Les différents types de psychothérapies

LA PSYCHOTHÉRAPIE DE SOUTIEN

Il s'agit de vous écouter évoquer des problématiques que vous rencontrez, de vous aider à nommer les choses précisément et identifier les leviers et stratégies gagnantes qui pourraient vous permettre d'aller mieux. La psychothérapie de soutien ne repose pas sur une théorie psychologique particulière, un courant bien défini, mais constitue plutôt, souvent, le premier temps de la rencontre entre votre psy et vous.

Elle peut être le préalable à une autre psychothérapie

Elle est indiquée en première intention chez toute personne venant pour la première fois livrer une problématique psychologique ou psychosociale : angoisses, dépressions d'intensité légère à modérée, troubles du sommeil, stress important, problématiques familiales ou professionnelles, épreuves de vie, etc. Elle structure le recueil d'information et constitue une première étape nécessaire avant d'envisager une autre forme de traitement : psychothérapie plus spécifique, aide médicamenteuse, etc.

La Haute Autorité de santé précise par ailleurs qu'elle doit être la première étape chez l'enfant ou l'adolescent·e présentant une dépression, durant au moins quatre à huit semaines, avant de proposer une autre psychothérapie.

En quoi parler à mon ou ma psy est-il différent de parler à un·e ami·e ?

Pourquoi aller chez le ou la psy quand on peut appeler son ou sa meilleur·e ami·e pour tout lui raconter et se livrer sur ses angoisses et traumatismes ? Certaines personnes le font et cela leur suffit. Mais d'autres estiment qu'on ne peut pas tout dire à sa famille, son ou sa partenaire ou ses ami·es, et qu'on a le droit d'avoir un jardin secret. Dans ce cas, se tourner vers un·e professionnel·le de santé mentale, c'est rencontrer quelqu'un de neutre et bienveillant, face à qui on ne se sentira pas jugé·e, mais au contraire soulagé·e de lui confier des choses douloureuses de notre vie. Enfin, quand on souffre d'un trouble psychiatrique sévère, en parler à un·e ami·e c'est bien, mais recevoir des soins adaptés, c'est mieux. Certaines situations requièrent bien plus qu'un simple échange amical, même si le soutien de vos proches reste primordial.

Comment se déroulent les séances ?

Une psychothérapie de soutien comprend différents aspects :

- Vous devez vous sentir en confiance, bénéficier d'une écoute active et empathique de la part du ou de la professionnel·le qui tentera d'instaurer la meilleure alliance thérapeutique possible (voir p. 54).
- Les problématiques qui vous conduisent à consulter doivent être clarifiées, explicitées, les émotions négatives identifiées, votre histoire de vie précisée le plus finement possible, avec l'aide du ou de la psy, pour définir un plan d'action en collaboration et en co-construction (rythme des séances, cibles de la thérapie, projet de vie global).

- La dimension sociale ne sera pas oubliée, occupant souvent une place majeure dans les troubles psychiques : problématiques liées à l'emploi, endettement, précarité sociale, demande de prestations sociales liées au handicap (MDPH, voir p. 276), etc.
- On vous proposera de faire le point sur votre hygiène de vie (sommeil, alimentation, activité physique), notamment sur votre consommation de substances et vos éventuelles addictions.
- Enfin, une place importante sera faite à votre entourage familial et amical si vous le souhaitez : il est ainsi possible d'informer ou de recevoir vos proches.

LES THÉRAPIES COMPORTEMENTALES ET COGNITIVES (TCC)

Les TCC regroupent un ensemble de différentes techniques de psychothérapie présentant un caractère standardisé et reproductible :

- **Désensibilisation systématique :** par l'imagination, vous tentez par exemple de vous représenter l'objet de votre phobie pour peu à peu, par des exercices, tenter de disjoindre la sensation d'angoisse associée.
- **Techniques d'exposition variées :** virtuelles (casque de réalité virtuelle), *in vivo* (hiérarchie de la peur qui vous amène progressivement à vous exposer à l'objet précis de votre phobie, dans la vie réelle), situationnelles (exposition à la situation phobogène en question : par exemple vous mesurer à une foule).
- **Techniques de gestion des émotions :** relaxation, exercices de respiration, techniques d'ancrage, refuges mentaux (technique du « lieu sûr »).
- **Entraînement aux habiletés sociales :** des jeux de rôle, mises en situation, exercices de résolution de problèmes et d'affirmation de soi, intégrés à votre vie quotidienne pour vous aider à améliorer certaines situations sociales : comment prendre contact avec quelqu'un, faire une demande, etc. (des choses qui peuvent sembler anodines mais qui, dans certains troubles psychiques, sont fortement altérées ou empêchées).

À l'inverse d'autres psychothérapies, les TCC suivent un protocole précis qui sera globalement le même, que vous habitiez en Corrèze ou à Chicago… De cette manière, ce soin est moins dépendant du ou de la professionnel·le qui vous suit et permet de se concentrer sur la technique en elle-même plutôt que sur la qualité de la relation entre le ou la soignant·e et la personne accompagnée (même si cela reste important).

Une efficacité prouvée dans de nombreux troubles

Les TCC ont montré leur efficacité scientifique dans différentes indications :

- Troubles anxieux : troubles obsessionnels compulsifs (TOC), phobie sociale, phobie spécifique, trouble anxieux généralisé, trouble panique, état de stress post-traumatique.
- Troubles de l'humeur (dépression, trouble bipolaire).
- Schizophrénie (amélioration des habiletés sociales, gestion des émotions, remédiation cognitive).
- Certaines addictions.

Comment se déroulent les séances ?

Les TCC ont vocation à vous aider à changer un comportement problématique qui vous gêne dans la vie de tous les jours. Ces techniques de psychothérapie mesurent l'impact que vos émotions et pensées négatives ont sur vous et tentent de les atténuer, voire de les faire disparaître.

Le ou la psy vous soutient pour construire une stratégie permettant de vous débarrasser de ces comportements problématiques de manière durable. Pour une phobie par exemple, on vous proposera d'être exposé·e de manière progressive à ce qui vous angoisse, comme les araignées, pour vous aider à traiter et analyser les émotions et pensées qui vous submergent et ainsi, par des exercices mentaux, de changer vos schémas de pensée rigides et bloquants pour améliorer votre confort de vie au quotidien. Si vous souffrez d'un trouble anxieux généralisé, on travaille sur la restructuration cognitive pour faire face aux biais cognitifs, cette « priorité au négatif » qui fait que vous surinterprétez les stimuli de manière négative (un bruit, une situation, le cœur qui s'accélère) comme une menace potentielle.

Pour résumer, les TCC sont un ensemble d'outils, de techniques qui vous aideront, pour des indications bien précises, à dompter les relations permanentes qui se font entre vos pensées (« ce que je pense »), vos émotions (« ce que je ressens ») et vos comportements (« ce que je fais ») pour tenter de décortiquer ces séquences et obtenir des changements durables selon vos besoins et aspirations.

Une séance dure habituellement trente à soixante minutes.

Pour trouver un·e professionnel·le de santé formé·e aux TCC proche de chez vous

Rendez-vous sur le site Internet : https://www.aftcc.org/annuaire/

LA THÉRAPIE D'ACCEPTATION ET D'ENGAGEMENT (ACT)

Cette psychothérapie appartient à la famille des thérapies cognitivo-comportementales et repose sur six processus : défusion, acceptation, pleine conscience, le soi observateur, les valeurs et les actions engagées. L'idée est de vous apprendre à ne pas fusionner automatiquement avec les pensées que votre cerveau génère, en comprenant bien qu'on ne contrôle pas nos neurones, qu'ils produisent des idées parfois intéressantes, parfois absurdes ou inutiles, ou encore douloureuses et terrifiantes.

Cela vous permet aussi de comprendre que vos pensées ne sont pas toujours complètement alignées avec vos valeurs, loin de là d'ailleurs. La finalité de cette psychothérapie est ainsi de vous aider à cesser de lutter en permanence contre des pensées intrusives qui vous gênent, vous mettent mal à l'aise, pour apprendre à plutôt les laisser passer devant vous.

À qui cela s'adresse-t-il ?

Voici les indications dans lesquelles la thérapie ACT a montré des preuves plus ou moins importantes de son efficacité :

- Troubles anxieux.
- Dépression.
- Sevrage tabagique.
- Augmentation de la flexibilité psychologique.
- Amélioration de la qualité de vie, de la détresse psychologique et de la fatigue chez les personnes souffrant de cancer.

Comment se déroulent les séances ?

Des exercices vous seront proposés afin d'explorer les six processus énumérés plus haut et de favoriser le plus possible votre flexibilité psychologique. Différents moyens existent :

- Accepter les symptômes et tenter de dissocier les émotions négatives associées (« observer la pensée » sans fusionner avec).
- Promouvoir le contact avec l'instant présent (« être dans l'ici et maintenant »).
- Clarifier les valeurs que vous mettez au service d'actions et de causes importantes en regardant, sans jugement, les pensées et émotions qui vous animent, sans chercher à les connoter positivement ou négativement, dans un souci de prise de conscience et d'observation, comme un objet d'intérêt.
- Développer la pleine conscience : parfois, on vous demandera de localiser précisément une sensation, une émotion, décrire son côté froid ou chaud, mettre une main dessus, expliquer si c'est plutôt une brûlure, une décharge électrique, un fourmillement, pour comprendre comment vous fabriquez vos pensées et vos émotions. Par exemple, au lieu de dire : « J'ai des pensées bizarres », vous serez plutôt invité·e à dire : « Le cerveau a des pensées bizarres ».
- Réaliser un plan d'action pour améliorer votre qualité de vie, avec des objectifs atteignables à court, moyen et long terme, en hiérarchisant le niveau de difficulté de chacun des objectifs.

Une séance dure généralement trente à soixante minutes, durant six à douze semaines.

LA THÉRAPIE SYSTÉMIQUE (THÉRAPIE FAMILIALE, THÉRAPIE DE COUPLE)

La thérapie systémique est une technique de psychothérapie qui part d'une hypothèse simple : les différents membres d'un système interagissent et influent les uns sur les autres. Cette psychothérapie peut donc prendre en charge un couple ou une famille (en entier ou non). Dans certains cas, elle peut être proposée à une seule personne lors d'une prise en charge individuelle. Dans cette approche, on part du principe que les systèmes auxquels on s'intéresse arrivent, normalement, quand tout va bien, à trouver l'équilibre et à s'autoréguler. Ainsi, par exemple, une famille avec deux parents et deux enfants va réussir globalement, tant bien que mal, à surmonter les grandes épreuves de la vie en s'adaptant en permanence : naissance d'un·e enfant, entrée à l'école, départ des enfants pour faire leurs études, départ à la retraite, deuil, etc. Les thérapeutes systémiques considèrent les familles comme étant, la plupart du temps, autosuffisantes pour traverser des crises en modifiant par exemple les interactions entre un père et son fils, en déménageant, en organisant un voyage d'une particulière importance, ou en changeant tout simplement quelques détails qui font de grandes différences.

À qui cela s'adresse-t-il ?

Parfois, dans certaines familles, dans certains couples, la communication est figée, bloquée. Comme si le temps s'était arrêté. Dans d'autres familles, au contraire, l'ambiance est chaotique et fortement désorganisée, les repères volent en éclat, la mémoire familiale est floue, distordue. L'objectif est d'aider la famille à s'adapter aux difficultés qui émergent et à gagner en flexibilité pour lui permettre d'avancer.

Le ou la psy, dès lors qu'il ou elle rencontre une famille, devient une partie de ce système et commence à interagir, modifiant immédiatement les interactions. C'est d'ailleurs tout l'intérêt de sa présence. En thérapie familiale ou de couple, il ne s'agit pas tant d'interpréter telle ou telle manifestation d'un membre, tel ou tel symptôme, il ne s'agit pas non plus d'être dans la recherche d'une grande vérité absolue qui viendrait éclairer brutalement un phénomène ou révéler un secret enfoui. La priorité dans cette approche est plutôt de faire en sorte que les membres d'une famille ou d'un couple puissent réapprendre à vivre et fonctionner ensemble et que chacun·e y retrouve sa place sereinement. Les séances de systémie sont souvent longues, à savoir une heure ou une heure et demie, parfois plus. Le suivi peut s'étaler sur une année, voire plus. Cela dépend des besoins de chacun·e, de la dynamique qui opère ou non et de l'efficacité, tantôt spectaculaire, tantôt décevante.

La thérapie familiale au sens large a montré les preuves de son efficacité pour la schizophrénie, les troubles des conduites (ou comportements) chez l'enfant, le trouble du déficit de l'attention avec ou sans hyperactivité, l'anorexie mentale, la dépression et le trouble bipolaire.

Comment se déroulent les séances ?

L'une des grandes particularités de cette approche est que les thérapeutes sont souvent deux à vous recevoir. Certain·es systémicien·es travaillent seul·es, pour des raisons pratiques ou par convenance personnelle, mais la systémie a été initialement pensée pour être pratiquée à plusieurs. L'objectif est de limiter la perte d'information d'une part et de se regarder faire d'autre part. En effet, la masse d'informations verbales et non verbales produites et générées dans un entretien avec une famille ou un couple est si dense que le fait d'être deux est un bon moyen pour tenter de tout récolter. Vous verrez parfois les thérapeutes sortir en pleine séance pour aller discuter en dehors de la salle de leurs hypothèses respectives, avant de revenir vous voir quelques minutes plus tard. Cela peut vous paraître étrange mais cela fait partie du processus.

Différentes techniques sont utilisées par les thérapeutes :

- **La circularité**. Elle consiste à faire en sorte que chacun·e des membres de la famille puisse parler les un·es des autres, mais pas frontalement, pas directement, pour recréer du mouvement dans les relations et les discussions. Qu'importe ce qu'on se dit là, finalement, l'essentiel est déjà d'arriver à se dire des choses en sortant de schémas rigides dans lesquels certaines familles sont bloquées dans leur quotidien, cristallisant ainsi des conflits redondants. Par exemple, on demandera à une jeune fille : « que penses-tu de ce que ressent ta mère lorsque ton père parle ainsi ? » On décale, on décentre, évitant les allusions frontales pour aller plutôt vers des techniques de provocations douces.
- **L'engagement du ou de la thérapeute**. À l'inverse de certaines psychothérapies comme la psychanalyse qui tiennent davantage à distance soignant·e et soigné·e, le ou la systémicien·ne n'hésitera pas à dire parfois comment il ou elle se sent durant un échange, ses émotions positives comme négatives, le but étant d'abord et toujours de s'utiliser comme levier pour lever des blocages familiaux, en amenant les choses par une connotation positive. Par exemple, il ou elle dira : « En écoutant le récit de votre famille, je ressens de la tension, un malaise, de la pudeur, ce qui me fait penser que vous tenez beaucoup les un·es aux autres mais que vous n'arrivez pas à vous le dire. C'est mon hypothèse. »
- **Le ou la thérapeute privilégie fortement « la position basse** », exprimant à la famille sa reconnaissance face au fait qu'elle lui fasse confiance, lui disant qu'il ou elle souhaite apprendre d'elle, de ses fonctionnements internes et de ses propres capacités de créativité. Cette posture est employée car le

« mythe familial » n'est jamais loin et peut facilement être heurté par le ou la systémicien·ne. Ce mythe, c'est un filament presque magique, superstitieux, la manière dont la famille se représente elle-même, se symbolise, ce qui fait qu'elle se pense unique, intouchable, inviolable, différente des autres. Il ne faut jamais l'aborder frontalement au risque de perdre la confiance du système et de ses membres.

- **Des « objets flottants » sont utilisés**. Il s'agit d'expériences vécues ensemble, comme des jeux de rôle, des mises en situation entre les membres du système étudié et les thérapeutes, qui misent beaucoup sur un effet de surprise pour tenter de lever certains blocages. Il y a par exemple le jeu de l'oie systémique, les sculpturations, le blason familial, les masques, la chaise vide du plus-un et le conte systémique. Ces expériences peuvent parfois bousculer les personnes accompagnées et nécessitent des temps d'explication en amont et de bilan en aval.

Une information importante

Il n'y a pas de diplôme universitaire ou d'encadrement légal de la « thérapie systémique » en France, seulement des attestations de formation. N'oubliez pas qu'aucune psychothérapie n'est miraculeuse : celle-ci conviendra à certain·es et non à d'autres, c'est un outil parmi d'autres.

L'EMDR

L'EMDR ou intégration neuro-émotionnelle par les mouvements oculaires (« *eye movement desensitization and reprocessing* » en anglais), est une psychothérapie validée par la Haute Autorité de santé et l'Inserm qui consiste à retraiter (ou revisiter) des souvenirs traumatiques pour tenter de les débarrasser des charges affectives négatives (sensations, émotions, pensées) qui y sont associées. Ce retraitement est fait à l'aide d'un rappel mental du souvenir, combiné à des mouvements répétitifs des doigts, de stimulations auditives ou tactiles (tapotement sur les genoux, aussi appelé *tapping*) effectués par le ou la professionnel·le. Ces mouvements répétitifs permettraient de favoriser la transformation de réseaux de neurones situés dans le traitement émotionnel de l'information et de la mémoire, même si les mécanismes d'action précis de cette technique restent encore indéterminés.

Pour trouver un·e professionnel·le formé·e en EMDR

Vous pouvez consulter l'annuaire de l'association EMDR France qui est un organisme de formation reconnu pour son sérieux : https://www.emdr-france.org/lannuaire-des-therapeutes-2/. Gardez en tête que l'EMDR pratiquée par une personne non accréditée par EMDR France ou EMDR Europe ne garantit en rien la qualité des soins dispensés et expose à un risque d'emprise mentale, de décompensation psychique et de dérives sectaires.

À qui cela s'adresse-t-il ?

L'EMDR s'adresse principalement aux personnes ayant vécu un traumatisme psychique intense à l'origine de ce qu'on appelle un état de stress post-traumatique (voir p. 129). On sait désormais que chez celles-ci, le fait d'évoquer verbalement le traumatisme en question, lors de discussions et échanges classiques en consultation, ne les aide pas forcément à aller mieux, voire pourrait aggraver les symptômes chez certaines personnes en les réexposant à un souvenir beaucoup trop douloureux lié à des émotions hautement négatives et inconfortables. L'idée, avec l'EMDR, est de supprimer ce cortège de sensations douloureuses associées au souvenir.

Comment se déroulent les séances ?

La thérapie EMDR se déroule en deux temps. Il y a d'abord des séances préalables de préparation (2 à 4 environ), sous forme d'entretiens préliminaires qui permettent à la fois d'établir une relation de confiance avec le ou la praticien·ne, de s'assurer que l'indication thérapeutique est bonne, et de définir l'objectif (traiter plusieurs traumas ? un seul ?). Ce temps est aussi l'occasion d'apprendre certaines techniques de stabilisation émotionnelle qui peuvent être employées aux cours des séances et pratiquées chez soi (technique du « lieu sûr », méditation, exercices de respiration, etc.).

Ensuite viennent les séances de traitement en tant que telles, dès que le ou la patient·e se sent suffisamment prêt·e. Les souvenirs pénibles et inconfortables à l'origine de sa demande d'aide sont alors retraités, l'un après l'autre. La personne est alors invitée à se concentrer sur le souvenir traumatisant et toutes les manifestations associées, qu'elles soient physiques ou psychiques (sensations, émotions, pensées négatives), puis à suivre le mouvement des doigts du ou de la thérapeute en laissant venir ce qui lui vient spontanément à l'esprit. Il s'agit d'un processus de libre association d'idées, de sensations, d'émotions, de pensées. D'autres stimulations bilatérales peuvent être employées (tapotement sur les genoux ou *tapping*).

Le ou la psy pratique les séries de stimulations jusqu'à ce que le souvenir ne génère plus de perturbations chez le ou la patient·e. La séance se termine sur une pensée positive confirmée par de bonnes sensations corporelles. Une séance dure 60 à 90 minutes.

L'hypnose

L'hypnose n'est pas une psychothérapie en tant que telle mais elle recouvre des pratiques et indications diverses. Alors que l'efficacité de l'hypnose a été clairement démontrée comme technique d'anesthésie dans certaines chirurgies et qu'elle est aussi validée pour diminuer les symptômes de l'intestin irritable (colopathie fonctionnelle), son impact pour réduire les symptômes psychiques et les addictions est encore discuté.

Son principe est de placer la personne dans un état de conscience modifié afin de lui permettre, par un mécanisme encore inconnu, d'atténuer un symptôme. Sur la gestion de la douleur, l'hypnose ne permettrait pas tant de la baisser que plutôt d'atténuer la charge émotionnelle qui est liée à celle-ci, et donc le souvenir qu'on en aura par la suite. Concernant les troubles du comportement alimentaire, la dépression, l'anxiété et le sevrage tabagique, on ne peut actuellement pas conclure à l'efficacité de l'hypnose.

En France, le titre d'hypnothérapeute n'est pas protégé et n'importe qui peut s'en revendiquer. Soyez vigilant·e et veillez au risque de faux souvenirs induits et, plus largement, d'emprise mentale et dérives sectaires. N'hésitez pas à demander les diplômes des professionnel·les et préférez les formations universitaires.

Les questions qu'on se pose souvent

EST-CE QUE LE OU LA PSY PEUT LIRE DANS MES PENSÉES COMME DANS UN LIVRE OUVERT ?

Non, ne vous inquiétez pas ! Vos secrets sont bien gardés et vous ne livrerez que ceux que vous souhaitez révéler. Un·e psy se fonde sur vos propos, en tentant de temps en temps de décoder les émotions transmises par certains gestes, attitudes ou expressions faciales, car ils peuvent parfois suggérer des informations que vous pouvez mettre plus ou moins de temps à livrer. Mais s'il lui arrive d'en faire quelque chose, il ou elle les interprétera avec prudence et humilité, en les confrontant évidemment au contenu même de vos propos.

Psys et secret professionnel

Les psychiatres et les psychologues sont tenu·es de respecter le secret professionnel : ils et elles ne peuvent pas divulguer des informations vous concernant sans votre accord, y compris à vos proches (sauf dans des cas bien particuliers de danger imminent pour vous-même ou pour les autres).

POURQUOI MON OU MA PSY VEUT ABSOLUMENT ME FAIRE PARLER DE MON ENFANCE ?

Votre psy vous posera des questions sur différentes périodes de votre vie. Les psys ont tendance à explorer en profondeur l'enfance et l'adolescence (sans se focaliser uniquement sur ces aspects), car durant ces deux phases, le cerveau est en constante évolution et construction, traversé par des tempêtes hormonales intenses et parfois, malheureusement, par des traumatismes psychiques plus ou moins graves. Ceux-ci peuvent entraîner des répercussions majeures sur la structuration de l'identité et l'émergence de troubles psychiques. Par ailleurs, c'est aussi dans les premières années de vie qu'on repère et identifie les figures d'attachement importantes à nos yeux (nos parents, mais pas seulement), qu'on apprend à tisser des relations avec nos proches, à décoder les émotions et intentions de celles et ceux qui nous entourent, et qu'on apprend à repérer si nos besoins d'enfant sont, ou non, pleinement satisfaits. Cette manière d'être au monde nous façonne, c'est pourquoi cela intéresse votre psy.

Il ne s'agit pas de réduire les gens à leur enfance, mais simplement de ne pas perdre de vue que le jeune âge joue un rôle très important dans la personne qu'on deviendra, sans compter que 50 % des troubles psychiques débutent avant l'âge de 14 ans...

Alors, ne vous inquiétez pas si votre psy passe un peu de temps à explorer votre enfance, il ou elle va certainement y puiser des informations très importantes. Mais vous pouvez évidemment, à tout moment, lui témoigner votre gêne et votre souhait de passer à un autre sujet, si l'exercice est trop inconfortable ou si vous ne voyez pas tellement le lien avec votre problématique actuelle.

APRÈS DES SÉANCES, JE ME POSE DES QUESTIONS AUXQUELLES JE N'AVAIS JAMAIS PENSÉ AUPARAVANT, EST-CE NORMAL ?

L'idée de la psychothérapie est de vous aider globalement à dresser la notice de vous-même pour mieux décortiquer vos problématiques du moment et vous aider à les neutraliser. Il est alors normal que vous accédiez par ce suivi à des questionnements divers et variés auxquels vous n'aviez pas forcément pensé auparavant, afin d'essayer de faire un peu différemment de ce que vous faisiez jusqu'alors : un lien familial à repenser, un engagement professionnel à freiner, le recours excessif à des substances pour enrayer des ruminations incessantes, une zone de flou dans votre enfance qui vous revient brutalement à l'esprit, un rapport à la vie qui change après avoir expérimenté des idées suicidaires, de nouvelles perspectives qui s'ouvrent alors que vous allez enfin mieux... Le ou la psy vous aide également à identifier des « zones aveugles », des choses dont vous n'avez pas forcément pleinement conscience mais qui ont un impact sur votre fonctionnement et donc votre vie : une manière de faire face aux difficultés, de concevoir les relations, etc.

Attention aux faux souvenirs induits

Si un·e psy (ou tout·e autre professionnel·le d'ailleurs) vous dit qu'il ou elle « sent », qu'il ou elle « sait à 100 % » que vous avez subi un traumatisme sexuel dans l'enfance et que vous en ignorez totalement l'existence, méfiez-vous. Même si cela est possible (mécanisme d'amnésie traumatique pouvant entourer un traumatisme), il existe aussi un risque de faux souvenir induit qui fait que vous allez, à la suite des propos du ou de la « professionnel·le », vous convaincre que vous avez été victime d'un viol, par exemple, alors que c'est peut-être faux. Les conséquences familiales et judiciaires peuvent alors être majeures. Un·e psy peut suggérer, dire aux gens que tel ou tel signe chez eux peut faire penser à un traumatisme, mais on ne peut surtout pas induire un souvenir dont on ne nous a rien dit jusque-là.

Au fur et à mesure que vous apprendrez à mieux vous connaître, à cerner davantage votre fonctionnement et les contours de vos troubles psychiques et les épreuves de vie que vous traversez, certaines difficultés se résoudront tandis que de nouveaux questionnements surviendront peut-être. Parfois, votre psy vous aidera à y répondre. Mais vous n'aurez peut-être plus besoin de lui ou d'elle, ayant suffisamment appris et compris de vous-même et vous sentant suffisamment outillé·e, désormais, pour vous en sortir seul·e.

JE NE COMPRENDS PAS : J'EFFECTUE UN SUIVI DEPUIS QUELQUES SEMAINES ET JE VAIS PLUS MAL, EST-CE QUE J'ARRÊTE ?

Parfois, après avoir débuté une psychothérapie, on n'obtient pas tout de suite une amélioration de notre état et on se demande si on continue d'aller mal à cause du ou de la psy, s'il ou elle est mal formé·e, a mal cerné le problème, ou alors à cause du trouble psychique qui évolue et qui s'aggrave, ou un peu de tout cela à la fois.

Ce sont des questions légitimes, mais gardez en tête qu'il n'est pas rare que les débuts d'une psychothérapie soient particulièrement douloureux, car ils sont associés à la verbalisation de souffrances intimes confiées à un·e inconnu·e, dont on ne sait pas encore trop ce qu'il ou elle va en faire. On n'y voit pas très clair, on est secoué·e par tout cela, un mélange d'émotions positives et négatives dans lequel on a du mal à faire la part des choses, le fait de se sentir en même temps soulagé·e et vulnérable. Ces phénomènes sont fréquents et ne signifient pas que la psychothérapie ne fonctionne pas.

Bien, sûr, le fait d'arrêter un suivi qui vous semble insuffisamment efficace, même au bout de quelques semaines, est une décision qui vous revient à vous seul·e. C'est une décision à prendre au regard des informations fournies par le ou la psy au sujet du problème qu'il ou elle a identifié, de la psychothérapie proposée, des effets attendus mais aussi de votre situation particulière, votre degré d'inconfort, d'urgence et de confiance envers le ou la psy en question.

CHAPITRE 4

Les médicaments et les autres traitements

Un·e cardiologue qui détecte chez un·e patient·e un trouble du rythme lui prescrit un médicament adapté, tout comme un·e endocrinologue qui décèle un problème hormonal met en place un traitement correcteur. Dans ces différentes situations, il est peu probable que le ou la patient·e ressente un sentiment d'échec personnel et une suspicion vis-à-vis du médicament en question.

En revanche, quand un·e psychiatre prescrit un antidépresseur, une personne peut rapidement mal le vivre, le prendre pour elle et se considérer comme faible mentalement. Mais d'où vient cette mauvaise réputation des médicaments psychotropes (tout comme certains traitements, à l'instar de ce qu'on appelait auparavant les « électrochocs »), et comment changer de regard sur eux ?

Les idées reçues sur les médicaments psychotropes

Les médicaments psychotropes, c'est-à-dire ceux agissant sur le cerveau et notamment sur différents neurotransmetteurs (sérotonine, dopamine, etc.), souffrent de nombreux préjugés qui souvent ne facilitent pas l'acceptation de leur usage par les patient·es.

« CE MÉDICAMENT VA FAIRE DE MOI UN·E ZOMBIE. »

Faux, le plus souvent : ce sont d'abord les maladies psychiques qui peuvent vous donner cette sensation.

Certes, plusieurs médicaments proposés dans les troubles psychiques peuvent vous fatiguer, parfois profondément, en ralentissant votre marche, troublant votre équilibre, donnant parfois la sensation d'être un robot figé qui peine à s'activer, comme certains traitements neuroleptiques utilisés dans la schizophrénie. Il s'agit d'un effet secondaire à combattre car il peut rendre la vie particulièrement inconfortable voire impossible, vous donnant une attitude étrange voire parfois intimidante pour vos proches et ami·es, altérant grandement la vie sociale.

Mais ces effets secondaires sont loin d'être présents pour tous les médicaments et chez tout le monde, et des solutions existent lorsqu'ils surviennent. N'oublions pas non plus que certaines maladies comme la schizophrénie ou la dépression sont parfois si intenses et sévères qu'elles vous plongent elles-mêmes dans un scaphandre, sous une chape de plomb qui empêche toute initiative, tout plaisir, toute action, toute envie.

« LES MÉDICAMENTS VONT ME RENDRE DÉPENDANT·E ET JE NE POURRAI PLUS M'EN PASSER. »

Faux, le plus souvent : seule la famille des benzodiazépines (Xanax®, Valium®, Lexomil®, etc.) expose à un risque important d'accoutumance et d'addictions.

Ces risques s'expliquent par deux raisons :

- Les effets anxiolytiques des benzodiazépines sont rapides (voire quasi immédiats pour certaines molécules).
- Il faut régulièrement augmenter les doses pour obtenir le même effet bénéfique (phénomène d'habituation).

Exceptée cette famille, les autres médicaments psychotropes sont peu, voire pas du tout, à risque d'addiction. Il peut en revanche y avoir des symptômes de sevrage physique (anxiété, irritabilité, vertiges, nausées, etc.) lorsqu'on arrête un traitement qu'on a pris plusieurs mois ou plusieurs années car le corps s'est habitué et réagit en conséquence. C'est particulièrement le cas pour certains antidépresseurs, notamment la paroxétine (Deroxat®) ou la venlafaxine (Effexor®), c'est pourquoi il est toujours conseillé de diminuer très progressivement, jamais brutalement, le traitement. Mais ces symptômes de sevrage ne signent pas une addiction dans la mesure où une fois le sevrage effectué (quelques semaines, mois, rarement plus d'un an), on n'a pas envie de reconsommer l'antidépresseur en question, pour la simple et bonne raison que la prise d'un antidépresseur ne produit généralement aucun effet bénéfique immédiat.

« LA FRANCE EST LA CHAMPIONNE DU MONDE DES PSYCHOTROPES. »

Faux : la France se classe au vingtième rang mondial de la consommation d'antidépresseurs (statistiques de l'OCDE datant de 2021).

Le peloton de tête est représenté par l'Islande, le Portugal puis le Royaume-Uni. La réalité est finalement tout autre : de nombreuses personnes souffrant de dépression sont encore insuffisamment diagnostiquées, soit par sentiment de honte vis-à-vis de la maladie mentale, soit par manque de professionnel·les de santé comme des médecins généralistes ou des psychiatres, ce qui les prive de soins de qualité dont les médicaments antidépresseurs font partie. En revanche, la consommation de benzodiazépines est en effet certainement excessive et, n'étant pas un traitement de fond, elle ne doit normalement pas excéder huit à douze semaines.

« LES MÉDICAMENTS SONT SEULEMENT UNE BÉQUILLE QUI NE TRAITE PAS LA CAUSE DU PROBLÈME. »

Vrai et faux : la réalité est plus complexe.

Certains médicaments peuvent tout à fait guérir une pathologie psychique, comme les antidépresseurs utilisés dans la dépression par exemple. Dans les troubles de l'humeur comme le trouble bipolaire, ou dans des maladies comme la schizophrénie, les médicaments permettent souvent une stabilisation des symptômes et il n'est pas rare d'avoir une vie quasi normale lorsque le traitement est enfin équilibré. Mais comme un diabète ou une hypertension artérielle, l'arrêt du traitement entraîne souvent une réapparition des symptômes psychiques. Il n'y a donc aucune honte à prendre un traitement médicamenteux qui, certes, ne guérit pas toujours, mais soigne souvent et permet de stabiliser un état.

Les antidépresseurs peuvent permettre de retrouver de nouveau du confort de vie, de l'envie, des capacités à initier différentes activités quotidiennes, de l'aisance dans les rapports sociaux. Parfois encore, les médicaments aideront à apaiser temporairement certains symptômes très invalidants qui empêchent de bénéficier d'une psychothérapie et d'explorer des mécanismes plus complexes sous-jacents à la souffrance. Car, pour bénéficier d'une psychothérapie, il faut quand même être en état de supporter les séances et pouvoir se concentrer un minimum.

Pour autant, les médicaments ne régleront jamais tous les problèmes, qu'ils soient d'ordres physiques, financiers, familiaux, sociaux ou un mélange de tout cela. Mais ils pourront constituer un soutien précieux pour aider à mieux les affronter. Et ils seront toujours accompagnés d'un soutien psychologique, au minimum, ou d'une psychothérapie plus spécifique.

Les principales familles de médicaments

LES ANTIDÉPRESSEURS

Ils soignent la dépression, mais pas seulement…

Agissant sur différents neurotransmetteurs et sur la plasticité du cerveau, les antidépresseurs sont préconisés pour la dépression, mais aussi les troubles anxieux, les troubles obsessionnels compulsifs (TOC), les états de stress post-traumatique et certaines douleurs neuropathiques (liées aux nerfs). Les plus connus sont la fluoxétine (Prozac®), la paroxétine (Deroxat®), l'escitalopram (Seroplex®) et la sertraline (Zoloft®).

On conseille généralement aux personnes concernées de suivre au moins pendant six mois un traitement antidépresseur – s'il est efficace. Il n'y a pas de durée maximale de traitement. Certaines personnes ayant connu plusieurs rechutes dépressives décident même de le garder toute une vie car pour elles, le rapport bénéfice-risque est largement dans le sens des bénéfices.

La balance bénéfice-risque

Tous les médicaments ont des effets secondaires potentiels qu'il faut prendre en considération. Si les bénéfices attendus semblent supérieurs aux risques, alors la prescription du médicament en question sera envisageable, pour une indication bien précise.

En revanche, dans le cas inverse, si les risques sont hautement probables et les bénéfices minimes, la personne concernée, bien informée au préalable par son ou sa médecin, devra faire son choix. Une souffrance peut parfois être telle que l'on n'hésite plus à prendre tous les risques pour aller mieux. Dans ces situations, les conseils d'un·e médecin sont primordiaux.

Des effets indésirables le plus souvent minimes

Les effets indésirables sont la plupart du temps bénins : nausées, vomissements, anxiété, vertiges, tremblements… Ils surviennent généralement rapidement après l'instauration du traitement et disparaissent en quelques jours dans la grande majorité des cas. Mais ils peuvent aussi être particulièrement invalidants et justifier l'arrêt de leur prise, notamment lorsqu'ils altèrent la vie sexuelle (baisse de la libido, troubles de l'érection) ou l'image de soi (prise ou perte de poids). Si un fort effet secondaire survient, un antidépresseur d'une autre famille pourra alors être envisagé. Parfois, baisser la posologie fait disparaître les effets secondaires. Enfin, pour éviter un syndrome d'arrêt aux antidépresseurs dans la semaine qui suit la fin d'un traitement, c'est-à-dire des symptômes de sevrage (avec irritabilité, anxiété, insomnie, troubles de l'équilibre, syndrome pseudogrippal), il faut toujours veiller à baisser très progressivement les doses.

Trois effets indésirables rares mais graves

Ils peuvent survenir dans les jours ou semaines qui suivent le début du traitement :

- **L'apparition ou l'aggravation des idées suicidaires**, notamment chez les jeunes de moins de 25 ans. Cet effet secondaire dangereux, très à risque de passage à l'acte suicidaire, dure quelques jours. On doit vous en informer avant l'instauration du traitement (et idéalement, vous prévenez vos proches).
- **La survenue d'un virage maniaque** (voir le chapitre sur le trouble bipolaire p. 185), avec l'apparition d'une insomnie sans fatigue, des pensées qui fusent dans la tête, des idées de grandeur, des projets multiples et un sentiment d'invincibilité, un cortège de symptômes très à risque de mises en danger et de suicide.
- **L'apparition d'un syndrome sérotoninergique**, après l'instauration d'un ou plusieurs antidépresseurs, causant agitation, confusion, diarrhées, fièvre, sueurs, cœur qui bat vite et fort, tremblements, muscles raides, essoufflement. Il existe un risque de complications, comme le coma.

Ce sont des urgences : contactez le 15, le 3114, ou rendez-vous aux urgences (voir p. 197 pour prévenir les risques suicidaires).

LES ANXIOLYTIQUES

Ils ne servent pas uniquement à lutter contre l'anxiété

Les anxiolytiques agissent sur certains neurotransmetteurs afin de diminuer rapidement les angoisses et générer une sédation associée à une détente musculaire. Ils sont souvent prescrits dans le cas d'angoisses massives et invalidantes (ponctuellement, dans l'attente de l'efficacité d'un traitement de fond comme une psychothérapie, des antidépresseurs ou les deux associés), d'un sevrage en alcool (pour lutter contre le risque de crises d'épilepsie et de *delirium tremens*), d'épilepsie et de certaines douleurs neuropathiques (liées aux nerfs).

Les plus connus sont les médicaments appartenant à la famille des benzodiazépines, ce sont toutes ces molécules qui finissent en -am, comme le diazépam (Valium®), le bromazépam (Lexomil®) et l'alprazolam (Xanax®). Il y a aussi les hypnotiques qui commencent par la lettre Z, prescrits pour favoriser le sommeil et l'endormissement, et qui sont apparentés aux benzodiazépines, comme la zopiclone (Imovane®) et le zolpidem (Stilnox®).

Un risque réel d'addiction

Le risque principal est de développer une authentique addiction, votre médecin doit vous en informer. Pour éviter ce risque, la durée de prescription ne devrait jamais excéder huit à douze semaines. Mais en pratique, une fois initiées, les benzodiazépines sont particulièrement difficiles à retirer chez les utilisateur·ices et le sevrage doit se faire très progressivement pour éviter tout inconfort.

Un risque accru de développer une dépression lors d'une consommation au long cours

Les effets indésirables les plus courants sont la somnolence, la sédation, les vertiges, les trous de mémoire, la confusion et les chutes (surtout chez les personnes âgées).

On peut aussi constater ce que l'on appelle des réactions paradoxales, c'est-à-dire des réactions inverses aux effets normalement attendus avec les benzodiazépines. Ainsi, certaines personnes, après en avoir consommées, vont devenir particulièrement instables, agitées, excitées voire agressives verbalement et physiquement, n'arrivant plus à tenir en place ou dormir. Après plusieurs mois ou années d'utilisation, il y a un risque accru de développer une dépression secondairement à la consommation de benzodiazépines.

Les antihistaminiques ne traitent pas que les allergies

Il existe d'autres molécules efficaces pour les angoisses et n'appartenant pas à la famille des benzodiazépines, ce sont les antihistaminiques (hydroxyzine, Atarax®), qui ne causent pas d'addictions.

LES NEUROLEPTIQUES

Des médicaments destinés à fluidifier les fonctions cognitives (mémoire, attention, planification, motivation)

Les neuroleptiques, qu'on appelle aussi les antipsychotiques, bloquent ou régulent les récepteurs de certains neurotransmetteurs dans le cerveau, en particulier la dopamine. Ces médicaments sont prescrits dans le cas d'une schizophrénie, d'un trouble schizo-affectif, de troubles délirants persistants mais aussi de certains troubles de l'humeur comme des formes particulières de dépression ou le trouble bipolaire.

Les neuroleptiques les plus connus sont l'halopéridol (Haldol®), la risperidone (Risperdal®) et l'aripiprazole (Abilify®).

Des effets indésirables parfois invalidants

Ces médicaments favorisent souvent la prise de poids (un problème majeur à contrôler), la constipation (avec risque d'occlusion, c'est-à-dire de blocage de l'intestin qui ne peut plus s'évacuer), parfois des baisses de vision. On remarque aussi une sédation et une somnolence, tout comme des contractions musculaires involontaires de la langue, la bouche, le cou (comme un torticolis), les yeux (regard bloqué vers le plafond) ou même un membre entier. Des traitements correcteurs de ces effets existent (Lepticur®).

Enfin, les personnes suivant ce traitement peuvent avoir la sensation désagréable et parfois invivable de ne pas réussir à tenir en place, d'avoir besoin de se dégourdir en permanence les jambes, d'avoir des fourmillements, des picotements, générant une incapacité à se tenir immobile. On appelle cela l'akathisie et des solutions existent pour l'atténuer.

LES RÉGULATEURS DE L'HUMEUR

Les oscillations de l'humeur contrôlées

L'objectif des régulateurs de l'humeur, qu'on appelle aussi thymorégulateurs, est de rendre les oscillations de l'humeur moins amples, moins fréquentes et moins vertigineuses chez les personnes concernées. L'idée n'est pas d'éteindre toute flamme, toute étincelle chez les usager·ères de ces substances thérapeutiques, il s'agit plutôt de leur permettre de retrouver des fluctuations normales et compatibles avec la vie qu'ils ou elles souhaitent mener. Ces médicaments sont prescrits chez les personnes présentant un trouble de l'humeur de type bipolaire ou un trouble schizo-affectif.

Les sels de lithium sont le chef de file des thymorégulateurs, leur nom commercial est le Teralithe®. Il s'agit du régulateur de l'humeur qui a montré la plus grande efficacité sur le risque suicidaire chez les personnes souffrant de trouble bipolaire, c'est pourquoi il est souvent proposé en première intention dans cette indication.

Le lithium peut provoquer des problèmes rénaux

C'est l'un des effets secondaires connus de ce médicament, c'est la raison pour laquelle des analyses sanguines régulières sont prescrites. Il peut également provoquer une prise de poids et des problèmes thyroïdiens. Il faut veiller à bien s'hydrater et à avoir un apport en sel stable au quotidien.

Antiépileptiques, mais aussi thymorégulateurs

Dans la famille des thymorégulateurs, on trouve aussi des médicaments antiépileptiques dont on s'est rendu compte qu'ils permettaient de diminuer les fluctuations de l'humeur chez les personnes concernées : la lamotrigine (Lamictal®), la carbamazépine (Tegretol®).

LES PSYCHOSTIMULANTS

Ces médicaments influencent et modulent la libération de certains neurotransmetteurs, notamment la dopamine et la noradrénaline, dans le cerveau. Ils ont comme indication le trouble du déficit de l'attention avec ou sans hyperactivité (TDAH) chez l'enfant de plus de 6 ans et chez l'adulte, en complément de l'accompagnement éducatif, psychologique et social.

La famille des médicaments psychostimulants est principalement représentée par deux molécules : le méthylphénidate et le modafinil. Le méthylphénidate est plus connu sous ses noms commerciaux : Ritaline®, Concerta®, Quasym®, Medikinet®. L'autre psychostimulant répandu est le modafinil (Modiodal®), qui est prescrit pour lutter contre la somnolence chez les personnes présentant une narcolepsie ou une hypersomnie (sommeil excessif).

Des pauses bénéfiques

La prise d'un psychostimulant peut être arrêtée dans des périodes durant lesquelles elle est considérée comme moins indispensable par l'enfant ou sa famille, comme pendant les week-ends et les vacances. Contrairement à ce que l'on entend souvent, ces traitements ne rendent pas addicts et ne sont pas des amphétamines.

Les pauses permettent de limiter le retentissement sur la croissance car il s'agit là d'un des effets secondaires de cette famille de molécules qui diminue l'appétit et peut donc influencer négativement les courbes de taille et de poids.

Les psychédéliques, le futur des médicaments psychotropes ?

La famille des substances psychédéliques fait l'objet de nombreuses recherches et avancées dans le domaine de la psychiatrie ces dernières années.

Par exemple, l'eskétamine (Spravato®) est initialement un traitement utilisé en anesthésie mais qui a par ailleurs montré une efficacité dans la dépression résistante, c'est-à-dire la dépression qui ne guérit pas avec les médicaments antidépresseurs habituels. Son usage est strictement limité à un milieu hospitalier du fait de la nécessité d'une surveillance de plusieurs heures pour s'assurer de l'absence d'effets indésirables. Aussi, la psilocybine, qui est un principe actif de certains champignons hallucinogènes, semble prometteuse pour une application future en pratique courante, notamment dans la dépression, même si des études sont encore nécessaires pour confirmer les premiers résultats encourageants.

Les autres traitements

Outre les psychothérapies et les médicaments, d'autres traitements peuvent être proposés soit en complément, soit dans le cas où ceux-ci ne sont pas pleinement efficaces ou pas indiqués pour l'affection dont on souffre. Ces solutions, de natures diverses, ont montré leur efficacité et sont parfois des alternatives bienvenues pour certain·es.

L'ÉLECTROCONVULSIVOTHÉRAPIE (ECT) OU LA SISMOTHÉRAPIE

Autrefois nommée « électrochocs », l'ECT (pour « électroconvulsivothérapie », appelée également « sismothérapie ») est bien loin des images qui ont marqué les esprits comme dans le film *Vol au-dessus d'un nid de coucou*. Il s'agit d'un traitement à l'efficacité prouvée et indolore pour les patient·es.

L'ECT est un soin réalisé dans 115 centres en France dont 20 centres hospitalo-universitaires. Une fois le ou la patient·e sous anesthésie générale, le ou la psychiatre délivre une série d'impulsions électriques brèves indolores au niveau des tempes ou du front, ce qui génère une crise convulsive généralisée et contrôlée de quelques secondes. La totalité du soin dure environ une à trois minutes. Il faut généralement une douzaine de séances pour obtenir une guérison ou une rémission mais au bout de deux semaines déjà, on commence souvent à voir un début d'efficacité. Parfois, on organise des ECT d'entretien, une fois par mois pendant plusieurs mois ou années, car elles permettent de maintenir la stabilité clinique et de limiter le risque de rechutes.

Il est interdit de réaliser une ECT sans consentement : c'est toujours au ou à la patient·e de choisir s'il ou elle souhaite débuter l'ECT puis la poursuivre ou non. Il ou elle peut évidemment changer d'avis en cours de route.

Dans quelles situations peut-on recourir à l'ECT ?

Du fait des risques liés notamment à l'anesthésie générale, ce n'est pas un traitement proposé en première intention. L'indication principale de l'ECT est la dépression résistante, pour laquelle deux traitements antidépresseurs donnés l'un après l'autre ont échoué. Dans ces situations, 60 à 80 % des personnes répondent au traitement, c'est-à-dire qu'on observe une efficacité partielle, et 50-60 % des personnes parviennent à atteindre une rémission, ce qui fait de l'ECT le traitement le plus efficace pour ce type d'affection. L'ECT est aussi parfois proposée chez certaines personnes souffrant de schizophrénie résistante au traitement médicamenteux.

Quels sont les risques et les effets secondaires ?

Il n'existe qu'une seule contre-indication absolue à l'ECT : l'hypertension intracrânienne. Concernant les effets secondaires, l'ECT provoque principalement des problèmes de mémoire qui sont la plupart du temps réversibles, c'est-à-dire qu'ils disparaissent quand on arrête les séances.

LA LUMINOTHÉRAPIE (OU PHOTOTHÉRAPIE)

Loin d'être un simple gadget, la luminothérapie est un traitement qui a fait la preuve de son efficacité dans le traitement de la dépression saisonnière que l'on appelle aussi le trouble affectif saisonnier. Celui-ci est caractérisé par plusieurs épisodes de dépression ayant un lien direct avec la saison en question et disparaissant au cours des autres saisons, sur une durée d'au moins deux ans.

La luminothérapie est un traitement délivré uniquement sur une indication médicale car des effets secondaires peuvent apparaître (maux de tête, vertiges, modifications du sommeil, virage de l'humeur) et des contre-indications (certaines maladies des yeux) existent.

Dépression et *blues* hivernal

Sans forcément parler de dépression au sens strict, certaines personnes peuvent expérimenter ce que l'on appelle le *blues* hivernal, une fatigue qui apparaît durant l'hiver à cause de la moindre exposition lumineuse et du changement de certaines sécrétions hormonales dans le corps (mélatonine notamment).

Si vous êtes sujet·te à ce phénomène, pensez à vous exposer à la lumière naturelle tous les matins, à vous entretenir physiquement avec un peu de sport quotidien et à conserver des activités agréables et sociales. La luminothérapie peut aussi vous être proposée si les répercussions de cet état sur votre confort de vie sont importantes.

LA rTMS

La rTMS (de l'anglais « *repetitive transcranial magnetic stimulation* », c'est-à-dire « stimulation magnétique transcrânienne répétitive »), est une technique médicale indiquée dans certaines maladies psychiatriques (dépression, schizophrénie, troubles obsessionnels compulsifs (TOC), hallucinations qui résistent aux médicaments), neurologiques (douleurs neuropathiques liées aux nerfs, acouphènes) ou aux frontières de ces deux spécialités (troubles à symptomatologie somatique comme la fibromyalgie, voir le chapitre dédié p. 203).

La stimulation des zones du cerveau

De plus en plus déployé et disponible, ce soin envoie des impulsions magnétiques indolores à travers le crâne pour stimuler certaines zones du cerveau préalablement identifiées comme dysfonctionnelles et améliorer ainsi la neuroplasticité. Contrairement à l'ECT, l'anesthésie générale n'est pas nécessaire, la rTMS peut donc constituer une alternative très intéressante. Une séance dure environ une vingtaine de minutes. Sur le plan scientifique, dans la dépression, l'efficacité de la rTMS est comparable aux médicaments antidépresseurs mais inférieure à l'ECT.

LES THÉRAPIES À MÉDIATION (ART-THÉRAPIE, ÉQUI-THÉRAPIE, YOGA-THÉRAPIE, ETC.)

Dans le domaine de la santé mentale, que ce soit à l'hôpital, en clinique ou ailleurs, le suffixe -thérapie est parfois ajouté derrière n'importe quelle activité agréable pour immédiatement donner une teinte professionnelle, validée et reconnue scientifiquement. Mais une activité thérapeutique, ce n'est pas seulement le fait de prendre du plaisir à cheval ou par le dessin. Ou alors, si c'est le cas, il faut seulement l'appeler ainsi : une sortie à cheval ou un atelier de dessin.

Ainsi, si quelqu'un prétend améliorer votre santé mentale par une thérapie de ce genre, vous êtes en droit de lui demander le projet écrit de cette promesse thérapeutique ainsi que la littérature scientifique sur laquelle il se fonde pour affirmer que cela va vous aider et sur quels symptômes précis on espère que cela agira.

Un média comme support de la relation entre soignant·e et soigné·e

Parfois, l'utilisation d'un média, qu'il s'agisse d'une activité artistique, sportive ou culturelle, peut servir de prétexte à un autre type de relation entre un·e professionnel·le de santé mentale et une personne accompagnée. On ne parle pas forcément frontalement de ses difficultés, on passe par la symbolique et la création pour tenter d'évoquer différemment la ou les problématiques rencontrées. Cette démarche, si elle est pensée en amont avec un cadre défini et qu'elle repose sur un corpus théorique suffisant, peut nous permettre de trouver un soulagement ou de considérer les choses différemment.

Faire preuve de discernement

On peut en effet ressentir un bien-être, prendre du plaisir à faire des activités qu'on aime. Mais tout ne soigne pas les troubles psychiques, et une activité occupationnelle n'est pas la même chose qu'une activité à vocation thérapeutique.

Par ailleurs, une activité de groupe n'est pas superposable à une activité individuelle, avec des objectifs différents. C'est à vous d'aiguiser votre sens critique par vos propres recherches concernant les axes thérapeutiques qu'on vous propose.

D'AUTRES TECHNIQUES POUR SE RÉTABLIR : LA RÉHABILITATION PSYCHOSOCIALE

Le rétablissement est le processus par lequel une personne souffrant d'un trouble psychique va parvenir à retrouver une qualité de vie satisfaisante et confortable lui permettant de réaliser ses différents projets et aspirations. Mais le rétablissement n'est pas synonyme de guérison. On peut par exemple s'estimer rétabli·e tout en poursuivant des soins adaptés à nos besoins, ou même lorsqu'on expérimente une rechute, car on arrivera à mieux la gérer qu'avant.

Se projeter différemment

Durant le rétablissement, on connaît des hauts et des bas, comme dans la vie en général, et c'est bien plus l'idée d'une tendance générale que d'un état à un instant précis qui importe. Se rétablir, ce n'est pas revenir à notre état d'avant la maladie. Par définition, on ne redevient jamais comme avant. C'est plutôt un changement de perspective qui nous permet de nous projeter différemment, en prenant en compte notre maladie, évidemment, mais aussi nos capacités et potentialités afin de valoriser nos facultés d'adaptation et imaginer des stratégies gagnantes à mettre en place.

Se focaliser sur ses priorités personnelles

Pour ce faire, des techniques de réhabilitation psychosociale ont été développées par les psys. Ne se focalisant pas sur un symptôme en particulier qu'il faudrait à tout prix atténuer ou faire disparaître, elles visent plutôt à considérer le retentissement précis de ce symptôme chez la personne et en quoi il gêne ses capacités à avancer sur ses priorités de vie qu'elle s'est fixée (et non celles déterminées par son entourage) : vie sociale, familiale, affective et sentimentale, professionnelle, etc. Une hallucination, par exemple, qu'elle puisse être plus ou moins invalidante, ne sera pas forcément prioritaire, certaines hallucinations pouvant être vécues comme soutenantes et bienveillantes. Au contraire, une demande de prestation sociale pourra être une priorité car la personne concernée est très angoissée par des dettes qui s'accumulent du fait de sa situation de handicap. Il faudra alors l'aider à s'affirmer dans sa position et son droit d'obtenir cette prestation. L'objectif est donc de prendre en charge la personne dans sa globalité, en se posant en permanence la question de son projet de vie.

Les techniques de réhabilitation psychosociale ont pour vocation de lever les obstacles au rétablissement, et on peut les répertorier ainsi :

- Le soutien à l'insertion professionnelle.
- L'éducation aux traitements et aux mécanismes des maladies (psychoéducation).
- Les séances de groupe (affirmation de soi, relaxation).
- La prise en charge familiale.
- Le soutien à l'insertion sociale.
- La remédiation cognitive : rééducation des fonctions cognitives altérées (concentration, mémoire, motivation, planification), objectivées initialement par un bilan neuropsychologique (il s'agit en quelque sorte d'une « kinésithérapie » du cerveau).
- L'ergothérapie.
- Le renforcement des habiletés sociales (exercices et mises en situation pour aider, avec des exemples très pratiques, à se sentir plus à l'aise en société).
- Les thérapies comportementales et cognitives.

Qu'est-ce que la psychoéducation ?

Il s'agit d'expliquer à la personne concernée comment sa maladie fonctionne, les causes identifiées, l'état actuel des connaissances scientifiques sur son trouble, les traitements disponibles, l'impact que la personne peut avoir sur ses symptômes en améliorant notamment son hygiène de vie, comment identifier les signes précurseurs d'une rechute, les exercices d'autorégulation et d'autogestion, mais aussi évoquer les idées reçues autour de tel ou tel diagnostic. L'idée est de lui donner le maximum d'outils pour qu'elle soit la plus autonome possible face à sa maladie, de l'aider à l'appréhender, l'apprivoiser pour se rétablir au mieux.

PARTIE 2

TOUT COMPRENDRE SUR LES TROUBLES, MALADIES ET SINGULARITÉS PSYCHIQUES

Avant même de vous rendre chez un·e psy (ou à l'issue de votre premier rendez-vous chez l'un·e d'eux ou d'elles ou bien encore si l'un·e de vos proches vous a parlé de sa santé mentale), vous avez peut-être des interrogations sur les différents aspects de la santé mentale.

Dans cette partie, nous allons vous donner les informations essentielles sur les principaux troubles psychiques et neurodéveloppementaux (chiffres, symptômes, traitements...) afin de mieux les comprendre et vous rassurer si vous ou l'un·e de vos proches y êtes confronté·e.

Parfois, les troubles psychiques sont la conséquence d'un événement particulier (deuil, agression, arrivée d'un·e enfant, etc.) et des pages focus aborderont spécifiquement ces sujets afin d'appréhender comment ces événements de vie peuvent influer sur votre santé mentale.

CHAPITRE 5

La dépression

C'est une maladie qui concerne 10 % des 18-75 ans. On peut parler de dépression si on se sent triste (ou vide) ou qu'on a une perte d'intérêt et de plaisir, pendant au moins deux semaines, avec en plus quatre autres symptômes parmi :

- Perte ou prise de poids (en l'absence de régime).
- Dormir trop ou pas assez.
- Se sentir agité·e, tendu·e, irritable ou au contraire ralenti·e, mou ou molle, vide.
- Fatigue importante.
- Se sentir nul·le, inutile ou coupable de manière disproportionnée.
- Avoir des problèmes de concentration, de mémoire, une incapacité à décider.
- Penser à la mort, avoir des idées suicidaires ou faire une ou plusieurs tentatives de suicide.

Pour parler de dépression, il faut que les symptômes empêchent la vie sociale, familiale ou professionnelle, et qu'ils ne soient pas causés par des consommations de substances ou un autre problème de santé (problème de thyroïde, périménopause, certains problèmes infectieux, apnées du sommeil, etc.).

Combattre les idées reçues

DE SIMPLES IDÉES NOIRES ?

La dépression n'est pas juste un petit « coup de mou » ou quelques idées un peu noires qui traversent la tête. C'est une maladie qui peut arriver à n'importe qui, n'importe quand, qui peut apparaître subitement ou alors de manière larvée, insidieuse, sans qu'on la voie trop s'approcher. Il peut y avoir un facteur déclenchant (un deuil, un licenciement, un accident), mais pas forcément. Parfois, tout va bien, nous avons tout pour être heureux·ses, des enfants que nous aimons, un métier qui nous passionne et pourtant, cela n'empêche pas de tomber malade.

Nous ne sommes pas tou·tes égaux ou égales face à la dépression : certain·es n'en feront jamais de toute leur vie alors même qu'ils ou elles enchaîneront les mauvaises nouvelles et événements dramatiques. Certain·es feront un épisode et s'en sortiront sans aucune séquelle. D'autres, malheureusement, garderont des symptômes de manière chronique. La dépression n'a rien à voir avec la force de caractère.

QUAND LA VOLONTÉ ET LES ÉMOTIONS NOUS DÉSERTENT TOTALEMENT

Quand on souffre d'une dépression, on peut avoir une incapacité totale à se motiver même pour les choses les plus élémentaires : prendre sa douche, se nourrir, sortir de chez soi, même sortir ses poubelles peut devenir une tâche insurmontable. Parfois, au contraire, certaines personnes arborent un sourire de façade, soit parce qu'elles n'ont jamais appris à se plaindre ou nommer les émotions qui les traversent ou les désertent, soit parce que cela leur permet de continuer d'avancer encore un peu, coûte que coûte, de tenir encore un jour de plus leurs obligations. Mais jusqu'où ? À quel prix ?

Certain·es auront la sensation d'être une éponge, d'absorber toute la souffrance autour d'eux ou elles, à la télévision, aux informations, dans les documentaires animaliers ou les interactions sociales, d'autres vivront comme un robot, sans aucune sensation : tout leur glissera dessus, leur semblant inutile, sans relief, sans intérêt.

Culpabilité et risque d'addiction

Certains discours (comme « Mets-toi un coup de pied aux fesses ! », « Lâche prise ! » ou encore « Il faut que tu te bouges ! ») viennent souvent de gens qui n'ont pas vécu eux-mêmes une dépression. Cela ne fait qu'aggraver le sentiment de culpabilité qui est déjà dévorant : la sensation, la conviction d'être un fardeau pour sa famille, ses ami·es, la société, et la volonté de ne plus imposer cette lourdeur aux autres. Dans la dépression, on se sent incurable, comme si personne ne pouvait plus rien pour nous, on perd espoir. On tente de garder la tête hors de l'eau mais chaque vague, chaque contrainte, chaque frustration, chaque remarque déplacée entame un peu plus notre réserve vitale.

Le risque est grand aussi de consommer des substances réputées pour soulager rapidement les angoisses, ralentir les idées, calmer le cerveau ou au contraire ressentir de nouveau des choses, sortir de cet état robotisé : alcool, cannabis, tabac, cocaïne, etc. Pour d'autres, ce seront les aliments gras, sucrés et salés qui offriront un réconfort ponctuel. Mais les dommages viennent rapidement : ces substances finissent vite par abîmer un peu plus le corps. Les angoisses s'aggravent finalement au fur et à mesure qu'on s'alcoolise ou qu'on consomme du cannabis. Aussi, certaines drogues sont décrites comme douces, à tort. Les cigarettes par exemple : des études récentes ont démontré que la simple consommation de tabac entraînait ou aggravait des idées suicidaires par sa toxicité sur le cerveau.

Quelles sont les causes de la dépression ?

La dépression est un trouble psychique complexe lié à plusieurs facteurs : biologiques, génétiques, sociaux et environnementaux. Des chercheur·euses ont récemment montré qu'il s'agirait d'un défaut global de neuroplasticité, c'est-à-dire la capacité qu'a le cerveau de se modifier, dans sa structure même, à l'échelle de ses cellules comme de son architecture. Cela le maintiendrait dans des schémas de raisonnement rigides. L'inflammation jouerait aussi peut-être un rôle dans cette maladie.

Les médicaments antidépresseurs et la psychothérapie permettent de modifier et d'améliorer cette neuroplasticité avec des effets multiples, dont certains surviennent parfois en quelques semaines : meilleure capacité à décoder les émotions et les intentions des autres sans les teinter négativement en permanence (ce que font les personnes souffrant de dépression), diminution des biais de raisonnement et des capacités de mémorisation. Tout cela faisant que, *in fine*, les relations sociales s'améliorent.

Les traitements

AGISSEZ RAPIDEMENT

Ce qui doit vous alerter et vous conduire à demander de l'aide, c'est avant tout votre propre vécu de la situation, votre acceptation de celle-ci et votre tolérance des symptômes. Mais ne tardez pas à agir. La dépression peut certes passer toute seule, avec le temps, sans aide extérieure, mais les dommages potentiels sont grands : perte d'emploi (vous êtes moins motivé·e, vous vous emportez plus facilement), dégradation des relations familiales (plus rien ne vous intéresse et tout vous agace), isolement social... Un·e psychiatre ou un·e psychologue peut vous accompagner pour surmonter la dépression plus aisément. Les médecins généralistes, en première ligne et habitué·es à prendre en charge cette pathologie, sont très souvent de bon conseil.

La dépression chez les personnes âgées

Souvent banalisée et sous-diagnostiquée, la dépression chez les personnes âgées est pourtant fréquente. Plusieurs facteurs de risque entrent en ligne de compte : l'isolement social (lié entre autres à une perte d'autonomie), mais aussi les privations sensorielles qui augmentent avec l'âge (surdité, problèmes de vue, perte du goût et de l'odorat). Ces facteurs favorisent la sensation de mise à l'écart, par exemple dans les réunions de famille où les personnes âgées ne peuvent plus s'extasier comme les autres sur la saveur d'un plat ou le croustillant d'une anecdote qu'elles n'arrivent pas à entendre.

La vie affective et sentimentale est également très souvent malmenée car plus on vieillit, plus on perd des êtres chers, voire sa moitié avec qui on a pu partager sa vie. Quand on est âgé·e, on s'adapte moins facilement aux épreuves qui, pourtant, vont croissant. Le sommeil s'altère souvent aussi, ce qui n'arrange pas les choses. Et puis les ennuis physiques nous guettent, nous inquiètent et diminuent la qualité de vie. Pour toutes ces raisons, l'entourage a tendance à se dire : « Mamie est triste, c'est normal, elle vieillit, la mort se rapproche. »

Mais souffrir de dépression quand on est âgé·e n'est pas une fatalité ! Tout d'abord, il faut s'occuper de vos problèmes sensoriels qui vous isolent (vue, audition, olfaction) et vous assurer que d'éventuels problèmes de santé ont été explorés, notamment la maladie de Parkinson ou la maladie d'Alzheimer, qui peuvent parfois débuter par un tableau qui ressemble à la dépression (repli, perte d'élan vital, d'envie, tristesse, apathie). Il faut ensuit vous inciter à consulter votre médecin généraliste, un·e psychologue ou un·e psychiatre pour prendre en charge la dépression, une fois le diagnostic posé. Le traitement est très souvent efficace et comporte le recours à une psychothérapie associée ou non à un traitement antidépresseur (doses habituellement plus faibles que chez les plus jeunes, en augmentant plus progressivement).

La dépression chez les personnes âgées est un enjeu majeur de santé publique et expose à un risque suicidaire élevé, avec une probabilité de suicide abouti plus élevée que chez les plus jeunes.

ANTIDÉPRESSEURS OU PSYCHOTHÉRAPIE ?

Dans la dépression, on se pose toujours la même question : dois-je prendre des médicaments antidépresseurs ou bénéficier d'une psychothérapie ? Qu'est-ce qui fonctionne le mieux ? La science est très claire : les traitements antidépresseurs et les psychothérapies sont aussi efficaces les uns que les autres, mais le mieux, c'est d'avoir les deux. Parfois, les symptômes sont si intenses que certain·es ne sont pas capables d'entamer immédiatement une psychothérapie, et les médicaments vont permettre d'atténuer la souffrance pour rendre celle-ci possible. Un cercle vertueux s'opère alors. Bien sûr, certaines personnes pourront guérir avec une psychothérapie seule, d'autres avec simplement un antidépresseur, d'autres encore essaieront l'un puis l'autre. Les traitements de la dépression sont efficaces dans 70 % des cas (voir p. 85).

Dans le cas des dépressions résistantes, qui durent au-delà de deux traitements avec antidépresseurs bien conduits, il faut d'abord se demander s'il s'agit bien d'une dépression. Si le diagnostic est confirmé, différents moyens thérapeutiques sont efficaces : association de deux antidépresseurs, ajout de traitements régulateurs d'humeur ou neuroleptiques avec les antidépresseurs, sismothérapie, stimulation magnétique transcrânienne, eskétamine... (voir p. 92).

Lien entre Covid-19 et troubles psychiques

Cinq ans après la pandémie de Covid-19 qui a eu lieu en 2020, des répercussions sur la santé mentale sont clairement démontrées : si vous rencontrez des difficultés psychologiques depuis cette période, n'hésitez pas à consulter.

Par ailleurs, le syndrome post-Covid-19, ou « Covid long », engendre des troubles psychiques tels que des troubles anxieux et des dépressions, mais expose aussi à un épuisement et un nomadisme médical – les médecins étant encore insuffisamment formé·es sur les symptômes physiques du Covid long et accueillant parfois maladroitement les plaintes des personnes concernées. Cela n'améliore pas leur santé mentale et majore ainsi, par un cercle vicieux, la tentation de certain·es médecins de les voir comme simplement des « patient·es psy » : cela peut être la double peine pour ces personnes.

FOCUS

Le deuil

Le processus de deuil est un chemin d'adaptation pour faire face aux épreuves de la vie : maladie grave, perte d'emploi, accident, fin d'une relation amoureuse ou décès d'un être cher. Nous allons ici nous pencher principalement sur ce dernier cas, mais ces conseils restent valides pour différentes situations difficiles.

LES FACTEURS QUI INFLUENT SUR LE DEUIL

La perte d'un être cher se vit différemment chez chacun·e d'entre nous. Plusieurs facteurs vont venir influencer notre ressenti de cette perte, les émotions associées et le temps qu'il nous sera nécessaire pour nous y faire :

- **Âge du décès :** le décès d'une personne jeune est souvent plus difficile à vivre pour l'entourage, la disparition d'un·e enfant par exemple, même si évidemment la peine de perdre un être cher ne peut se réduire à une simple mesure. Elle est éminemment personnelle et dépend de chaque trajectoire de vie.
- **Circonstances de décès :** un décès brutal peut exposer à davantage de risque de développer des troubles psychiques par la suite, notamment une difficulté à s'adapter à cette nouvelle réalité qu'on n'a pas eu le temps d'anticiper.
- **Circonstances de découverte du décès :** si on a découvert le corps d'un·e proche décédé·e brutalement, par suicide ou accident, il est possible de développer par la suite un état de stress post-traumatique avec des flashback et reviviscences qui nous hantent.
- **Entourage social et familial :** être seul·e et isolé·e lorsqu'on traverse un deuil expose plus souvent à davantage de difficultés d'adaptation que si l'on est entouré·e quotidiennement, que l'on peut échanger avec ses proches sur ce qu'on ressent, se remémorer de bons souvenirs et faire perdurer la mémoire du ou de la défunt·e de manière apaisante pour soi-même.

LE DEUIL, UN PROCESSUS COMPLEXE QUI PEUT PASSER PAR DIFFÉRENTES PHASES

Peut-être avez-vous déjà entendu parler des cinq phases du deuil inspirées des travaux d'Elisabeth Kübler-Ross, psychiatre helvético-américaine qui a travaillé longuement auprès des personnes en fin de vie. Elle propose un modèle de différentes étapes par lesquelles les personnes traversant un deuil peuvent passer. Ce modèle, souvent cité comme référence, est intéressant, mais gardez à l'esprit qu'il ne s'agit pas d'une vérité absolue. Certaines personnes peuvent passer d'une étape à l'autre plus ou moins aisément en fonction de leur personnalité ou de leur culture. Chez d'autres, en revanche, ces étapes ne seront peut-être pas du tout évocatrices de ce qu'ils ou elles sont en train de traverser.

- **1. Le choc et le déni :** on peut réagir de différentes manières face à l'annonce du décès d'un·e proche. Certain·es se sentiront sonné·es, ailleurs, comme un peu dissocié·es, quand d'autres exploseront de tristesse avec des torrents de larmes. D'autres encore peuvent se mettre à rire nerveusement, de manière réflexe, trouvant l'annonce absurde et irréelle...
- **2. La colère :** on peut ressentir cette émotion à l'égard du ou de la défunt·e, lui en voulant de nous « abandonner ». On peut aussi en vouloir à Dieu, à soi-même, à l'entourage, à plusieurs personnes en même temps...
- **3. Le marchandage :** c'est une étape qui peut être marquée par toutes sortes de pensées magiques dans lesquelles on peut se réfugier pour tenter d'accepter la situation. On revient en arrière, se disant qu'on aurait pu éviter la disparition de notre proche si on avait fait tel ou tel acte par le passé. On peut aussi se raconter des histoires pour mettre du sens derrière cette disparition et se dire que c'est un signe du ciel ou une épreuve pour se tester et que des choses positives en ressortiront peut-être un jour...
- **4. La dépression :** on peut éprouver une grande tristesse, du désespoir, avoir l'impression que la vie ne sert plus à rien, qu'on est désormais inutile, en trop sur cette planète, que l'avenir est bouché, qu'on n'a plus la force de se battre.
- **5. L'acceptation :** on arrive à reprendre le cours de notre vie, pas exactement comme avant mais différemment, on reprend goût à certaines choses, on se projette de nouveau, on retrouve un peu de sérénité et de paix intérieure.

Lors d'un processus de deuil, on peut perdre l'appétit, le sommeil, se sentir irritable, être traversé·e de plusieurs émotions différentes, parfois brutalement, avoir aussi la sensation que la personne est encore là, qu'elle nous parle même. Ces manifestations ne sont pas pathologiques en elles-mêmes. Elles peuvent être tout à fait normales, tant qu'elles ne retentissent pas trop sur notre qualité de vie et ne mettent pas trop nos nerfs à rude épreuve : tout dépend de ce qu'il est possible de supporter ou non. Autorisez-vous à demander de l'aide quand c'est nécessaire.

Est-ce grave si je suis soulagé·e du décès d'un·e proche ?

Il existe toutes sortes de raisons pour lesquelles on peut se sentir soulagé·e du décès d'un·e proche. Par exemple lorsque la disparition vient ponctuer une maladie longue et épuisante durant laquelle on a vu notre proche souffrir inutilement, certains soins étant délivrés trop intensément, parfois proches de l'acharnement thérapeutique (que cela ait été vraiment le cas ou qu'il s'agisse de notre ressenti d'aidant·e) : dans ces cas, on peut se sentir soulagé·e pour la personne ou pour soi-même. Mais l'on peut s'en vouloir de le ressentir ainsi et c'est un mélange d'émotions pas toujours facile à gérer et qui peut nécessiter l'aide ponctuelle d'un·e psychiatre ou d'un·e psychologue.

On peut aussi être soulagé·e du décès d'un·e proche qui a été maltraitant·e avec nous, que ce soit physiquement (agressions sexuelles ou autres) ou verbalement, face auquel ou à laquelle on n'a pas eu le sentiment d'une réparation, un·e proche qui a pu, de son côté, continuer de vivre comme si de rien n'était, profitant même de la vie, ce que l'on peut vivre d'une manière profondément injuste et douloureuse. Dans ce cas, le décès de cette personne peut, parfois, revêtir à nos yeux une certaine justice, une réparation plus ou moins partielle, l'idée que cette personne ne pourra plus nous nuire, ou nuire à d'autres.

LE DEUIL PROLONGÉ

Certaines personnes ne parviennent pas à faire face à la perte d'un·e proche et leur état psychique ne cesse de s'aggraver au fil des semaines, des mois, pouvant dès lors mettre en jeu leur pronostic vital et les exposer à des idées délirantes ou suicidaires. Pour ces raisons, car le deuil peut bouleverser la vie et empêcher parfois de fonctionner, il a été décidé d'ajouter aux classifications (le DSM-5, la cinquième édition du manuel diagnostique des maladies psychiques, et la CIM-11, la onzième révision de la classification internationale des maladies par l'Organisation mondiale de la santé) la notion de « deuil prolongé » ou « deuil persistant » lorsque le retentissement de la perte est trop intense et dure au moins six mois. Cela concernerait 7 à 10 % des adultes endeuillé·es – à titre d'exemple, après un accident violent, une personne sur deux souffrira de ce trouble.

Le deuil prolongé est bien différent de la dépression même si les deux peuvent coexister. Dans le premier, on expérimente des pensées omniprésentes vis-à-vis du ou de la défunt·e et un chagrin intense, ce qui n'est pas le cas dans la dépression. On peut aussi ressentir le fait que la vie n'a plus aucun sens ou encore un engourdissement émotionnel. Dans ce trouble, on n'arrive généralement pas à accepter la mort. Sur le plan des psychothérapies, les thérapies cognitivo-comportementales ont prouvé leur efficacité pour les personnes souffrant d'un deuil prolongé.

La perte d'un animal de compagnie, un possible facteur de risque d'anxiété et de dépression à ne pas négliger

Bon nombre d'entre nous avons des animaux de compagnie envers qui nous nourrissons des émotions et besoins affectifs immenses, qui dépassent même parfois l'attachement que nous pouvons ressentir vis-à-vis des humains qui nous entourent. Nous pouvons éprouver un amour inconditionnel pour un chat, un chien, la sensation qu'il nous comprend, ne nous abandonnera jamais, à nos côtés pendant plusieurs années.

En consultation, il n'est pas rare de recevoir des gens qui souffrent d'une dépression, de problèmes de sommeil ou d'une anxiété majeure, sans cause identifiée au premier abord. Et en creusant un peu, on se rend compte qu'il y a quelques semaines, quelques mois, l'animal de compagnie de ces patient·es est décédé, brutalement ou non, laissant un grand vide derrière lui. Pour certaines personnes, que ce soit volontaire ou subi, c'est avec leur animal qu'elles entretiennent les relations sociales et affectives les plus fortes. Il est donc facile de comprendre le tremblement de terre qu'une telle perte peut représenter. Mais les gens ont souvent honte de « se mettre dans cet état » pour un animal et d'en parler à leur médecin.

Il n'y a pourtant aucune gêne à avoir : l'espèce humaine a cette capacité d'empathie pour le règne animal dont nous devrions plutôt nous féliciter et être fier·ères. Il n'y a alors aucune honte à pleurer un chat, un chien, un cheval qui représentait tant. Nous ne choisissons pas nos figures d'attachement, et les symboles que nous plaçons en leur cœur et dans le nôtre.

FOCUS

Le départ à la retraite

Le départ à la retraite nécessite de trouver un nouvel équilibre, ce qui n'est pas toujours facile en fonction du métier, du sentiment d'utilité sociale qu'il procure, de sa pénibilité, ou encore de l'occupation des journées qu'il permettait jusque-là. Le fait de quitter un emploi et de se retrouver chez soi, du jour au lendemain, peut en fragiliser certain·es ou en soulager grandement d'autres.

SE PRÉPARER À LA RETRAITE POUR LIMITER LES RISQUES

Partir à la retraite peut être parfois dur à vivre et à accepter quand on aime le métier qu'on a exercé pendant des années, avec des collègues de travail qu'on apprécie, d'autant plus si on a le sentiment que ce travail a un sens (social, humain, philosophique, écologique).

Mais tout le monde ne vivra pas cette perte de la même manière. Si on s'est préparé·e à la situation en amont, en réfléchissant à une nouvelle organisation de nos journées, en trouvant des occupations et loisirs, en mettant un pied dans le monde associatif ou le bénévolat pour garder une utilité sociale, on s'adaptera certainement mieux que d'autres. Il est également possible de prendre ses marques sans trop se préparer en amont, si notre manière de fonctionner nous le permet, à l'instar des personnes qui avancent et franchissent les étapes de la vie plus naturellement que d'autres. Il y a aussi celles et ceux qui peuvent encore travailler à temps partiel, pour arrêter progressivement, et qui trouvent là un entre-deux protecteur. Malgré tout, on n'est jamais à l'abri, quelques semaines ou mois après la retraite, de traverser un vécu douloureux qu'on n'avait pas forcément anticipé.

LE DÉPART À LA RETRAITE, POTENTIEL FACTEUR PRÉCIPITANT DE DÉPRESSION OU D'ANXIÉTÉ

Pour certain·es, la retraite est synonyme de l'arrêt d'un métier pénible, difficile physiquement ou psychiquement, pouvant parfois isoler socialement ou générer des consommations de substances pour résister (tabac, alcool, etc.). On imagine aisément pouvoir enfin se reposer, profiter de la vie et couler des jours heureux.

Pour autant, même si on appréhende positivement sa retraite, cette transition peut être mal vécue. Perdre la routine du travail, avec la sensation que finalement chaque jour se ressemble un peu, comme un week-end prolongé et interminable, avoir brutalement beaucoup de temps libre et pas toujours plus d'argent (souvent moins d'ailleurs) à dépenser, avoir moins de rapports sociaux aussi (si nos ami·es sont encore en activité par exemple), tous ces critères peuvent parfois accentuer les angoisses, les problèmes de sommeil et faire ainsi le lit d'une dépression ou de l'anxiété.

LES SIGNES QUI DOIVENT VOUS ALERTER

Ce qui compte, là encore, ce sera votre capacité à vous adapter et à user de souplesse si des difficultés s'imposent à vous : un sommeil qui s'altère, un appétit qui diminue, un sentiment de se replier sur vous-même. Ces signes doivent vous alerter s'ils s'enkystent, alors même que vous tentez de mettre des choses en place pour les enrayer (activité physique, alimentation équilibrée, limitation des comportements addictifs).

Les capacités à s'adapter ne sont pas qu'une question de volonté. Il y a ce qu'on peut mettre en place comme comportements et stratégies adaptatives, et puis il y a nos comportements réflexes, automatiques, difficiles à assouplir sans l'aide d'un·e professionnel·le. Sans dire que le départ à la retraite est toujours suffisant pour entraîner une dépression, cela peut arriver chez certain·es, notamment s'ils ou elles ont déjà eu des épisodes dépressifs par le passé ou des facteurs de risque particuliers (traumatismes psychiques, précarité sociale, situation de handicap, etc.). Cela peut aussi générer du stress, avec des ruminations anxieuses qui peuvent devenir obsédantes comme : « Comment vais-je m'occuper ? », « Moins d'argent et plus de temps pour le dépenser, comment vais-je faire ? », « Je ressens une pression de mes enfants pour m'occuper de mes petits-enfants, mais en ai-je envie ? », etc.

LE RETENTISSEMENT SUR LA VIE DE COUPLE

Le fait de se retrouver nez à nez du jour au lendemain avec sa moitié, durant de longues journées, peut être source d'inquiétude. Ce temps important passé ensemble, et pas forcément structuré autour d'activités, est parfois difficile à vivre et peut renvoyer une image exagérément négative du couple. Aussi, cela peut venir révéler des dysfonctionnements anciens du couple, dissimulés par le rythme de vie de chacun·e des partenaires, par exemple par des métiers respectifs qui finalement équilibraient et compensaient les problématiques qui explosent alors au grand jour, une fois à la retraite.

Une thérapie de couple peut alors être proposée pour vous permettre de bien identifier les conflits et incompréhensions qui se jouent et mettre en place des stratégies visant à améliorer le quotidien. Il peut aussi s'agir d'accompagner une séparation, un divorce qui jusqu'ici ne disait pas son nom mais qui devient dès lors plus qu'évident.

L'idée reçue : « Elle est partie à la retraite et trois mois après elle tombait malade... »

Vous avez déjà certainement entendu ce genre de phrases racontant l'histoire de gens à peine retraités et chez qui on retrouvait un cancer ou une dépression quelques mois plus tard. Souvent, quand on vous raconte ce type d'anecdotes, on fait immédiatement un lien de cause à effet, on est souvent convaincu·e que la retraite a engendré directement la maladie en question. Cependant, deux événements peuvent survenir en même temps sans être reliés. Par ailleurs, dans le cas d'un cancer par exemple, son développement se fait souvent sur plusieurs années et est le fruit de facteurs multiples (facteurs génétiques, consommations de substances, expositions environnementales, etc.) qui ne s'expriment pas en quelques mois seulement.

En revanche, il est possible que le fait de se retrouver à la retraite permette à certain·es de prendre un peu plus de temps pour eux ou elles-mêmes. Ils ou elles effectuent alors des examens médicaux de routine qui traînaient depuis des années (qu'ils ou elles ne prenaient jamais le temps de faire), explorent une petite douleur semblant banale, et ainsi, augmentent la probabilité de découvrir un cancer ou une autre maladie qui aurait peut-être continué d'évoluer à bas bruit s'ils ou elles avaient poursuivi leur emploi. Sans compter que la probabilité de survenue d'une maladie augmente avec l'âge, au fur et à mesure qu'on vieillit, probabilité plus forte après la retraite, même juste après, qu'avant la retraite, même juste avant.

Enfin, au sujet de la dépression, les études sont contradictoires. Certains résultats sont en faveur d'une amélioration de la santé mentale des hommes, mais pas des femmes, lors du départ à la retraite, des effets bénéfiques qui seraient plus forts chez les ouvriers.

CHAPITRE 6

Les troubles anxieux

Les troubles anxieux concernent 15 à 20 % des personnes au cours de leur vie et touchent les femmes deux fois plus fréquemment que les hommes. Un épisode anxieux peut survenir en fonction de circonstances difficiles, d'événements particulièrement tragiques ou de facteurs de stress qui se multiplient. Il est cependant possible d'arriver à s'adapter à ces ruminations anxieuses, ces inquiétudes parfois excessives concernant l'avenir, en modifiant le quotidien pour essayer de mieux gérer le stress : sommeil de qualité, activité physique, sources de loisirs et de plaisirs.

Mais tout ne dépend pas de notre volonté. Nous ne sommes pas tou·tes égaux ou égales face à l'anxiété, qu'il s'agisse de notre trajectoire de vie ou de notre bagage génétique. L'anxiété peut chez certain·es devenir obsédante, débordante, incontrôlable, à l'origine d'une souffrance quotidienne importante et se compliquant parfois de dépression ou d'idées suicidaires.

Les troubles anxieux rassemblent différentes pathologies : troubles obsessionnels compulsifs (TOC), trouble anxieux généralisé, trouble panique, trouble phobique, état de stress post-traumatique, trouble de l'adaptation, anxiété de séparation, etc. Des traitements existent et sont efficaces, qu'il s'agisse de médicaments ou de psychothérapies, associés à des mesures complémentaires.

La crise d'angoisse ou l'attaque de panique

Ces deux termes sont synonymes et décrivent une expérience terrifiante, qu'une personne sur vingt connaîtra au moins une fois dans sa vie. La crise d'angoisse n'est pas un trouble anxieux en tant que tel si elle ne survient qu'une fois, de manière isolée. Mais si ce phénomène se répète, il s'agit d'un trouble panique (voir ci-contre).

UN RESSENTI VIOLENT

La crise d'angoisse est une sensation brutale, comme une tempête qui vous submerge et vous fait croire que vous allez devenir fou ou folle, que votre cœur va imploser, qu'il bat beaucoup trop fort, beaucoup trop vite. Les mains moites, la tête qui tourne, vous vous regardez dans la glace, en panique, sans comprendre ce qu'il vous arrive : vous êtes pâle ou alors tout·e rouge. Vous suffoquez, vous manquez d'air, vous avez mal au ventre, partout, et vous tremblez de manière incessante. Autour de vous, tout semble irréel, comme dans une scène de cinéma. Les murs, l'espace, les meubles, tout paraît faux. Vous pouvez aussi avoir la sensation de vous voir vous-même, comme si vous étiez à l'extérieur de votre corps… C'est une expérience hors du commun mais finalement assez courante, possiblement traumatisante mais qui heureusement ne dure généralement pas plus de trente minutes. Pourtant, ce temps paraît long quand on souffre et qu'on a l'impression de vivre ses derniers instants.

Aux urgences, les personnes venant pour crises d'angoisse sont fréquentes. Une fois un bilan complet effectué pour s'assurer que tout va bien physiquement (examen cardiaque, du cerveau, bilan sanguin, etc.), il faut rechercher des facteurs déclenchants qui pourraient expliquer la crise d'angoisse : consommation ou sevrage brutal de substances (cannabis, cocaïne, alcool), stress important (deuil, perte d'emploi, accident). Certains médicaments peuvent aussi induire des crises d'angoisse comme les corticoïdes ou les hormones thyroïdiennes. L'arrêt brutal ou insuffisamment progressif de certaines molécules thérapeutiques peut également parfois être en cause : benzodiazépines, antidépresseurs, etc. (voir p. 85).

COMMENT RÉAGIR FACE À UNE PERSONNE VICTIME D'UNE CRISE D'ANGOISSE

Si vous êtes confronté·e à une personne qui fait une crise d'angoisse, rassurez-la en lui expliquant que ce qu'elle vit est fréquent, qu'elle ne va pas en mourir et que cela ne va pas forcément se reproduire. En revanche, il ne sert à rien de lui dire : « C'est psy, c'est dans votre tête », car cela ne rassure pas vraiment.

Vous pouvez mettre en place une ambiance calme, inciter la personne à pratiquer des techniques de contrôle respiratoire (souffler longuement afin de limiter l'hyperventilation) et faire diversion pour l'aider à se défocaliser.

Concernant la personne victime de la crise, elle pourra bénéficier ponctuellement d'un traitement médicamenteux par benzodiazépines (par exemple Seresta®, Xanax®) ou hydroxyzine (comme Atarax®, de la famille des antihistaminiques) pour permettre de passer la phase aiguë (voir p. 87).

Le trouble panique

On parle de trouble panique lorsque les attaques de panique se répètent sans forcément de facteur déclenchant, pouvant survenir à n'importe quel moment de la journée, que ce soit à la maison, au travail, au volant d'une voiture ou encore lorsque l'on marche dans la rue. Cette répétition d'attaques de panique doit durer au moins un mois pour qu'on puisse poser le diagnostic selon les critères du DSM-5 (manuel diagnostique des maladies psychiques).

UN TROUBLE AUX MULTIPLES COMPLICATIONS

Dans ce trouble, les personnes concernées vont développer ce que l'on appelle une « anxiété anticipatoire », c'est-à-dire « la peur d'avoir peur », un état d'hypervigilance dans lequel elles guettent le moindre signe précurseur d'une nouvelle réplique, puisque ces tempêtes peuvent survenir n'importe quand.

Le trouble panique peut aussi parfois se compliquer d'**agoraphobie**, caractérisée par la crainte de faire une crise d'angoisse dans un endroit dans lequel on imagine qu'on aurait du mal à s'extraire, à être secouru·e par les pompier·ères ou le SAMU. L'agoraphobie, c'est donc la peur aussi bien des espaces vastes, des endroits clos, que des lieux déserts, dans lesquels on pourrait difficilement être aidé·e – un parking, un magasin bondé… On va alors développer des conduites d'évitement pour ne pas se retrouver dans ces lieux, ou bien toujours avec un·e accompagnant·e, ce qui va avoir un lourd impact social au quotidien, empêchant de faire ses courses, de se rendre au travail ou dans les lieux publics.

LUTTER CONTRE CE TROUBLE POUR ÉVITER L'APPARITION D'AUTRES PROBLÈMES (DÉPRESSION, ADDICTION…)

Le trouble panique évolue souvent durant plusieurs années, avec des risques de dépression ou d'addiction à des substances vers lesquelles les personnes se tournent souvent pour tenter de diminuer la survenue des attaques de panique, ce qui malheureusement aggrave leur situation.

La prise en charge spécialisée de ce trouble doit être la plus rapide possible avec trois axes envisageables :

- **Des thérapies comportementales et cognitives** centrées sur :
  - la désensibilisation, en se confrontant à la situation anxiogène par l'imagination ;
  - l'exposition progressive aux sensations physiques et situations redoutées (magasins, foule, lieu clos) afin d'améliorer le traitement de ces informations au niveau cérébral, et diminuer les pensées catastrophistes ;
  - l'immersion, en se confrontant directement à une situation anxiogène maximale ;
  - la restructuration cognitive : permet d'identifier les croyances erronées, les pensées magiques pour ensuite les modifier.
- **Des médicaments** de la famille des antidépresseurs pour le traitement de fond, des benzodiazépines ponctuellement lors des manifestations anxieuses aiguës (ou l'hydroxyzine, voir p. 87).

- **L'éducation thérapeutique :** il s'agit de techniques de gestion du stress, de relaxation, de conseils pour développer une bonne hygiène de vie, limiter les substances addictives et les excitants, et d'informations pour comprendre le trouble et ses mécanismes d'action.

Le trouble anxieux généralisé

C'est la survenue pendant au moins six mois de soucis obsédants concernant différents domaines (travail, vie familiale, finances, écologie, etc.) et associés à d'autres symptômes comme de la fatigue, le fait de nous énerver facilement, d'avoir du mal à mémoriser des informations ou à nous concentrer sur les discussions avec les autres, bien trop occupé·es que nous sommes à gérer les ruminations qui défilent dans notre cerveau. Nous dormons mal, nous mangeons moins, ou plus, en nous réfugiant dans des aliments gras, sucrés, salés pour tenter de nous réconforter. Nous avons bien conscience que ces pensées prennent trop de place mais nous ne pouvons pas nous en empêcher.

ÊTRE INQUIET·ÈTE DE TOUT, TOUT LE TEMPS : UN TROUBLE TRÈS DIFFICILE À VIVRE

S'il n'est pas pris en charge rapidement et efficacement, ce trouble peut entraîner des répercussions importantes sur notre vie : disputes avec notre conjoint·e qui n'arrive plus à nous rassurer ou se sent dépassé·e par notre anxiété, perte d'emploi (manque de concentration, de productivité, mémorisation défaillante, etc.), isolement social, dépression voire des idées suicidaires.

Concernant le traitement, il est globalement le même que celui indiqué pour le trouble panique (voir ci-contre).

Le trouble phobique

Qu'il s'agisse de la peur irrationnelle et incontrôlable d'un animal (araignées, serpents, rongeurs...), d'un objet ou d'une situation particulière (peur du vide, des espaces clos, d'aller à l'école, des prises de sang, etc.), on parle de trouble phobique s'il persiste durant au moins six mois. Lorsqu'une personne est confrontée à la situation qui provoque la phobie, elle peut être victime d'une attaque de panique ou d'un malaise vagal. Face à une phobie non soignée, elle réorganise souvent sa vie de manière parfois très rigide, pour éviter de se confronter à l'objet de ses craintes. Elle a souvent honte de ses réactions exagérées, que les autres autour d'elle ne comprennent pas toujours.

LA LIMITATION DANS LA VIE QUOTIDIENNE DOIT ALERTER

Chez l'enfant, il est tout à fait normal de retrouver des craintes (peur du noir, des monstres, des chiens, etc.). Cela fait partie du développement normal, de l'exploration du monde, avec certainement un avantage sélectif qui a permis à l'espèce humaine de mieux survivre au fil de son évolution. Mais lorsque la phobie devient envahissante et obsédante au point de limiter les sorties, les activités, ou d'empêcher l'enfant d'aller à l'école, une prise en charge urgente est nécessaire (voir p. 235).

De la même manière, chez l'adulte, des phobies spécifiques qui génèrent une souffrance importante, des attaques de panique, et provoquent des conduites d'évitement doivent vous amener à consulter.

LA PHOBIE SOCIALE

C'est un trouble qui se manifeste par la terreur des interactions sociales avec les autres, la crainte d'être en permanence jugé·e, que ce soit positivement ou négativement d'ailleurs. Les personnes souffrant de ce trouble voudraient être totalement transparentes, rasant les murs où qu'elles aillent. Elles se sentent épiées, évaluées, scrutées en permanence : « J'ai l'air idiot·e avec mon verre d'eau ? », « Pourquoi on regarde mes cheveux comme ça ? J'ai raté ma coiffure ? » Parler en public pour ces personnes est souvent une torture : elles bégaient, balbutient, deviennent rouges, tremblent, transpirent...

Ce trouble concernerait environ 3 à 5 % de la population, avec des effets potentiellement dévastateurs sur la trajectoire de vie : parcours scolaire entamé, incapacité à accéder à un emploi, parfois même à simplement sortir de chez soi pour se rendre chez le ou la médecin.

Quel que soit le trouble phobique, le traitement sera globalement similaire à celui recommandé pour le trouble panique (voir p. 119).

Le trouble de l'adaptation

Expérimenter un trouble de l'adaptation, c'est se sentir dépassé·e par les événements, les enjeux, le quotidien, les obligations, dans les suites d'un événement particulièrement stressant. On n'arrive tout simplement pas à s'adapter, qu'il s'agisse d'une perte d'emploi, du départ d'un·e enfant de la maison, de la maladie d'un·e proche, d'un déménagement… Le facteur de stress est clairement identifiable et nous bouscule dans nos habitudes. Le sommeil s'altère, nos émotions sont troublées, l'appétit peut être affecté. Au travail, en famille, avec nos ami·es, on n'est plus le ou la même, on est préoccupé·e, comme bloqué·e sur cet événement, avec la sensation d'être dans une impasse.

UN MOTIF FRÉQUENT DE CONSULTATION

Le trouble de l'adaptation survient dans les trois mois suivant le facteur de stress, ne dure pas plus de six mois et n'est diagnostiqué que si on ne remplit pas les critères d'un autre trouble psychique (dépression, stress aigu, état de stress post-traumatique, etc.).

Il s'agit d'un motif très fréquent de consultation en médecine générale et en psychiatrie, environ une consultation sur dix, avec des risques potentiellement graves, notamment le suicide, puisque 2 à 4 % des personnes présentant un trouble de l'adaptation feront une tentative de suicide. Heureusement, chez les trois quarts des personnes concernées, l'évolution sera favorable avec un retour à la normale plus ou moins progressif dans les six mois, spontanément, sans aide professionnelle.

PSYCHOTHÉRAPIE ET AIDE MÉDICAMENTEUSE

Si besoin, une psychothérapie de soutien pourra être proposée pour nous accompagner et nous aider à passer le cap douloureux qu'on tente de traverser. On pourra aussi recevoir une aide médicamenteuse, ponctuellement, si les angoisses sont trop fortes ou le sommeil très altéré.

Si des facteurs de gravité ou de risques sont identifiés, une hospitalisation en psychiatrie pourra être envisagée, au cas par cas toujours, après concertation avec le ou la médecin.

Le trouble d'anxiété de séparation

Ce trouble peut toucher les enfants (la prévalence varie en fonction des études : entre 2 et 10 % des enfants) comme les adultes et consiste en des craintes et inquiétudes excessives concernant les proches : peur que les parents meurent dans un accident d'avion, qu'ils tombent malades, crainte qu'il arrive un malheur à son conjoint·e, que ses ami·es soient victimes d'un attentat, etc.

Les adultes qui souffrent d'anxiété de séparation adaptent constamment leurs comportements pour se rassurer vis-à-vis de la personne qu'ils craignent de perdre : ils refusent de s'en éloigner, de sortir ou de dormir loin d'elle, et font des cauchemars liés à tous les scénarios qui pourraient se produire.

LE TROUBLE D'ANXIÉTÉ DE SÉPARATION CHEZ L'ENFANT

Chez l'enfant, l'anxiété de séparation se traduit par un hyper-contrôle de toute la vie familiale. Comme chez l'adulte vis-à-vis de la personne qu'il ou elle craint de perdre, l'enfant refuse parfois de sortir de la maison pour ne pas être séparé·e de ses parents, imposant à ces derniers de rester au domicile afin de limiter au maximum la survenue d'une catastrophe. Le trouble devient alors le malheur de la famille, avec souvent un décrochage scolaire et un isolement social. Les parents sont parfois contraints d'arrêter de travailler pour rester avec leur enfant, le temps de bénéficier d'une aide spécialisée.

Il ou elle peut aussi expérimenter toutes sortes de douleurs physiques : maux de tête, de ventre, notamment dans les moments de séparation qui s'avèrent alors fréquemment tragiques, anxiogènes, et aggravent le sentiment de détresse et de culpabilité de l'enfant et de chacun des membres de la famille. Le sommeil est fortement perturbé, l'enfant refusant fréquemment de dormir sans ses parents et présentant des cauchemars multiples avec scénario catastrophe. Les craintes que l'enfant peut avoir sont par exemple :

- « Que vais-je devenir si papa ou maman tombe malade ? »
- « Et si je me fais kidnapper en sortant de l'école ? »
- « Et si mes parents oublient de venir me chercher à la garderie ce soir ? »

Ces questions sont évidemment banales et légitimes chez n'importe quel·le enfant, mais si elles deviennent incessantes et obsédantes, elles vont créer tristesse, impuissance et désespoir chez l'enfant et autour de lui ou elle.

QUEL TRAITEMENT ?

Face à ce trouble, il est conseillé de faire bénéficier l'enfant de thérapies comportementales, avec une guidance parentale associée (voir p. 244), afin de prévoir des séparations régulières et progressives entre l'enfant et sa figure d'attachement (souvent sa mère, mais pas seulement), en planifiant des au revoir brefs et les plus neutres possibles. Ces séparations doivent aussi s'organiser pendant les vacances afin de limiter l'aggravation des troubles lors des rentrées scolaires. Elles permettront à l'enfant d'investir d'autres figures d'attachement (personnel de la crèche, de l'école, autres membres de la famille, etc.).

Les troubles obsessionnels compulsifs (TOC)

Débutant généralement avant 25 ans, les TOC concernent plus d'un million de Français·es (2 % de la population). Les personnes ayant ces troubles tentent de combattre des obsessions (pensées) par des compulsions (souvent des gestes de lavages répétés, de vérification, etc.) pour venir en quelque sorte conjurer le sort. Elles réalisent qu'elles ne contrôlent pas vraiment leurs pensées, que celles-ci sont générées de manière aléatoire, automatique, et que le meilleur moyen de les évacuer, c'est d'essayer de les chasser frontalement, de s'empêcher de penser : chose difficile, voire impossible. Elles sont alors victimes de leur propre cerveau qui leur impose des images mentales en accord ou non avec leurs valeurs personnelles. Ces images mentales sont parfois horribles, sales, désagréables, gênantes et embarrassantes. Ces pensées peuvent surgir n'importe où, n'importe quand : au travail, en voiture, dans le métro ou quand elles s'occupent de leurs enfants. Elles se sentent dépossédées d'elles-mêmes, de leur libre arbitre.

Face aux obsessions qui leur envahissent la tête – parfois plusieurs heures par jour –, ces personnes instaurent des compulsions, des sortes de rituels, pour enrayer les pensées et les combattre. Mais ces actions finissent, à terme, par aggraver le problème et se transforment en une vraie torture psychique.

LES SYMPTÔMES

Les sentiments de honte et de culpabilité sont souvent très élevés dans ce trouble, du fait du caractère même des idées obsessionnelles qui s'imposent à nous :

- « Que se passe-t-il si je jette mon bébé par la fenêtre ou que je renverse un piéton là maintenant ? »
- « Ai-je bien fermé le gaz ou le robinet avant de partir de chez moi ? »
- « Vais-je contracter une terrible maladie virale après avoir serré la main de mon collègue de travail ? »

Le fait de se poser ces questions à soi-même n'est évidemment pas pathologique en soi : on a tou·tes parfois des idées farfelues, plus ou moins adaptées au contexte, qui nous passent par la tête. Mais on arrive généralement à ne pas fusionner totalement avec, à se dire que cela ne représente pas nos valeurs. Or, dans le TOC, ces pensées vont être fréquentes, récalcitrantes, permanentes, persistantes, et engendrer de la souffrance chez nous.

Souvent, quand on est concerné·e par un TOC, on se rend bien compte du caractère absurde de nos pensées, mais on ne peut pas faire autrement, c'est plus fort que nous, elles s'imposent à nous. Alors, face à cette expérience déroutante, on met en place des compulsions qui vont tenter, temporairement, de lutter contre les obsessions. Par exemple, face à l'obsession d'être contaminé·e par un virus, on va se laver les mains des dizaines de fois par jour, de manière déraisonnable et chronophage, parfois durant plusieurs heures, au risque d'avoir des lésions cutanées et d'être en retard à nos rendez-vous. Face à des obsessions de symétrie, de perfection, on va mettre en place des compulsions de rangement, d'alignement, ou parfois s'imposer de ne marcher que sur des lignes bien précises dessinées par le carrelage ou les pavés d'une rue. Face à la peur de faire du mal aux autres (une phobie d'impulsion), on va éviter certaines situations sociales et peu à peu s'isoler, par exemple ne plus prendre le métro par peur de pousser quelqu'un sur les rails. Chose qu'on ne ferait pas, qu'on trouve absurde, mais qu'on ne peut s'empêcher de penser. Les compulsions peuvent aussi être des séries de lettres ou de chiffres répétées à soi-même pour tenter de conjurer le sort : « Si je récite l'alphabet en boucle dans ma tête en commençant par la fin, je ne serai pas attaqué·e par un chien. » Une compulsion peut donc être totalement mentale, sans geste associé.

À force de vivre avec un TOC, on finit parfois par tenter d'y voir un sens caché, une raison d'être : c'est ce qu'on appelle une pensée magique. Ainsi, des obsessions autour de pensées catastrophes permanentes comme « un avion peut s'écraser sur moi à tout moment » peuvent, au fil du temps, emporter notre adhésion et aboutir au fait qu'on y croie dur comme fer.

LES CONSÉQUENCES SUR VOTRE VIE QUOTIDIENNE

Avoir des pensées obsédantes qui tournent en boucle et représentent souvent, l'inverse de vos valeurs, c'est un enfer à vivre. Sans compter que cela dévore votre énergie qui pourrait être plus utile ailleurs, comme écouter en classe, travailler ou profiter de moments en famille. La vie sociale et familiale peut s'en trouver totalement remodelée : vous évitez certaines situations, ce qui aggrave finalement le TOC en lui donnant une certaine validation cognitive et toujours un peu plus de place. En l'absence de prise en charge, les TOC peuvent entraîner une perte d'emploi, des disputes amicales et des ruptures sentimentales. Une dépression voire des idées suicidaires peuvent aussi survenir, associées à un sentiment de désespoir et d'avenir bouché, et l'impression que personne ne peut vous aider à vous débarrasser de ce trouble.

APPRIVOISER VOS PENSÉES ET ÉMOTIONS : LE TRAITEMENT DES TOC

En premier lieu, la psychoéducation (voir p. 97) éclairera le fonctionnement des TOC : les mécanismes de survenue, les causes (les facteurs génétiques ont une place importante avec une héritabilité estimée à environ 50 %), les traitements qui existent et enfin l'assurance du fait que vous n'allez pas devenir fou ou folle, ou perdre le contrôle de vous-même.

La psychothérapie cognitivo-comportementale est indiquée car elle soulage 50 % des personnes concernées. Durant cette approche, le sujet est exposé aux conditions qui déclenchent les obsessions, progressivement, pour tenter de moduler ses réponses émotionnelles et trouver des stratégies d'adaptation. Il fait peu à peu face aux angoisses qui surviennent, apprivoise ses émotions qui surgissent et reprend, petit à petit, confiance en lui. C'est une sorte de mise à jour du logiciel cérébral par des exercices pratiques qu'il lui faudra poursuivre chez lui sur le temps long pour avoir le maximum d'efficacité.

Sur le plan médicamenteux, certains antidépresseurs peuvent être utilisés, mais les doses sont plus élevées que dans la dépression et le délai de réponse est plus important, de l'ordre de six à douze semaines.

Dans certains cas extrêmes, la stimulation cérébrale profonde permet, grâce à des électrodes placées dans le cerveau, d'améliorer la vie quotidienne.

Le trouble de stress post-traumatique (TSPT)

Le trouble de stress post-traumatique surviendrait chez environ 5 à 10 % des personnes au cours de la vie. Appelé aussi « état de stress post-traumatique », il peut apparaître lorsque vous avez été exposé·e à un traumatisme : décès d'une personne, menaces de mort, blessures graves, violences sexuelles, attentat, etc. Certaines populations sont évidemment plus concernées, notamment dans les pays en guerre, parmi les victimes d'actes terroristes ou encore parmi les populations migrantes.

Mais que vous ayez été vous-même la cible de l'événement, ou que vous soyez témoin de celui-ci, ou encore que vous ayez appris la triste nouvelle indirectement, un trouble de stress post-traumatique peut survenir. Cela peut aussi être le cas dans certains corps de métier particulièrement exposés aux traumatismes répétés comme chez les soignant·es, les policier·ères, les pompier·ères, les militaires, etc. Ainsi, victimes et témoins (présent·es sur place ou brutalement informé·es) peuvent être concerné·es par ce trouble.

Traumatisme simple ou complexe

On différencie les traumatismes simples des traumatismes complexes. Les premiers surviennent une fois, chez des personnes souvent adultes sans antécédent psychiatrique particulier, par exemple lors d'une prise d'otage. Toutefois, simple ne signifie pas facile à soigner…

Les traumatismes complexes, en revanche, représentent des traumatismes récurrents qui surviennent souvent dans l'enfance ou l'adolescence et vont déstructurer en profondeur la personnalité des victimes, à l'image des incestes répétés chez les enfants.

POURQUOI JE SOUFFRE D'UN TSPT ET PAS LES AUTRES VICTIMES ?

Ce trouble est un mécanisme complexe, ne survenant pas chez toutes les personnes qui ont été victimes du même drame à un instant précis. Certaines, à la suite d'une situation donnée, développeront un TSPT alors que d'autres n'auront jamais de répercussions psychiques, ou alors dans des proportions nettement moindres – et qui finiront par passer en quelques jours ou semaines.

Pourquoi cette injustice ? Tout simplement parce que nous ne sommes pas tou·tes semblables : nous ne sommes pas équipé·es du même bagage génétique, nous ne bénéficions pas tou·tes du même soutien social, de la même qualité dans les relations avec nos proches. C'est pourquoi nous ne vivons pas tou·tes les drames de la même manière.

D'autres facteurs prédisposent davantage à un TSPT, comme le sexe (plus de cas chez les femmes), un faible niveau socio-économique ou des antécédents psychiatriques (troubles anxieux, troubles de l'humeur). Par ailleurs, un·e enfant sur dix développera un TSPT avant l'âge de 18 ans, une population de fait particulièrement fragile et vulnérable : les enfants peuvent moins facilement se défendre et leur cerveau, encore en cours de maturation, est plus sensible au stress psychique majeur que constitue un trauma. Enfin, chez les victimes de viol, 50 % seront concernées par le TSPT.

Les symptômes et syndromes qui doivent vous alerter :

- **Des reviviscences :** c'est le fait de revivre la scène traumatique, qui s'impose alors à vous de manière envahissante, pénible, douloureuse, le jour ou la nuit, avec parfois des images, des odeurs, des sons, une musique particulière.
- **Une dissociation** : vous revivez intensément la scène, comme un flash-back, ou ressentez qu'elle est sur le point de se reproduire, avec une perte de contact avec la réalité de quelques secondes ou minutes, comme une absence, souvent accompagnée de réactions physiques (sueurs, palpitations, tremblements, respiration rapide...).

- **Un évitement :** vous allez vous mettre à éviter tous les lieux, bruits, odeurs, personnes, circonstances et événements qui pourraient vous faire repenser ou revivre la scène traumatisante.
- **Des problèmes de sommeil :** des difficultés à vous endormir, un sommeil qui devient léger et des réveils au moindre bruit, des cauchemars.
- **Une irritabilité** : vous vous agacez très facilement, vous vous emportez de manière impulsive.
- **Des intolérances sensorielles :** certains bruits, certaines odeurs, certains aliments, certaines situations ne vous sont tout simplement plus supportables.
- **Une hypervigilance :** vous êtes sur le qui-vive en permanence, vous redoutez une nouvelle catastrophe, vous n'arrivez plus à baisser le « bruit de fond » habituel et vous interprétez toutes les informations que votre environnement vous envoie comme potentiellement menaçantes.
- **Des difficultés à vous concentrer.**
- **Des problèmes de mémoire.**
- **Un sentiment de culpabilité :** « Je n'ai pas pu sauver ma sœur, je suis nul·le, je ne sers plus à rien ».
- **Une dépression, des idées suicidaires,** une perte d'élan vital et de plaisir dans la vie, des automutilations.

Si vous présentez un ou plusieurs de ces signes d'alerte, consultez un·e médecin généraliste, un·e psychiatre ou rendez-vous aux urgences pour commencer des soins : des solutions existent et permettent souvent d'aller mieux. Sachez également que plusieurs centres spécialisés dans le psychotraumatisme ont vu le jour en France ces dernières années.

LA PRISE EN CHARGE IMMÉDIATEMENT APRÈS LE TRAUMATISME (STRESS AIGU)

En France, des cellules d'urgence médico-psychologique (CUMP) sont déployées rapidement sur les lieux d'un drame pour apporter les premiers soins aux personnes ayant été exposées à un traumatisme. Des techniques de *defusing*, qu'on appelle aussi « désamorçage » ou « déchoquage psychologique » sont alors proposées pour tenter d'aider les personnes à baisser leur charge émotionnelle. Ces équipes ont également pour rôle d'identifier sur place les personnes à risque de stress aigu, d'informer les personnes concernées ainsi que leurs proches sur ce qu'elles sont en train de vivre et sur l'évolution possible de leurs symptômes. Elles veillent également, sur le lieu d'un accident, à séparer les victimes directes, celles qui ont vu ou subi les faits, des autres, pour éviter un phénomène de contagion qui peut survenir si elles racontent leur récit de manière crue pour s'en soulager, ce qui risque d'affecter les personnes qui n'ont pas constaté autant de détails qu'elles.

En cas de violences sexuelles, des prélèvements médico-légaux et un bilan des lésions infligées, physiques ou psychiques, sont proposés aux victimes. Sur le plan purement médicamenteux, aucune molécule n'a à ce jour fait la preuve de son efficacité. Si l'anxiété est très intense, les médicaments de la famille des benzodiazépines seront à tout prix évités car ils peuvent aggraver les troubles.

LE TRAITEMENT DU TSPT

Si vous souffrez d'un trouble de stress post-traumatique, une psychothérapie vous sera proposée en première intention. Différents choix sont possibles :

- **Une thérapie cognitivo-comportementale** (**TCC**) : plus la thérapie est commencée tôt après le traumatisme, plus elle sera efficace. La TCC sert à reparamétrer votre cerveau, votre mémoire, la gestion des émotions et de vos comportements par des exercices pratiques (voir p. 68).
- **Une thérapie d'exposition prolongée** (**TEP**), c'est-à-dire une désensibilisation au traumatisme. Le principe de la thérapie d'exposition prolongée, qui découle de la TCC, va permettre non seulement de vous exposer aux souvenirs du traumatisme, par l'imagination, mais aussi aux déclencheurs du quotidien (des personnes qui ressemblent à un·e agresseur·euse,

des lieux semblables, des odeurs évocatrices, etc.) que vous tendez désormais à éviter, ce qui retentit sur votre qualité de vie.

- **L'EMDR** : cette méthode sert à retraiter le souvenir du traumatisme pour tenter de le débarrasser au maximum des émotions négatives qui y sont associées (voir p. 74).
- **Des techniques de gestion du stress** : techniques de relaxation, exercices de respiration.

Les traitements médicamenteux de type antidépresseur peuvent constituer une aide dans la prise en charge mais ne représentent pas un traitement de première intention dans le TSPT.

Différence entre trouble de stress aigu et trouble de stress post-traumatique

Le trouble de stress aigu comporte les mêmes symptômes que le TSPT, survient de la même manière dans les jours qui suivent le traumatisme mais ne persiste pas au-delà d'un mois. Il dure donc entre trois et trente jours, et s'il se prolonge, il se transforme en TSPT. Quant à ce dernier, s'il peut guérir dans les trois mois qui suivent le traumatisme avec une prise en charge adaptée, il peut aussi devenir chronique dans 20 % des cas.

FOCUS

Le burn-out ou syndrome d'épuisement professionnel

Derrière le terme de burn-out, que bon nombre de personnes associent encore à de la paresse ou de la faiblesse morale, se cache une réalité tout autre, un monde de souffrance et de culpabilité bien réel, malheureusement. Il existe des signes annonciateurs qu'il faut connaître collectivement afin de mieux veiller les un·es sur les autres. Tous les métiers sont concernés, y compris les parents au foyer, sans oublier les aidant·es.

DE QUOI S'AGIT-IL ?

Le syndrome d'épuisement professionnel est défini comme un état d'« épuisement physique, émotionnel et mental qui résulte d'un investissement prolongé dans des situations de travail exigeantes sur le plan émotionnel » selon la Haute Autorité de santé. Peu à peu reconnu, il est actuellement considéré non pas comme un trouble psychique à part entière mais plutôt comme une situation de stress chronique générée par un emploi. Le burn-out semble suivre le cycle suivant :

- **1. Engagement professionnel.**
- **2. Surengagement.**
- **3. Effondrement.**

Pouvant survenir à n'importe quel âge, le burn-out est deux fois plus fréquent chez les femmes. Aussi, certains métiers sont plus à risque que d'autres : soignant·es, pompier·ères, agriculteur·ices, travailleur·euses sociaux et sociales... des emplois liés à une certaine pénibilité, une proximité fréquente avec la mort ou impliquant une lourdeur particulière des organisations de travail.

La surcharge de travail, des objectifs irréalistes ou encore une imprécision des missions sont des facteurs de risque clairement identifiés, tout comme le management délétère et les conflits sur le lieu de travail.

QUAND S'INQUIÉTER ?

Différents signes révélateurs ou annonciateurs peuvent aiguiller vers un burn-out et doivent attirer votre attention ou celle de votre entourage :

- Le fait d'être de plus en plus cynique au travail, sarcastique, faire de l'humour noir sur des sujets graves, de manière excessive et inadaptée par rapport à votre habitude.
- Avoir le sentiment, en vous levant le matin, que la journée de travail va être une montagne, une torture, un supplice.
- Avoir la sensation que vos collaborateur·ices de travail sont hostiles envers vous.
- Si vous vous repliez sur vous, que vous vous isolez socialement.
- Avoir des angoisses massives sur le lieu de travail, avant d'y aller ou par le simple fait d'y penser, y compris en vacances.
- S'emporter facilement au travail, perdre le contrôle de vos émotions, être maltraitant·e avec les autres.
- Consommer des substances (alcool, cocaïne, cannabis, etc.) pour arrêter de penser au travail ou pour essayer de le supporter.
- Avoir des problèmes de mémoire, de concentration, commettre des oublis inhabituels…
- Ressentir des signes physiques : diarrhées, nausées, maux de tête, tremblements, parfois même des malaises vagaux.

Si vous constatez ces différents signes, il est nécessaire de consulter votre médecin qui fera un examen clinique complet pour s'assurer que vos symptômes physiques ne sont pas expliqués par d'autres facteurs, et pour initier les premiers axes du traitement.

LE RÔLE ESSENTIEL DU OU DE LA MÉDECIN

La priorité, lorsqu'on souffre d'un burn-out, est de se faire prescrire un arrêt de travail pour se protéger de complications potentiellement graves : dépression, suicide, décès (mort subite ou *karoshi* en japonais). En 2024, le Conseil d'État a enfin tranché et autorise désormais les médecins à faire des arrêts de travail pour le motif de burn-out : une avancée réelle pour les personnes concernées.

Il faut d'autre part mettre le ou la patient·e au repos complet en lui demandant de couper tous les canaux possibles en lien avec son travail : téléphone, mails, réseaux sociaux, etc. Si les symptômes le nécessitent, un suivi psychologique ou psychiatrique peut être mis en place pour initier une psychothérapie. Parfois, des médicaments psychotropes comme des antidépresseurs seront nécessaires pour l'aider à passer le cap et retrouver un peu de confort de vie lorsque ses symptômes sont trop invalidants.

Un burn-out peut durer plusieurs mois et la personne doit en être informée par son ou sa médecin qui s'assurera dans le même temps qu'elle n'est pas sujette à des addictions pouvant aggraver la souffrance morale globale et retarder, voire empêcher son rétablissement.

Enfin, le rôle du ou de la médecin du travail est primordial dans la prise en charge d'une personne en situation d'épuisement professionnel, afin de conduire une analyse rigoureuse des conditions de travail, accompagner le retour vers l'emploi (visite de pré-reprise) lorsque la personne va mieux et proposer des pistes d'aménagement du poste de travail.

FOCUS

L'éco-anxiété

L'éco-anxiété, ce sont toutes les émotions négatives et inconfortables liées au sentiment de fatalité face au dérèglement climatique : peur, tristesse, colère. Les personnes éco-anxieuses pointent comme cause de leur souffrance l'inaction ou l'insuffisance des actions menées en faveur du climat par les gouvernements, et les populations à une échelle plus individuelle. Les jeunes âgés de 16 à 25 ans sont particulièrement touché·es.

UNE SOUFFRANCE RÉELLE QU'IL EST POSSIBLE D'ATTÉNUER PAR DES ACTIONS PERSONNELLES

Il est important de valider la souffrance et de normaliser le vécu des personnes éco-anxieuses : il est tout à fait normal de se sentir angoissé·e vis-à-vis de l'avenir de la planète tant les impacts climatiques sont déjà visibles et nous donnent un avant-goût assez terrifiant.

Ensuite, il est possible d'agir à différents niveaux : les activités sportives, surtout dans la nature, artistiques, la méditation, les exercices de respiration peuvent favoriser la gestion du stress engendré par l'état de la planète et permettre, durant un instant du moins, de s'en décentrer. Les actions citoyennes et l'engagement contribuent à se sentir moins passif·ve et inutile : voter, participer à des débats, intégrer des associations et changer ses habitudes de vie (diminuer sa consommation de viande, limiter ses voyages en avion, etc.).

UNE AIDE PSYCHOLOGIQUE PEUT PARFOIS ÊTRE NÉCESSAIRE

Lorsque le retentissement du stress, de la tristesse et des angoisses sur la qualité de vie est plus important, voire franchement invalidant, des psychothérapies intensives pourront être proposées, avec l'ajout, lorsque le besoin s'en fait sentir, de certains médicaments psychotropes.

Enfin, il faut savoir que les catastrophes naturelles (séismes, ouragans, etc.) ont un impact direct sur les troubles psychiques qui augmentent quarante fois plus que les problèmes physiques, avec notamment un risque augmenté de dépression et de suicide, et ce de manière durable au fil des mois qui suivent la catastrophe en question.

CHAPITRE 7

Les troubles du comportement alimentaire (TCA)

Fréquents – ils concernent 10 % de la population –, les troubles du comportement alimentaire sont des tempêtes qui ébranlent la personne concernée, mais aussi sa famille et ses proches qui s'inquiètent, alors qu'elle est souvent dans le déni et ne voit pas le problème. Les critères cliniques de ces troubles sont décrits dans le DSM-5 (manuel diagnostique des maladies psychiques) et associent aux symptômes l'importance de leur retentissement sur la vie sociale, familiale, l'école, les loisirs et le sport. Les TCA apparaissent le plus souvent entre 15 et 25 ans, mais peuvent survenir à tout âge.

Qu'il s'agisse de l'anorexie mentale, de la boulimie ou de l'hyperphagie boulimique, l'importance d'un diagnostic précoce est majeure afin d'apporter rapidement des soins adaptés pour tenter de rendre le trouble moins grave et moins durable. Des prises en charge efficaces existent, mêlant psychothérapies, psychoéducation, guidance parentale, soutien familial et suivi hygiéno-diététique. Le risque de mortalité, notamment par suicide, est élevé et une hospitalisation en service spécialisé est parfois nécessaire si les symptômes mettent en jeu le pronostic vital.

Les causes des troubles du comportement alimentaire sont multifactorielles et certaines encore floues : terrain génétique de vulnérabilité, facteurs de stress (harcèlement, moqueries à l'école, violences, agressions sexuelles), normes sociales, etc.

L'anorexie mentale

Maladie concernant 1,4 % des femmes et 0,2 % des hommes, ses symptômes débutent généralement à l'adolescence ou chez le ou la jeune adulte, même si aux urgences, il n'est pas rare de rencontrer des enfants bien plus jeunes présentant ce trouble (parfois même avant 10 ans). L'anorexie mentale est la maladie psychique qui présente le taux de mortalité et de suicide le plus élevé, d'où la nécessité de sensibiliser davantage sur ce trouble et d'augmenter les moyens humains et techniques concernant le soin et l'accompagnement.

COMMENT LA REPÉRER ?

Dans ce trouble, les critères cliniques doivent être présents depuis au moins trois mois pour qu'on puisse poser le diagnostic qui associe :

- **Une perte de poids** plus ou moins importante, plus ou moins rapide, avec parfois des phases de jeûne prolongé souvent ressenties comme euphorisantes, lui procurant un sentiment de contrôle sur sa vie et son corps.
- **Des attitudes restrictives :** la personne compte les calories, enlève les aliments gras, sucrés, salés, de manière rigide, pouvant se nourrir seulement de fruits et légumes sans aucune matière grasse, ou nettement moins qu'avant.
- **Des attitudes purgatives :** des vomissements provoqués pour garder le contrôle sur le poids, le recours à des laxatifs pour avoir des diarrhées qui font donc perdre du poids, aux diurétiques et médicaments coupe-faim, etc.
- **La potomanie :** boire beaucoup d'eau, de thé, d'infusion, pour couper la faim.
- **Des répercussions physiques :** la perte de cheveux, les ongles cassants, l'augmentation de la pilosité (visage, bras), des anomalies cardiaques, des malaises vagaux, l'absence de début des règles chez l'adolescente ou la disparition des règles, la fonte musculaire, des chutes de tension artérielle, les extrémités froides (doigts, pieds), etc.
- **L'inflexibilité mentale, la rigidité psychique** qui empêchent souvent la personne de se rendre compte du caractère problématique de ses obsessions et comportements, avec la conviction d'avoir souvent une partie du corps trop grosse, trop grasse, pas assez musclée, alors même que l'entourage se montre rassurant et pointe du doigt le côté absurde de cette croyance (c'est ce qu'on appelle la dysmorphophobie).

- **Des traits de personnalité souvent associés :** perfectionnisme avec surinvestissement scolaire ou sportif, il n'est pas rare que l'anorexie concerne des élèves studieux·ses.

En plus de ces signes, avoir subi une agression sexuelle ou un viol peut être un facteur déclenchant de l'anorexie mentale (dans ce cas, la prise en charge est particulière, voir p. 176).

LA NÉCESSITÉ D'UNE PRISE EN CHARGE PRÉCOCE

La prise en charge de ce trouble doit se faire aussi rapidement que possible car la mortalité associée est la plus élevée de tous les troubles psychiques. Cette maladie évolue souvent sur plusieurs années, avec des rechutes fréquentes. On décrit généralement trois évolutions possibles :

- La moitié des personnes avec anorexie mentale guériront totalement (rémission complète).
- 30 % garderont des symptômes plus ou moins intenses, plus ou moins bruyants (rémission partielle).
- Les 20 % restants n'évolueront pas sur le plan des symptômes, ou décéderont de cette maladie.

Les objectifs généraux de la prise en charge d'une personne avec anorexie mentale comprennent des liens étroits et réguliers entre d'une part le ou la patient·e et son entourage, et d'autre part les équipes psychiatriques et les autres équipes médicales (cardiologues, gastro-entérologue, etc.) afin de discuter des soins, des bilans de santé réguliers et déceler des complications physiques.

Dans des cas urgents, lorsque l'état de santé de la personne est particulièrement inquiétant à court terme ou que son milieu de vie n'est pas sécurisant, une hospitalisation peut être décidée, idéalement avec son accord, mais parfois malheureusement sans. Selon son lieu de vie, certains services spécialisés dans les TCA se situent dans des hôpitaux psychiatriques, parfois dans des hôpitaux généraux (gastro-entérologie par exemple). La décision d'hospitaliser est prise lorsque le pronostic vital est engagé : risque cardiaque, digestif, vomissements incessants, malaises avec traumatismes physiques, idées suicidaires, nécessité d'une renutrition par sonde naso-gastrique.

Sur le plan médicamenteux, il n'existe à ce jour aucune molécule ayant une quelconque efficacité sur cette maladie, malheureusement.

D'un point de vue psychothérapeutique, en revanche, plusieurs solutions existent : les psychothérapies de soutien, les thérapies cognitivo-comportementales et les thérapies familiales. Les objectifs de ces psychothérapies sont multiples :

- Expliquer la maladie, son fonctionnement, apporter un soutien au ou à la patient·e mais aussi à sa famille.
- Aider à lutter contre les croyances erronées notamment corporelles et nutritionnelles (« Si je mange cet aliment, je vais reprendre immédiatement du poids », « Si je ne fais pas un footing tous les matins, mon ventre ne sera pas plat »).
- Assouplir des schémas de fonctionnement rigides qui viennent parfois contrôler toute la vie familiale, les repas, les courses, les activités sportives, etc.

Les aidant·es peuvent se tourner vers des associations de familles de patient·es pour qu'ils ou elles puissent bénéficier d'un soutien de pairs ayant vécu la même chose qu'eux ou elles et qui peuvent les comprendre et les conseiller.

Évidemment, l'approche nutritionnelle et diététique viendra compléter l'arsenal thérapeutique pour que la personne retrouve peu à peu une alimentation normale. Il ne faut jamais aller trop vite dans la reprise d'apports alimentaires normaux, au risque de l'exposer à un syndrome de renutrition inappropriée (modifications brutales des taux sanguins de glucose, de potassium et de sodium, avec un risque de troubles du rythme cardiaque notamment). Cette rééducation à manger normalement se fera en parallèle de la psychothérapie. Parfois, une sonde naso-gastrique sera indispensable dans des cas de refus majeurs de se réalimenter ou lorsque la réalimentation doit se faire très progressivement.

La boulimie

Dans ce trouble qui concerne 2 % des femmes et 0,5 % des hommes, les personnes se retrouvent à ingurgiter de grandes quantités d'aliments, dans un temps relativement court (une heure ou deux), avec un sentiment de perte de contrôle et de culpabilité durant la crise, ce qui porte parfois à confusion avec un diagnostic d'addiction alimentaire. Pour garder le contrôle sur leur poids et la forme de leur corps, les personnes concernées vont mettre en place des « astuces », des comportements visant à contrebalancer les prises alimentaires massives : sport excessif, jeûne, vomissements, médicaments laxatifs ou diurétiques. Ainsi, les personnes qui souffrent de boulimie ont souvent un poids normal.

UNE MALNUTRITION DÉLÉTÈRE À LA FOIS POUR LE CORPS ET LA SANTÉ MENTALE

La boulimie peut survenir à la suite d'un traumatisme psychique ou d'un régime drastique, mais apparaître aussi sans facteur déclenchant. Face à cette malnutrition, le corps est peu à peu marqué : carences en vitamines, dents abîmées par les vomissements, troubles du cycle menstruel, problèmes rénaux et digestifs. Les complications psychiques sont aussi fréquentes, notamment les dépressions, souvent en lien avec un vécu honteux et un sentiment de culpabilité important de la boulimie.

Souvent moins grave que l'anorexie, moins durable également, la mortalité reste tout de même élevée, que ce soit par suicide, usage excessif de laxatifs et diurétiques, ou à cause des complications physiques du trouble lui-même. Tout l'enjeu est de détecter rapidement ce trouble qui passe fréquemment sous les radars, sans éveiller les soupçons de l'entourage, la personne se cachant pour faire ses crises, s'organisant pour être seule, ne surtout pas être surprise en pleine action ce qui serait vécu comme profondément humiliant, et aggraverait le trouble par la suite.

L'OPTION DES OUTILS D'AUTO-ASSISTANCE COMME TRAITEMENT

La prise en charge est globalement très proche de celle de l'anorexie mentale, avec l'importance d'un bilan initial physique très complet pour déceler des carences en vitamines et des complications dans différents organes. L'hospitalisation sera décidée si le pronostic vital est menacé, notamment si les crises de boulimie se répètent, se rapprochent dangereusement avec des apports alimentaires massifs et incontrôlables. Le risque de complications cardiaques et les idées constituent d'autres critères d'hospitalisation.

Sur le plan purement médicamenteux, un antidépresseur, la fluoxétine (Prozac®), a fait la preuve d'une certaine efficacité.

Concernant les psychothérapies, en plus de ce qui a été cité plus haut, les personnes peuvent se voir proposer le recours à des outils d'auto-assistance, qu'il s'agisse de supports multimédias, d'applications, de sites Internet ou de supports papiers, afin d'engranger des connaissances sur leur trouble, en dresser peu à peu la notice elles-mêmes, comprendre leurs propres rouages, les facteurs déclenchant les crises, les moyens d'y remédier, de les désamorcer, et ainsi favoriser l'autogestion.

L'hyperphagie boulimique

Appelé aussi *binge eating disorder*, ce trouble pourrait concerner presque la moitié des personnes souffrant d'obésité. On la retrouve chez environ 3 % des femmes et 1 % des hommes. On retrouve très souvent comme facteur déclenchant un traumatisme psychique ou une agression sexuelle.

Assez proche de la boulimie, la culpabilité après la crise est encore plus marquée : on se sent dégoûté·e autant de soi-même que de la nourriture qu'on vient d'ingérer, avec des douleurs abdominales intenses. On constate douloureusement, honteusement, qu'on vient de manger des quantités astronomiques d'aliments parfois même sans aucune sensation de faim préalable. On a senti pourtant la crise venir, comme un *craving* (voir le chapitre concernant les addictions p. 151) puissant qui pousse à cette pulsion irrépressible.

Dans ce trouble, l'obésité vient, entre autres, du fait qu'il n'existe pas de comportements compensatoires (vomissements, sport, laxatifs, etc.), ce qui est la grande différence avec la boulimie. Les régimes alimentaires arrivent souvent dans un second temps, pour tenter de reprendre le contrôle sur le trouble et limiter les conséquences, alors que dans l'anorexie et la boulimie, c'est généralement l'inverse, avec d'abord un régime excessif qui peut ensuite déclencher secondairement l'un des deux troubles.

FOCUS

L'arrivée d'un·e enfant

Attendre et accueillir un·e enfant sont l'une des plus belles choses au monde, mais aussi une période à risque qui peut mettre les nerfs à rude épreuve et pousser le cerveau dans ses retranchements les plus douloureux. De fait, les facteurs de stress sont multiples, que ce soit pour le corps (cascades hormonales, changements morphologiques, etc.) ou pour la vie sociale des parents, avec toutes sortes d'aménagements à prévoir, anticiper et programmer pour appréhender cette nouvelle vie sur le point de débuter.

Aussi, durant la période périnatale (la phase qui s'étire entre la conception et la première année de vie de bébé), il y a plus de risques pour la mère (et, dans une moindre mesure, pour le père) soit de déclencher une nouvelle maladie psychique, soit de connaître une rechute d'un trouble qui était déjà connu avant la conception.

QUELS SONT LES FACTEURS DE RISQUE D'UN TROUBLE PSYCHIQUE EN LIEN AVEC LA GROSSESSE ?

Différents critères augmentent le risque de déclencher une pathologique psychique durant la période périnatale :

- Antécédent de maladies psychiques dans la famille.
- Un âge inférieur à 20 ans ou supérieur à 35 ans.
- Une première grossesse.
- Une grossesse non désirée.
- Une grossesse compliquée par un problème physique comme un diabète ou une hypertension artérielle.
- Un accouchement complexe : césarienne en urgence ou sous anesthésie générale, dystocie des épaules.
- Prématurité ou petit poids de naissance du bébé.

- Mère célibataire, difficultés conjugales, précarité, isolement social, faible niveau d'éducation.
- Antécédent d'abus ou de maltraitance dans l'enfance de la mère.

Si ces critères accroissent la probabilité de survenue d'un trouble psychique durant une grossesse, il est néanmoins tout à fait possible d'en cocher un ou plusieurs sans jamais être touchée par un trouble psychique. À l'inverse, on peut en déclencher un autour d'une grossesse en ne répondant à aucun critère de cette liste : c'est plus rare mais c'est possible.

Grossesse et trouble psychique chronique

Si vous êtes suivie pour un trouble psychique chronique et que vous avez un projet de grossesse, votre médecin vous informera du risque augmenté de rechute et vous conseillera, idéalement, de renforcer votre suivi, avec une collaboration étroite entre psychiatres, gynécologues et services de protection maternelle et infantile. On conseille aux futures mères d'être stables depuis au moins deux ans, dans la mesure du possible, avant de se lancer dans un projet de grossesse.

BABY-BLUES, DÉPRESSION POST-PARTUM... : LES TROUBLES PSYCHIQUES SPÉCIFIQUEMENT LIÉS À L'ARRIVÉE D'UN·E ENFANT

Le **baby-blues** et la dépression post-partum ne doivent pas être confondus. Le premier est un état transitoire et physiologique qui apparaît entre le deuxième et le cinquième jour après l'accouchement chez 30 à 80 % des femmes. N'étant pas pathologique, il dure au maximum dix jours et associe différents symptômes, à des degrés divers (anxiété, insomnie, crainte d'être délaissée et de ne pas pouvoir s'occuper du bébé, etc.). À l'inverse, **la dépression post-partum** (qui concerne 15 % des femmes) constitue un enjeu majeur de santé publique car une femme sur deux n'est pas diagnostiquée, faisant courir des risques importants à la fois pour la mère mais aussi pour le bébé. En effet, une dépression non soignée multiplie les risques : perte de poids, isolement social, perte d'emploi, difficultés pour les premiers liens mère-enfant de se mettre en place, et dans le pire scénario, un risque suicidaire et d'infanticide. La survenue d'une dépression post-partum peut se faire à n'importe quel moment dans la première année qui suit l'accouchement, avec une fréquence maximale entre la troisième et la sixième semaine. Les signes cliniques retrouvés sont les suivants :

- Tristesse, découragement.
- Sentiment d'être une mère incapable, coupable de mal faire ou indigne de son bébé.
- Angoisses massives et diffuses, soit centrées sur un facteur de stress en particulier, soit sans objet.
- Plaintes physiques floues.
- Phobies d'impulsion avec la peur de faire brutalement du mal à son bébé en perdant le contrôle de ses actes.

Fréquemment, la mère dissimule ses symptômes à son entourage par crainte d'être prise pour folle ou de perdre la garde de son enfant, ce qui retarde d'autant plus le diagnostic et donc la prise en charge.

Enfin, généralement dans la première semaine qui suit la naissance, une femme peut développer une **psychose puerpérale** (2 femmes sur 1 000 touchées, affection plus fréquente chez les personnes souffrant de troubles de l'humeur ou ayant des antécédents de schizophrénie). Les signes cliniques sont intenses et impressionnants avec par exemple la perte des repères spatiaux et temporels, des idées délirantes centrées sur l'enfant (sensation d'avoir accouché d'un·e enfant extraordinaire, qui aurait des pouvoirs, issu·e d'une lignée noble, ou alors la conviction que l'enfant n'existe pas, ou n'est pas réel·le) ou bien encore des angoisses de mort, de devenir folle, d'être dans un décor de cinéma… C'est une urgence psychiatrique nécessitant une hospitalisation.

IL EXISTE AUSSI DES TROUBLES PSYCHIQUES AVANT LA NAISSANCE DE L'ENFANT

La **dépression anténatale** toucherait 10 % des femmes enceintes et associe une humeur triste, des troubles du sommeil, parfois des pleurs mais pas systématiquement, ainsi que la sensation d'un avenir bouché, gris, négatif et angoissant. Les futures mères se sentent tantôt à fleur de peau et irritables, ayant la sensation de tout ressentir trop fortement, tantôt en proie à une absence totale d'émotion, un vide émotionnel qui déconcerte et inquiète. Elles peuvent aussi avoir la conviction qu'elles n'arriveront jamais à s'occuper de leur enfant, se pensant incapables de devenir mères.

Quant au **déni de grossesse**, c'est un phénomène déroutant, parfois hautement traumatisant, touchant 3 femmes enceintes sur 1 000. La femme concernée ne prend pas conscience qu'elle est enceinte, que ce soit durant les premiers mois de la grossesse (déni partiel) ou jusqu'à l'accouchement (déni total). Le déni de grossesse n'est pas lié à un profil psychologique particulier et ne survient pas plus chez les femmes ayant des antécédents psychologiques ou psychiatriques. Cela n'a rien à voir avec une dissimulation volontaire. Les modifications du corps sont absentes ou minimes, voilà pourquoi la découverte se fait le plus souvent de manière fortuite. Contrairement à ce que l'on pourrait penser, un déni de grossesse n'expose pas à un plus grand risque de maladie psychique à l'avenir chez la mère.

LA PRISE EN CHARGE DES TROUBLES PSYCHIQUES DU POST-PARTUM

L'accompagnement de la mère doit se faire en concertation pluridisciplinaire : médecins généralistes, psychiatres, psychologues, gynécologues, infirmier·ères, assistant·es sociaux et sociales, sages-femmes et services de la protection maternelle et infantile (PMI). Le lien mère-enfant doit être une priorité constante mais les liens avec le ou la partenaire seront également une autre priorité à considérer à chaque instant. Une hospitalisation de jour ou complète est parfois nécessaire, possiblement dans des unités mère-enfant (UME), où la mère et son bébé restent ensemble.

Des troubles psychiques présents également chez les pères

À l'arrivée d'un·e enfant, le père aussi peut voir sa santé mentale décliner au fil des jours, des semaines et des mois qui suivent la naissance, pour des raisons multiples : un accouchement qui s'est mal passé et durant lequel le père a eu peur de perdre sa femme, son bébé, ou les deux, le manque de sommeil qui expose à plus d'irritabilité, un sentiment d'impuissance et d'incapacité à bien s'occuper du bébé, des inquiétudes et ruminations concernant l'avenir…

Ces troubles seront d'autant plus fréquents que le père a des antécédents psychiques qui préexistent à la naissance de l'enfant, avec parfois des dépressions nécessitant des soins intensifs. La dépression post-partum paternelle concernerait 5 à 10 % des pères.

CHAPITRE 8

Les addictions

Contrairement aux idées reçues, la volonté n'entre pas spécialement en jeu dans le phénomène de l'addiction. Le symptôme central de cette dernière est le *craving* : cette sensation douloureuse et ambivalente dans le cerveau, entre l'envie irrépressible de consommer, de craquer, et le désir de se débarrasser d'une substance, d'un comportement, d'arrêter de ne penser qu'à cela.

Dans ces moments-là, une personne addict est prête à tout pour trouver sa dose, y compris voler ses proches et aller se cacher pour consommer secrètement. Avec l'addiction, il est facile de tout perdre, très vite : emploi, ami·es, couple, épargne.

On a longtemps pensé que les gens addicts appuyaient sur l'accélérateur et s'amusaient à consommer, exprès. En fait, ils appuient sur un « frein », mais celui-ci est cassé.

Nous ne sommes pas tou·tes égaux ou égales devant les addictions. Certaines personnes consommeront plusieurs cigarettes sans jamais s'emballer tandis que d'autres mettront des années avant de pouvoir s'en passer. Aussi, les personnes souffrant de troubles psychiques (dépression, trouble bipolaire, troubles anxieux, schizophrénie, etc.) sont plus à risque de développer des addictions, avec en retour des effets d'autant plus néfastes sur elles.

Les addictions sont des processus chroniques et les traitements sont globalement efficaces pour rendre les symptômes moins intenses. Plus la prise en charge est précoce, plus les traitements permettent la rémission. Dans certaines situations, on adopte une démarche de réduction des risques : elle ne cible pas l'arrêt total des consommations mais plutôt leur diminution et leur contrôle, ce qui présente tout de même des avantages.

Comment fait-on le diagnostic d'une addiction ?

Pour repérer une éventuelle addiction, il faut examiner la présence des cinq C dans notre quotidien, qui doivent apparaître pendant au moins douze mois :

1. Perte de Contrôle : en présence de la substance (tabac, alcool ou autre), on ne parvient pas à consommer modérément. Une cigarette en appelle une autre, un verre en appelle un autre, c'est une spirale infernale.

2. *Craving* : c'est le besoin irrépressible de consommer une substance, bien qu'on veuille se débarrasser de ces pensées et qu'on connaisse très bien les dommages ou risques encourus. Le *craving* est aggravé par certains facteurs ou situations déclenchants : se retrouver pour boire un verre entre ami·es peut ainsi susciter un *craving* vis-à-vis de la consommation de tabac. Le *craving* est souvent associé à un sentiment d'angoisse.

3. Compulsion : c'est la conséquence du *craving*. On ne peut s'empêcher de replonger et on reconsomme la substance à laquelle on est dépendant·e, de manière irrépressible, même si le plaisir qui en découle est très bref. L'addiction, c'est cela : avoir toutes les raisons d'arrêter, et pourtant, elle est plus forte que tout.

4. Usage Continu : malgré la conscience des problèmes physiques et psychologiques entraînés ou aggravés par la substance, on continue de la consommer.

5. Conséquences négatives : elles peuvent être visibles dans différents domaines : familiaux (disputes, ruptures, coups et blessures), professionnels (altération de l'état général sur le lieu de travail, conflits avec les collègues, vols d'argent pour payer des consommations, etc.), amicaux (dettes contractées), financiers (découverts bancaires), judiciaires (conduite en état d'ivresse, altercations sur la voie publique) et sanitaires (cancers, risque cardiovasculaire, risque suicidaire par l'usage de certaines substances).

Par ailleurs, le processus de « tolérance », propre à toutes les addictions fait que le corps s'habitue à la dose, au fil des jours, des mois, des années, jusqu'au moment où on ne ressent plus aucun effet agréable de la substance, nécessitant alors une augmentation permanente des doses pour parvenir aux mêmes effets. Finalement, seul persiste le soulagement de mettre fin aux symptômes de sevrage, au « manque physique » comme on disait autrefois, sans réelle sensation de plaisir associée.

Ne pas confondre *craving* et symptômes de sevrage

Les symptômes de sevrage sont les signes physiques (sueurs, nausées, tremblements, diarrhées, parfois crises convulsives épileptiques) et psychiques (irritabilité, angoisses, humeur instable) qui apparaissent globalement chez toute personne habituée à consommer une substance pendant plusieurs semaines, mois ou années et qui brutalement cesse toute consommation. Les symptômes de sevrage ne sont pas suffisants pour porter un diagnostic d'addiction. Car parfois, passé le cap douloureux du sevrage, une fois que la molécule a totalement quitté le corps, il se peut que la personne n'ait plus jamais envie de reconsommer de toute sa vie. En revanche, chez les personnes addicts, le *craving* peut perdurer plusieurs mois, voire années, après la dernière consommation. Mais des traitements existent et peuvent agir sur le *craving* en particulier.

Quels sont les traitements disponibles ?

Selon la substance ou le comportement problématique, les traitements de l'addiction peuvent être différents. Mais de manière générale, les entretiens motivationnels (une méthode de communication clinique centrée sur le ou la patient·e, dirigée vers un objectif précis, pour résoudre l'ambivalence et promouvoir un changement positif, avec des séances durant 20 à 30 minutes) et les thérapies cognitivo-comportementales (TCC, voir p. 68) agissent de manière bénéfique. Une approche de type thérapie familiale systémique (voir p. 71) pourra aussi parfois présenter un intérêt. Le plus souvent, dans des situations d'addictions intenses et invalidantes, une aide médicamenteuse sera proposée.

POUR ÊTRE PRIS·E EN CHARGE ET ACCOMPAGNÉ·E DANS UNE ADDICTION :

- Consultez d'abord un·e médecin généraliste qui pourra dans un second temps vous orienter vers un·e addictologue dans un cabinet libéral ou dans un service hospitalier.

Qui sont les addictologues ?

Les médecins addictologues sont la plupart du temps des généralistes ou des psychiatres ayant passé une « capacité d'addictologie », c'est-à-dire un diplôme spécialisé supplémentaire, dispensé dans différentes facultés de médecine de France.

- Il existe des centres de soins, d'accompagnement et de prévention en addictologie (CSAPA) disséminés partout en France et qui proposent des consultations gratuites. Des consultations jeunes consommateurs (CJC), portées par les CSAPA, sont également disponibles.

- Dans de rares cas, si votre sevrage peut présenter un risque important, une hospitalisation en psychiatrie ou en service d'addictologie pourra se décider mais en règle générale, la priorité est mise sur les soins ambulatoires afin de vous aider à lutter contre vos addictions dans la vie réelle.

Tenez un carnet de bord de vos consommations

Une première étape dans la prise en charge d'une addiction peut être de tenir un carnet de vos consommations en notant :

- ➔ les heures auxquelles votre *craving* survient ;
- ➔ son intensité entre 0 et 10 ;
- ➔ les facteurs déclenchants que vous avez pu repérer ;
- ➔ si le *craving* a été ou non accompagné d'une consommation.

Se regarder faire permet de prendre un peu plus conscience de notre relation avec la substance ou le comportement qui pose problème, et la place qu'ils prennent dans nos quotidiens. Nous vous conseillons de tenir ce journal de bord aussi longtemps que vous êtes suivi·e par un·e spécialiste, et même une fois que le suivi est terminé, pour pouvoir observer rétrospectivement vos progrès et continuer de suivre en temps réel l'amélioration de votre état. Il y aura des rechutes, mais ce n'est pas grave, tant que les dérapages restent contrôlés. L'important dans une addiction, c'est que les rechutes soient de moins en moins fréquentes, de moins en moins intenses. L'essentiel réside dans la tendance à l'amélioration. Vous trouverez aussi sur Internet différentes applications mobiles dédiées aux addictions, proposant de nombreuses astuces mais aussi la possibilité de suivre vos consommations jour après jour (voir les ressources utiles en fin d'ouvrage, p. 282, pour quelques suggestions d'applications).

Les addictions à une substance

LE TABAC

27 % de la population française est dépendante au tabac et tout le monde (ou presque) le sait désormais, le tabac est un fléau en termes de santé publique : augmentation des risques cardiovasculaires, dommages pulmonaires, osseux, cancers (vessie, bouche, gorge), altération de l'état bucco-dentaire, ménopause plus précoce et troubles de l'érection. En fumant, on vit moins longtemps et en moins bonne santé.

En revanche, ce que les gens ignorent souvent, c'est que le tabac altère aussi la santé mentale de celles et ceux qui en fument. En effet, la consommation régulière de cigarettes peut entraîner (ou aggraver) des dépressions, des troubles anxieux, voire déclencher des idées suicidaires. On pourrait avoir l'impression que la cigarette aide à gérer le stress quotidien alors que c'est l'inverse : le tabac amplifie le stress.

Par ailleurs, le tabac interagit avec de nombreux médicaments psychotropes, les rendant souvent moins efficaces, comme certains neuroleptiques utilisés dans la schizophrénie.

L'idée reçue : « Il y a de la nicotine dans les gommes, les patchs et les cigarettes électroniques, donc on va continuer à être addict ! »

C'est faux, car la consommation quotidienne de quelque chose qui n'entraîne pas de conséquences négatives n'est plus une addiction (voir les cinq C p. 152). La nicotine est certes responsable (en partie) de l'addiction à la cigarette mais elle n'est pas dangereuse pour la santé, sauf à des doses massives. Ce qui est dommageable pour la santé dans la consommation de cigarettes, c'est la combustion des agents situés à l'intérieur.

Être dépendant·e physiquement à des patchs de nicotine, c'est nettement moins grave pour la santé que d'avoir une addiction au tabac. C'est sans commune mesure. Concernant le vapotage, là encore, les études disponibles montrent que les risques pour la santé sont nettement inférieurs aux risques de poursuivre une consommation de tabac. La cigarette électronique peut donc être considérée comme un moyen efficace d'arrêter le tabac chez certaines personnes.

Pour arrêter la cigarette, un·e médecin (psychiatre, généraliste, addictologue ou autre) peut proposer différentes options :

- **Des stratégies comportementales :** noter les consommations dans un carnet, éviter les situations à risque de consommer, faire le tri dans ses relations, investir d'autres sources de plaisir et d'autres moyens de gérer son stress (relaxation, sport, activités artistiques ou culturelles).
- **Des substituts nicotiniques :** gommes à mâcher, pastilles à sucer, patchs cutanés, cigarette électronique.
- **Certains médicaments** comme la varénicline (Champix®) et le bupropion (Zyban®).

Un conseil concret pour arrêter de fumer avec des patchs

Ne vous mettez pas de pression : appliquez un patch de nicotine après votre réveil (7 mg, 14 mg ou 21 mg, ils sont remboursés) et effectuez votre journée habituelle. En fin de journée, faites le point. Si votre consommation de cigarettes n'a pas bougé, c'est que vous êtes sous-dosé·e. Mais pas d'inquiétude, fumer avec des patchs n'est pas dangereux. Le lendemain, augmentez la dose du patch, et ce progressivement, jour après jour, jusqu'à atteindre votre dose à vous, celle qui fait que vous n'avez plus du tout envie de fumer de cigarettes. Elle est personnelle et diffère énormément d'un individu à l'autre. Certain·es réussiront à se sevrer de deux paquets par jour avec un patch de 14 mg pendant six mois, tandis que d'autres auront besoin de quatre patchs de 21 mg pendant quatre ans alors qu'ils ou elles consommaient initialement dix cigarettes par jour. Vous pouvez couper des patchs en deux pour trouver le plus précisément possible votre propre dose.

Voici les symptômes de surdosage en nicotine qui doivent vous conduire à diminuer les apports : nausées, insomnie, vertiges, augmentation du rythme cardiaque, maux de tête.

L'ALCOOL

L'addiction à l'alcool touche toutes les catégories socio-professionnelles et tous les âges (8 % de la population française est souffre d'un trouble de l'usage à l'alcool), même si les jeunes sont particulièrement exposé·es, souvent adeptes du *binge-drinking*, une pratique d'hyperalcoolisation rapide qui peut être un équivalent d'addiction ou un facteur de risque d'évolution vers cette maladie. Par ailleurs, contrairement aux idées reçues, même à faible dose, l'alcool est néfaste pour la santé : hypertension artérielle, cancer, risque suicidaire, dépression.

Différentes stratégies comportementales existent pour lutter contre l'addiction à l'alcool : comme pour le tabac, tenir un journal de sa consommation, faire le tri dans ses relations, investir d'autres sources de plaisir. L'objectif souhaité peut varier : certaines personnes viseront une abstinence totale lorsque d'autres adopteront plutôt une approche de type « réduction des risques », se satisfaisant déjà pleinement de réussir à baisser leurs consommations progressivement et ressentant les bienfaits de cette diminution sur leur quotidien.

Il peut être nécessaire d'adopter une stratégie d'évitement de certaines situations dans lesquelles on sait d'office qu'on sera exposé·e à une importante quantité d'alcool et où on sera sans doute contraint·e de se justifier en permanence si on ne consomme pas, augmentant de ce fait le risque de craquer.

L'un des grands problèmes de l'alcool réside dans le fait qu'il est partout, tout le temps, dans toutes les occasions, dans un mariage comme dans une simple soirée entre ami·es. Le fait de refuser un verre d'alcool éveillera vite les soupçons parmi les proches et il s'agira alors d'avoir la bonne réplique au bon moment, par exemple : « Je n'ai jamais aimé l'alcool », « Je ne le supporte plus, cela me rend malade », ou bien tout simplement dire la vérité. D'ailleurs, si vous proposez un verre d'alcool à quelqu'un et qu'on vous répond par la négative, veillez à ne pas insister. Il y a mille raisons de dire non : une addiction, une grossesse, des médicaments incompatibles, faire attention à sa santé, ne pas aimer le goût, etc. Mais la personne concernée a le droit de garder sa raison pour elle.

Au-delà des stratégies comportementales, différents médicaments existent : l'acamprosate (Aotal®), le nalméfène (Selincro®), la naltrexone (Revia®) et le baclofène principalement. Ces molécules agissent soit directement sur le *craving*, en diminuant les envies impérieuses de consommer, soit sur la perte de contrôle : on pourra désormais se contenter d'un ou deux verres d'alcool, avec la même quantité d'efforts fournis. Ces molécules ne sont pas toujours efficaces chez tout le monde mais elles constituent une aide précieuse.

Les Alcooliques anonymes : une solution pertinente ?

Les Alcooliques anonymes sont une organisation qui propose des lieux d'entraide, non médicalisés. Si ses méthodes sont peu évaluées (et restent parfois sujettes à controverse), certain·es y trouvent un réconfort et un appui pour maîtriser leur addiction à l'alcool. D'autres, au contraire, ne voient aucune aide dans le fait de parler de leur expérience et d'entendre celle des autres (leur consommation, leurs rechutes, leur temps d'abstinence…), au point même de leur causer un certain désengagement face au soin de leur addiction. C'est donc vous seul·e qui devez juger si le dispositif proposé par cette organisation peut vous fournir un soutien ou non.

Enfin, certains troubles psychiques rendent plus vulnérables à l'addiction à l'alcool, comme la phobie sociale. En effet, l'alcool a un effet anxiolytique puissant et chez les personnes qui souffrent de phobie sociale, chez qui le simple fait d'entamer une conversation peut générer une angoisse massive, il sera malheureusement considéré comme le meilleur ami pour être plus à l'aise en soirée, faciliter une conversation ou séduire une personne sans crainte maladive associée.

Un meilleur ami qui s'avérera rapidement le pire ennemi, devenant indispensable à la moindre interaction sociale et nécessitant en permanence une augmentation des doses pour produire les mêmes effets.

LE CANNABIS

En France, il s'agit de la drogue illicite la plus consommée avec 18 millions de personnes qui en ont déjà pris au cours de leur vie. Concernant l'usage régulier, à savoir au moins dix épisodes de consommation par mois, il est de l'ordre de 3 % de la population, globalement en baisse au fil des années.

La prise de cannabis expose à de nombreux dommages et risques physiques : accidents domestiques et routiers, cancers pulmonaires, de la vessie, de la gorge, de la bouche, dilatation des bronches, palpitations et risques cardiovasculaires. Sur le plan psychique, les risques sont également bien connus : crises d'angoisse et attaques de panique, idées délirantes (surtout sentiment de persécution) et hallucinations (visuelles, auditives, tactiles). Concernant la schizophrénie, le cannabis ne déclenche pas cette maladie mais les consommateur·ices de cannabis ayant une vulnérabilité génétique à ce trouble déclencheront une forme qui débutera souvent plus précocement (environ deux ans plus tôt) et sera plus sévère, avec une résistance aux traitements neuroleptiques plus importante.

Chez les consommateur·ices régulier·ères, l'arrêt du cannabis peut entraîner un syndrome de sevrage : irritabilité, anxiété, difficultés d'endormissement, réveils multiples, perte d'appétit et de poids, dépression, tremblements, sueurs, nausées et maux de tête. Pour diminuer les symptômes anxieux et l'irritabilité, une aide médicamenteuse peut être proposée : des patchs de nicotine, ou ponctuellement, de la cyamémazine (Tercian®).

Concernant le CBD ou cannabidiol, il peut être une bonne alternative pour se sevrer du cannabis hautement dosé en THC (la substance psychoactive du cannabis), tout en en conservant tout de même le goût et l'odeur. Idéalement, l'arrêt de la forme fumée sera préféré pour limiter au maximum le risque de cancer. Le CBD peut être consommé en vapotage, en huile ou par gélules dans des préparations magistrales disponibles en pharmacie.

LA COCAÏNE

Chaque année, 600 000 personnes consomment de la cocaïne en France, un chiffre en augmentation constante, de même que les passages aux urgences pour des intoxications, qu'elle soit consommée sous forme de poudre (sniffée, fumée, plus rarement injectée) ou de cocaïne base (le « crack » qui est chauffé puis inhalé). Les effets psychoactifs de la cocaïne sont puissants mais ne durent pas longtemps : euphorie principalement, mais aussi parfois amélioration de la concentration chez certaines personnes. Les dangers de la consommation de cocaïne sont multiples (épisodes psychotiques avec expression d'idées délirantes et d'hallucinations) et le risque de décès par overdose est réel. De manière générale, dans l'addiction à la cocaïne, le risque suicidaire est augmenté.

Les personnes souffrant de trouble bipolaire, de troubles anxieux, de syndrome de stress post-traumatique et de trouble du déficit de l'attention avec ou sans hyperactivité (TDAH) ont plus de chances de développer une addiction à la cocaïne en comparaison de la population générale.

Différentes molécules peuvent être utilisées soit pour diminuer les symptômes de sevrage, soit pour lutter contre le *craving*, ou encore pour réduire les risques de dépression qui sont fréquents durant le sevrage : n-acétylcystéine, aripiprazole (Abilify®), modafinil (Modiodal®).

L'information utile

La « halte soins addictions » (HSA) est un espace de réduction des risques, par usage supervisé, et d'accès aux soins, encadré par du personnel qualifié qui permet aux usager·ères de drogues de les consommer dans des conditions plus sûres, par injection, par voie nasale ou par inhalation.

LES OPIACÉS ET OPIOÏDES

Les opiacés sont les dérivés naturels du pavot (opium, morphine, codéine), tandis que les opioïdes sont des dérivés synthétiques (héroïne, fentanyl, tramadol, oxycodone). En 2015, en France, 10 millions de personnes ont reçu un traitement médicamenteux contenant ces substances pour lutter contre des douleurs aiguës ou chroniques. Mais les risques de développer une addiction sont élevés et les effets secondaires sont multiples.

Les jeunes entre 15 et 25 ans, les personnes avec des douleurs chroniques soulagées par des traitements à base de codéine ou de tramadol, les personnes souffrant de troubles psychiques et celles ayant des parents dépendants aux opiacés ou opioïdes sont plus à risque de souffrir d'une addiction à l'héroïne ou à d'autres substances de la même famille.

Si une addiction à ces substances est diagnostiquée, en plus de l'accompagnement global et des approches psychothérapeutiques, des médicaments de substitution (la méthadone et la buprénorphine entre autres) sont disponibles pour diminuer le *craving*, ce besoin irrépressible de consommer.

Les addictions comportementales

L'ADDICTION AUX JEUX D'ARGENT ET DE HASARD

Jeux à gratter, loto, courses hippiques, poker en ligne, casino, machines à sous : des centaines de milliers de personnes jouent régulièrement aux jeux d'argent en France. Pour certain·es, les dépenses engagées sont excessives par rapport aux gains et la perte de contrôle peut être massive : ils ou elles quittent par exemple un casino après y avoir misé tout leur salaire sur un coup de tête, en ayant tout perdu, avec un sentiment de culpabilité intense. Ils ou elles doivent mentir à leurs proches, faire comme si de rien n'était, trouver de l'argent ailleurs pour remplacer celui qui vient de fondre comme neige au soleil.

Les dangers du poker en ligne

Ces dernières années, le poker en ligne a connu un véritable succès. Cela alerte les pouvoirs publics car les jeux en ligne sont ceux qui sont les plus à risque d'entraîner une addiction (du fait principalement de leur disponibilité et facilité d'accès). Mais le poker est de plus un jeu d'argent extrêmement addictif qui peut induire un isolement social, du fait de la longueur de certaines parties et de la possibilité de jouer à plusieurs parties en même temps.

Les personnes concernées par l'addiction aux jeux d'argent et de hasard sont plus vulnérables vis-à-vis des autres addictions notamment l'alcool, le tabac et le cannabis. Les troubles psychiques sont aussi plus souvent retrouvés chez ces personnes avec 42 % de celles-ci souffrant d'un syndrome dépressif, 20 % d'un trouble panique et 14 % d'un trouble d'anxiété généralisée. Les troubles bipolaires sont également largement représentés.

Par ailleurs, de faibles revenus et une situation de précarité sociale exposent davantage à cette addiction en comparaison de personnes issues d'un milieu socio-économique favorable. L'éducation des parents est aussi fondamentale. En effet, le laxisme, voire l'encouragement des parents vis-à-vis des jeux d'argent augmenterait le risque que leurs enfants développent une addiction.

Que faire si vous êtes concerné·e par une addiction aux jeux d'argent et de hasard ?

- Les spécialistes de Joueurs info service sont à votre écoute au 09 74 75 13 13 tous les jours de 8 heures à 2 heures (appel non surtaxé et anonyme) et peuvent vous donner les premiers conseils.
- Parlez-en à un·e proche ou à un·e spécialiste, comme un·e addictologue. Vous pouvez aussi vous fixer des limites de jeu en termes de budget, possibilités offertes par la plupart des applications de jeu. Vous avez aussi le droit de demander à être interdit·e de certains jeux mais aussi d'être interdit·e d'accès au casino par exemple.

Les bases du traitement des addictions aux jeux d'argent et de hasard sont multiples :

- **L'entretien motivationnel** consiste à renforcer le sentiment de motivation des personnes mais aussi leur estime d'elles-mêmes, de les aider à identifier des situations à risque d'une part et à adopter des stratégies comportementales gagnantes d'autre part.
- **Les thérapies cognitivo-comportementales** (TCC) sont particulièrement efficaces pour encourager les personnes à modifier leurs habitudes de vie.
- Enfin, **des consultations familiales** pourront être proposées afin que les proches soient informé·es des mécanismes de cette maladie et soient inclus·es dans le processus de rétablissement des personnes.

Pourquoi les TCC fonctionnent-elles pour lutter contre cette addiction ?

Les TCC tentent de lutter contre les distorsions cognitives qui nourrissent l'addiction :

→ **Les pensées magiques :** « Je vais me refaire », ou en cas de gros gain, « Jouer rapporte de l'argent » ; elles poussent la personne à penser qu'elle sait, au fond d'elle, qu'elle va y arriver, qu'elle va se refaire et recouvrer ses pertes, même si évidemment rien n'indique la véracité de cette hypothèse.

→ **« L'indépendance des tours » :** les personnes addicts aux jeux d'argent et de hasard ont souvent des certitudes sur le fait que les différents lancers de dés, distributions de cartes, tours de roulette, sont liés entre eux par une sorte de loi fondamentale qui surplomberait le reste.

→ **« L'illusion de l'expertise » :** elle vient convaincre la personne que si elle a gagné de l'argent à tel ou tel jeu de hasard, c'est grâce à tout autre chose qu'au hasard.

→ **Le processus d'abstraction sélective :** c'est cette propension à surtout se rappeler les gros gains et pas vraiment les pertes. Une personne ayant une addiction tient très rarement un carnet de ses gains et ses pertes – mais c'est d'ailleurs l'une des pistes de la prise en charge de cette personne.

L'ADDICTION AUX ÉCRANS EXISTE-T-ELLE ?

La question de l'addiction aux écrans semble partout, dans toutes les bouches, tous les médias, à chaque réunion de famille. On dit les jeunes complètement abruti·es par les réseaux sociaux et totalement aspiré·es dans leurs jeux vidéo. En réalité, d'après des spécialistes comme la professeure en psychologie cognitive Séverine Erhel ou encore le professeur de psychiatrie et addictologie Laurent Karila, l'addiction aux écrans n'existe pas. D'ailleurs, la dépendance aux écrans n'est présente dans aucune classification scientifique actuelle.

Il existe des usages différents des écrans, qui ne se valent pas cognitivement parlant. En effet, pour le cerveau, ce n'est pas la même chose d'être passif·ve devant un dessin animé ou actif·ve en participant à un jeu vidéo qui demande des capacités d'adaptation et de concentration particulièrement exigeantes. Ce n'est pas l'écran en lui-même qui crée l'addiction mais l'utilisation qui peut, dans certains cas, faire perdre le contrôle à son utilisateur·ice. Il peut donc y avoir une addiction aux réseaux sociaux par exemple, si l'on y pense toute la journée, au point de négliger ses études, sa famille, ses obligations, de devenir tendu·e et irritable si on ne peut pas publier à un instant précis comme on l'avait prévu.

LES ADDICTIONS ALIMENTAIRES OU AU SPORT SONT-ELLES RECONNUES ?

De nombreuses recherches scientifiques tendent à penser qu'on pourrait globalement devenir dépendant·e à n'importe quelle source de plaisir, puisque finalement l'addiction peut être résumée à un processus centré sur une source de plaisir qui s'emballe secondairement. La personne perd le contrôle et ne parvient plus à avoir un usage raisonnable alors même que les dommages et conséquences négatives émergent et s'installent.

Au sujet de ce que l'on mange, on appelle « aliments palatables » une nourriture qui apporte beaucoup de plaisir immédiat et de gratification, donc globalement tous les mets gras, sucrés, salés, ou hautement transformés. Des recherches récentes penchent pour l'existence d'une réelle addiction à ces aliments, alors même que cette entité clinique n'existe pas encore dans les classifications internationales comme le DSM-5 (manuel diagnostique des maladies psychiques). Les liens avec les troubles du comportement alimentaire sont complexes et les limites parfois floues. En effet, faire la distinction entre une addiction alimentaire et une boulimie peut dans certains cas s'apparenter à une mission impossible puisque la boulimie se caractérise par des ingestions massives de nourriture avec un sentiment majeur de perte de contrôle (voir p. 143).

Concernant l'addiction au sport, elle ne semble plus tellement faire de doute non plus, même si elle nécessite encore d'être un peu plus précisée et confirmée par la science. Certain·es seront davantage vulnérables aux sports extrêmes et l'addiction portera alors vraisemblablement sur la recherche de sensations fortes ou de comportements à haut risque par lesquels l'être humain passe pour revitaliser son existence ou jouer avec la mort. Par ailleurs, la pratique intense et excessive du sport peut aussi venir en réponse à des symptômes, comme des angoisses, qui peuvent parfois être combattus par l'activité physique ou une volonté de contrôler son poids. Mais cet effet anxiolytique n'étant pas durable dans le temps, quelqu'un de très anxieux peut trouver refuge dans un sport intense et parfois risqué, comme une automédication.

FOCUS

Vie sexuelle et santé mentale

La diminution ou la perte de libido peut être à la fois l'un des symptômes d'un trouble psychique et la conséquence de la prise en charge de ce trouble. En effet, plusieurs facteurs peuvent influencer la qualité de votre vie sexuelle selon le trouble psychique (et sa gravité) dont vous souffrez et les traitements (médicamenteux en particulier) que vous recevez. Ainsi, au-delà de la perte de désir, vous pourriez rencontrer des troubles de l'érection, une sécheresse vaginale, etc. : autant de soucis qui peuvent n'être que ponctuels, mais qui requièrent une attention particulière pour leur trouver une solution.

DES PROBLÈMES LIÉS DIRECTEMENT À UNE SANTÉ MENTALE DÉGRADÉE

Certaines affections psychiques touchent particulièrement à la sensation de plaisir en général, et on peut retrouver chez les personnes qui en souffrent une altération ou une diminution de la libido. C'est notamment le cas pour les personnes atteintes d'une dépression, d'un état de stress post-traumatique, d'une schizophrénie ou encore d'une anorexie – où le rapport au corps est souvent plus compliqué.

Par ailleurs, des antécédents de violences sexuelles peuvent évidemment rendre vos rapports sexuels très inconfortables, douloureux, voire terrifiants, du fait de reviviscences notamment. Un fort sentiment de culpabilité peut parfois accompagner cet état, mais il est possible d'y apporter des solutions pour améliorer votre situation (voir p. 129).

Enfin, dans les phases maniaques du trouble bipolaire, il peut arriver que la libido augmente de manière majeure, parfois extrême, avec des partenaires multiples, sans protection, et des mises en danger.

L'INFLUENCE DES MÉDICAMENTS

Les médicaments psychotropes, comme certains antidépresseurs, peuvent parfois éteindre vos envies sexuelles, générer des troubles de l'érection ou encore une sécheresse vaginale. Outre la baisse de libido, vous pouvez donc ressentir un certain inconfort devant ces soucis physiques. N'hésitez pas à en parler à votre médecin pour qu'il ou elle vous rassure sur le caractère transitoire de ces problèmes ou adapte votre traitement (en modifiant la molécule utilisée, la posologie, ou encore en prescrivant des substances stimulantes) s'ils ont un impact trop important sur votre vie.

Parfois, au contraire, un traitement antidépresseur qui guérit votre dépression peut aussi vous permettre de retrouver du plaisir et des envies sexuelles.

DIFFÉRENCIER LES CAUSES PSYCHIQUES DES CAUSES PHYSIQUES, QUAND C'EST POSSIBLE

Vous pouvez également être gêné·e dans votre sexualité par le fait d'avoir du mal à atteindre un orgasme ou à ressentir une stimulation sexuelle, d'avoir des difficultés d'érection ou d'éjaculation, d'éprouver des douleurs pelviennes lors des rapports sexuels (dyspareunies). Ces différentes situations ont parfois une cause physique, une cause psychologique, ou un mélange des deux.

Dans tous les cas, le fait de consulter d'abord votre médecin généraliste, votre urologue ou votre gynécologue permettra d'éliminer des origines purement physiques (anomalies de la prostate, endométriose, etc.) pour se focaliser dans un second temps sur des explications psychologiques.

CHAPITRE 9

Les troubles de personnalité

Les troubles de personnalité (borderline, narcissique, paranoïaque, etc.) concerneraient plus de 10 % de la population. Mais qu'est-ce que la personnalité ? Ce terme désigne les paramètres cognitifs et émotionnels d'un individu, comme une marque de fabrique, une notice de fonctionnement, une manière d'être au monde. Et comme une notice, globalement, la personnalité – on peut aussi parler de « signature psychique » – est plutôt constante et permanente chez une même personne.

Au sein de la personnalité, deux facettes peuvent être individualisées :

- le tempérament qui fait plutôt référence au bagage génétique, à la manière d'être au monde depuis la naissance : c'est la partie innée ;
- le caractère qui va plutôt se forger au fil des années, des expériences de vie, positives ou négatives et des rencontres : c'est la partie acquise.

Une personnalité « normale » – pour peu que cela veuille dire quelque chose – va permettre à l'individu de faire face à des situations imprévues, inhabituelles, de s'adapter avec souplesse, lui indiquant parfois de s'inhiber, se contrôler en société pour ne pas causer trop de tort à ses pairs ou au contraire de s'affirmer lorsque la situation l'exige.

On parlera alors de trouble de personnalité (ou de personnalité pathologique) lorsque les personnes concernées, du fait de leur manière d'être, auront de grandes difficultés à s'adapter à des situations sociales qui demandent de la souplesse et une capacité à se mettre à la place des autres pour imaginer les conséquences que leurs comportements peuvent produire chez eux ou elles.

Dans ces situations, les vies familiale et amicale s'abîment très souvent car les relations sont mises à rude épreuve, le lien est éprouvé et ne résiste pas toujours à l'instabilité émotionnelle souvent majeure de ces personnes. La rigidité des schémas de pensée fait que leur fonctionnement social est altéré avec une moins bonne insertion socio-professionnelle et un parcours scolaire souvent chaotique.

Le trouble de personnalité borderline

Appelé également « trouble de la personnalité limite » ou « émotionnellement labile », le trouble borderline est l'un des troubles de personnalité les plus fréquents. Laissant apparaître généralement ses premières manifestations à l'adolescence ou au début de l'âge adulte, il toucherait environ 1 à 3 % de la population générale, soit 600 000 à 1,8 million de personnes en France. Il représenterait aussi 15 à 25 % des personnes hospitalisées en psychiatrie. Il cause une perte de chance socio-professionnelle majeure en termes de difficultés à maintenir des liens sociaux de qualité, à s'inscrire dans un emploi de manière stable, ainsi que des comorbidités physiques importantes (séquelles des consommations de substances et des automutilations).

LES SYMPTÔMES DU TROUBLE BORDERLINE

Ressentez-vous un sentiment chronique de vide depuis des années, comme un trou béant au fond de vous ? Comme si ce vide faisait partie de vous ? Comme si vous étiez terrifié·e à l'idée d'être abandonné·e, comme cela, du jour au lendemain ? Avez-vous aussi la sensation de pouvoir passer par toute la palette des émotions au cours d'une même journée, jour après jour, semaine après semaine ? Colère, tristesse, euphorie, peur terrifiante, comme si votre thermostat émotionnel était totalement déréglé et vous gênait en permanence dans vos relations sociales ? Avez-vous le sentiment de ne pouvoir interagir normalement avec les gens, soit vous les détestez, soit vous les adorez, pouvant même parfois détester ceux que vous avez adorés et inversement ? Fonctionnez-vous de façon binaire, tout en noir ou tout en blanc, un fonctionnement en tout ou rien ? Changez-vous brutalement d'avis, parfois très sûr·e de vous et de vos projets puis remettant tout en question la seconde suivante, abandonnant tout avec autant de certitude ? Alors, vous avez peut-être un trouble de personnalité borderline.

Dans ce trouble, l'impulsivité est majorée, on contrôle moins bien ses émotions, on s'emporte plus facilement que les autres. On a parfois des idées délirantes ou des hallucinations durant des périodes de stress intense. Les attaques de panique et crises d'angoisse ne sont pas rares, avec un sentiment d'étrangeté terrifiant, comme si on était dans un décor de cinéma et qu'on s'observait soi-même (processus de déréalisation et dépersonnalisation). Les automutilations sont d'ailleurs fréquentes et le risque suicidaire est élevé puisqu'environ 10 % des personnes souffrant de trouble de personnalité borderline décéderont d'un suicide, ce qui représente un risque multiplié par cinquante quand on le compare à la population générale (voir p. 197 nos conseils sur la prévention du suicide).

LES TRAITEMENTS DU TROUBLE BORDERLINE

Sur le plan médicamenteux, même si les personnes borderline se voient régulièrement proposer différents traitements comme des antidépresseurs, des régulateurs de l'humeur ou des neuroleptiques, aucun n'a démontré une quelconque efficacité scientifique dans ce trouble précisément. En revanche, le trouble borderline est souvent associé à d'autres pathologies psychiatriques : trouble bipolaire, dépression, abus de substances, troubles anxieux et troubles du comportement alimentaire. Ainsi, dans ces cas-là, un médicament spécifique à chacune de ces pathologies peut évidemment se justifier. Mais comment être alors finalement sûr·e du diagnostic de trouble borderline s'il semble y avoir une autre maladie associée et avec laquelle on peut le confondre ? Nous verrons par la suite qu'il s'agit d'une grande limite auquel les soignant·es sont confronté·es.

Les psychothérapies psychodynamiques (d'inspiration psychanalytique) ont prouvé leur efficacité dans le trouble borderline. D'autres psychothérapies, basées sur le trouble de l'attachement, la tolérance à la séparation et la mentalisation, c'est-à-dire « la capacité de penser sur soi en relation aux autres et de comprendre l'état d'esprit des autres », ont elles aussi démontré une efficacité. Les thérapies cognitivo-comportementales (TCC) et les thérapies comportementales dialectiques (TCD) sont également opérantes, avec un maintien des effets positifs un an après l'arrêt des soins. Les TCD, inspirée des TCC, combinent des exercices de régulation émotionnelle, de tolérance au stress, et des techniques de relaxation.

LES LIMITES DE LA PERSONNALITÉ LIMITE

Du fait du caractère fortement stigmatisant de ce diagnostic, qui est parfois posé trop rapidement et pourrait donc faire passer à côté d'autres pathologies psychiques, certain·es chercheur·euses estiment que le trouble de personnalité borderline devrait désormais disparaître des nomenclatures et classifications scientifiques internationales. En effet, certain·es auteur·ices spécialisé·es dans ce trouble déplorent plusieurs points. Le plus important est que le trouble borderline est souvent confondu avec d'autres troubles psychiques ou neurodéveloppementaux dont les mécanismes et les traitements n'ont rien à voir. Une personne ayant par exemple subi des violences ou abus sexuels et ayant par la suite développé un état de stress post-traumatique pourra tout à fait présenter des symptômes quasi superposables à ceux cités au début de ce chapitre. De même, des personnes présentant un trouble du déficit de l'attention avec ou sans hyperactivité (TDAH) pourront se montrer instables sur le plan de la régulation émotionnelle, impulsives, particulièrement vulnérables aux addictions et suscitant souvent le rejet de la part de leurs proches du fait de leur tempérament épuisant et difficile à suivre.

On voit donc là toute la fragilité de ce diagnostic dont les symptômes ne sont pas pathognomoniques, c'est-à-dire qu'ils ne sont pas spécifiques et peuvent se retrouver dans d'autres troubles psychiques. D'autres études ont montré que le diagnostic de trouble borderline est plus facilement posé par les professionnel·les de santé qui se sentent agacé·es, épuisé·es ou en désaccord avec les personnes accompagnées, suggérant qu'il serait parfois davantage le reflet de l'état émotionnel du ou de la psychiatre que de la personne en face.

L'autre grand problème de ce trouble, c'est la stigmatisation qu'il entraîne, en premier lieu chez les professionnel·les de santé. À l'hôpital psychiatrique, « les borderlines » sont cette catégorie « fourre-tout » dans laquelle on met facilement les gens qu'on ne sait pas trop mettre ailleurs, ces gens qui n'hésitent pas à nous contredire, souvent exigeants et à qui on prête volontiers des intentions « perverses et manipulatrices ». Dans ce cadre, ce sont souvent les personnes qu'on rejette le plus, alors même qu'elles tolèrent particulièrement mal le rejet. Elles deviennent aussi, malheureusement et paradoxalement, rapidement dépendantes à l'institution, perdant souvent en autonomie au fur et à mesure des semaines d'hospitalisation, ce qui renforce l'épuisement des soignant·es et donc le sentiment de rejet.

UN TROUBLE RÉEL À PRENDRE EN CHARGE

Quoi qu'il en soit, même si le trouble borderline semble clairement surdiagnostiqué car étant beaucoup trop facile à poser, il n'en reste pas moins qu'il existe bel et bien et produit une souffrance conséquente chez les personnes concernées. Malgré le risque suicidaire majeur, ce trouble peut connaître une amélioration des symptômes au cours du temps, en parallèle d'un suivi spécialisé. Ainsi, une étude de 2012 recense, sur une durée de suivi de seize années, 99 % de personnes ayant connu au moins deux années de rémission et 78 % au moins huit années.

Identifier les autres types de personnalité et leurs répercussions

Tout le monde peut plus ou moins se reconnaître dans ces descriptions. En revanche, si le retentissement sur le quotidien est fort, il faut se faire aider.

UNE ANXIÉTÉ OU UN MANQUE D'INTÉRÊT FACE AUX INTERACTIONS SOCIALES

Un individu à la **personnalité évitante** (2 % de la population) se sent fuyant, très mal à l'aise dans les relations sociales, étant particulièrement sensible au rejet et à la critique, avec la conviction, depuis toujours, d'être nul et inutile. Ce trouble est souvent difficile à distinguer de la phobie sociale, mais dans celle-ci, les situations anxiogènes sont précises (manger en public ou parler devant une assemblée) alors que dans la personnalité évitante, cette anxiété est généralisée à toutes les interactions sociales.

Cet inconfort se retrouve dans la **personnalité schizotypique** (0,6-4 %), la personne évitant les relations sociales, comme si elle ne savait pas y faire, ce qui l'angoisse. Elle renvoie alors à son entourage un aspect bizarre, étrange, dans la manière de parler, de s'habiller (de manière excentrique ou fortement négligée par exemple), pouvant apparaître brutale, n'ayant pas les codes sociaux, décalée. Il peut y avoir une sensation de paranoïa, de méfiance vis-à-vis des autres. Malgré son nom, cette personnalité n'est pas à confondre avec la schizophrénie.

Enfin, certaines personnes ont une tendance à rester cloîtrées chez elles, n'ayant aucun plaisir particulier pour les relations sociales, ne voyant aucun intérêt à partager du temps avec les autres, paraissant froides et sans émotion : ce sont les attitudes typiques d'une **personnalité schizoïde** (1-3 %). Par ailleurs, l'intérêt pour les relations sexuelles est généralement absent ou fortement limité. Comme pour la personnalité schizotypique, ce trouble ne doit pas être confondu avec la schizophrénie.

UN PERFECTIONNISME OU UNE MÉFIANCE EXTRÊMES

La **personnalité obsessionnelle-compulsive** (4,5-8 %) se caractérise par un sens très aigu de la morale, une rigidité et un perfectionnisme extrêmes. L'individu possédant cette personnalité est d'une méticulosité envahissante, toujours très prudente et dans le contrôle de tout. L'aide proposée est perçue avec suspicion.

La méfiance se retrouve également dans la **personnalité paranoïaque ou paranoïde** (3-4 %) : on constate une suspicion globale et une méfiance extrême et généralisée vis-à-vis des autres, la sensation d'être en permanence victime de tromperies, d'abus, d'injustices, une hyper-réactivité aux insultes et la conviction que l'entourage manque de loyauté. Un individu ayant cette personnalité refuse souvent l'aide proposée, y voyant surtout une attaque envers ses compétences. La capacité à pardonner les autres est elle aussi hautement enrayée.

UTILISER, DÉPENDRE OU SE DÉFINIR EN FONCTION DES AUTRES

La **personnalité antisociale** (ou psychopathe, 2-5 %) est caractérisée par une tendance à manipuler les autres pour arriver à ses fins, à défier les règles et l'autorité, à transgresser sans cesse, multipliant les vols et délits. Les personnes ayant ce type de personnalité peuvent souffrir d'être ainsi. Aussi, la consommation de substances, très fréquente, aggrave le trouble et l'impulsivité.

Dans le cas de la **personnalité dépendante affective** (1 %), le rapport aux autres se définit par un besoin permanent d'être pris·e en charge, d'avoir l'avis de l'entourage pour toutes les décisions de la vie quotidienne même les plus anodines. Souvent, la personne ne cherche pas à acquérir de nouvelles compétences pour continuer à conserver ce lien permanent avec les autres. Elle a fréquemment un rapport utilitaire aux autres, ce qui peut épuiser les personnes qui l'aident.

Enfin, certaines personnes peuvent avoir la conviction de valoir mieux que les autres, d'être au-dessus du lot, d'être spéciales, uniques, que tout va leur sourire dans la vie et que rien ne leur résistera. Ces attitudes sont révélatrices d'une **personnalité narcissique** (1,6 %) et peuvent faire percevoir ces personnes aux yeux des autres comme arrogantes et prétentieuses.

FOCUS

J'ai subi des violences sexuelles

Les violences à caractère sexuel désignent tout acte sexuel commis avec violence, contrainte, menace ou surprise durant lequel une personne vous impose un ou plusieurs comportements. Interdites par la loi et sanctionnées pénalement, ces violences sexuelles portent atteinte à votre intégrité physique et psychique.

Si vous en êtes victime, sachez tout d'abord que vous n'y êtes pour rien, quelles qu'en soient les circonstances. L'auteur·ice des faits est le ou la seul·e responsable. Vous avez le droit de vous habiller comme vous le souhaitez, d'avoir telle ou telle attitude, cela n'excusera jamais une agression à caractère sexuel.

LES DIFFÉRENTS TYPES DE VIOLENCES SEXUELLES

Les violences sexuelles peuvent revêtir différents aspects : viol (avec ou sans soumission chimique), agressions sexuelles, voyeurisme, exhibition, harcèlement sexuel à l'oral, à l'écrit, sur les réseaux sociaux avec par exemple des envois de photos imposés, etc. L'un des points communs à toutes ces violences, c'est l'absence de consentement donné par la personne agressée.

Le consentement n'est jamais donné de manière définitive, nous pouvons le reprendre quand bon nous semble, changer d'avis à tout moment. Il doit être réciproque et mutuel, basé sur une relation de confiance. Il est possible de ne pas consentir de différentes manières : par la parole, un silence, des gestes, un texte : chacun·e sa manière et ses capacités de refuser une pratique. Enfin, accepter un acte sexuel à un instant précis ne signifie pas qu'on y consent obligatoirement à un autre moment.

LES CONSÉQUENCES PSYCHIQUES DES VIOLENCES SEXUELLES

Les conséquences psychiques des violences sexuelles sont malheureusement multiples et s'additionnent les unes aux autres. Chez les mineur·es, tout d'abord, l'agression sexuelle a des impacts immédiats ou différés qui peuvent altérer le développement de la personnalité, la structuration de l'identité et les capacités d'adaptation. Le traumatisme psychique que constitue l'agression sexuelle peut venir bouleverser la régulation des émotions, la mémoire, les capacités de concentration, le sommeil, les relations sociales, de manière plus ou moins durable.

Voici les principales conséquences psychiques documentées chez les enfants, les adolescent·es et les adultes ayant subi des violences sexuelles :

- État de stress post-traumatique (voir p. 129).
- Dépression.
- Dissociation.
- Anxiété, peur, méfiance.
- Comportements sexuels problématiques (masturbation excessive, comportement sexuel intrusif envers un·e autre enfant).
- Idéations suicidaires et tentatives de suicide, automutilations.
- Troubles du comportement alimentaire comme l'anorexie ou la boulimie (voir p. 139).
- Consommation de substances.
- Comportements sexuels à risque (rapports non protégés, partenaires multiples avec prises de risque et mises en danger).

Si les violences sexuelles concernent un·e enfant ou un·e adolescent·e

Nous vous renvoyons aux pages focus dédiées aux signes d'alerte et à la manière d'aborder ce sujet avec un·e enfant ou un·e adolescent·e qui pourrait être victime dans la troisième partie de cet ouvrage, p. 256.

Le plaisir subi

Lorsqu'une personne est victime d'une agression sexuelle ou d'un viol, il n'est pas rare qu'elle ressente du plaisir sexuel qui vient alors s'associer aux autres émotions, négatives, présentes au moment de l'agression : peur, dissociation, fait d'être tétanisé·e, douleurs physiques, colère, tristesse, culpabilité. Un mélange des genres dissonant, terriblement perturbant et qui ne facilite pas le témoignage de ce genre d'épreuves. Ce plaisir honteux, subi, qu'on n'a jamais demandé de vivre et qui nous a été imposé, mais qu'on a bel et bien ressenti, désormais là, ancré dans notre chair, est très difficile à vivre, et est d'autant plus culpabilisant.

COMMENT OBTENIR DES INFORMATIONS, ALERTER OU PORTER PLAINTE SI JE SUIS VICTIME DE VIOLENCES SEXUELLES ?

Le premier réflexe à avoir, si vous venez d'être victime, et si vous en êtes capable, est de vous mettre en sécurité pour ensuite, si vous le souhaitez, alerter les autorités (police, gendarmerie). Vous pouvez également vous rendre chez une personne en qui vous avez confiance : un·e ami·e, un conseiller·ère, un·e proche, un·e parent·e, un·e médecin. Qu'importe, tant que vous vous sentez en relative sécurité à ses côtés. Les pompier·ères ou le SAMU peuvent également être contactés.

Plus précisément, le numéro 3919 « Violences Femmes Info » offre un service d'écoute anonyme et gratuit aux femmes victimes de violences, leur entourage et les professionnel·les concerné·es. Différentes associations de victimes sont aussi disponibles et sauront vous épauler dans cette épreuve, comme En avant toute(s) et son chat gratuit et anonyme https://commentonsaime.fr/. Vous pouvez enfin effectuer un signalement en ligne à l'adresse suivante : https://www.service-public.fr/cmi.

Peut-on se reconstruire et avoir une vie affective et sexuelle épanouie après avoir subi une agression sexuelle ou un viol ?

Oui, c'est possible. Les proches, l'entourage et les professionnel·les qui accompagnent la personne concernée doivent faire preuve de vigilance pour ne pas l'enfermer dans un statut permanent de victime qui ne définira jamais entièrement qui elle est. On peut être victime d'un viol, se reconnaître ainsi, percevoir combien ce drame a marqué notre vie, et pour autant parvenir à se rétablir, de mille et une manières, propre à chacun·e de nous. On peut aussi se reconstruire sans porter plainte : cela n'est jamais une obligation et cela doit toujours résulter d'un choix personnel que l'on prend à un moment précis en évaluant sa propre balance bénéfice-risque (hors cas des victimes mineures ou en situation de handicap cognitif ou psychique sévère altérant le discernement).

Chez certain·es, les symptômes de stress post-traumatique seront tenaces et empêcheront longtemps toute relation sentimentale par la suite, quand chez d'autres le viol ou l'agression sexuelle aura nettement moins de répercussions sur le quotidien. Certain·es professionnel·les de santé mentale ont aussi la fâcheuse tendance à ramener en permanence tout symptôme, toute plainte d'une personne, à un viol subi il y a parfois des décennies alors que la personne l'estime pourtant digéré et géré. Celle-ci peut faire une dépression ou développer des troubles obsessionnels compulsifs (TOC) qui n'ont rien à voir avec le viol.

CHAPITRE 10

Le trouble dissociatif de l'identité

Le trouble dissociatif de l'identité (TDI), qu'on appelle parfois « trouble de personnalités multiples », est sûrement le trouble psychique qui souffre le plus d'idées reçues ; et par là même, les personnes concernées. En 2024, en France, 80 % des psychiatres ne croient toujours pas en l'existence de ce trouble, pourtant il toucherait 1,5 % de la population. Les patient·es passent alors en moyenne six à douze années à errer dans le système de santé avant de recevoir le bon diagnostic. Il s'agit en réalité d'un trouble bien identifié, complexe et dont les causes sont essentiellement post-traumatiques.

Quels sont les symptômes du trouble dissociatif de l'identité ?

Ce trouble s'installe généralement après un stress ou un traumatisme intense dans l'enfance. À la suite de cet événement traumatisant vont apparaître chez la personne concernée au moins deux personnalités distinctes, réalisant de ce fait une véritable perturbation de l'identité. Tout se passe comme si le traumatisme était venu empêcher l'intégration normale d'une seule et même identité que l'on se forge habituellement au cours de notre enfance et adolescence. Ces deux personnalités (au minimum) peuvent avoir des voix différentes, des souvenirs distincts, une manière d'être au monde et à soi-même parfois aux opposés l'une de l'autre.

D'autres fois, le tableau est moins franc et les identités multiples sont plus difficiles à distinguer, ce qui ne facilite pas le diagnostic. Outre ces différentes personnalités réunies au sein d'une même personne qui passe de l'une à l'autre de manière parfois spectaculaire, nous constatons aussi des oublis de pans entiers de la biographie : la personne ne se rappelle tout simplement pas certaines périodes de sa vie. Enfin, sont associés à ces symptômes presque typiques du TDI des symptômes nettement moins spécifiques et qu'on retrouve dans plusieurs troubles psychiques : troubles de l'humeur, anxiété, troubles du comportement alimentaire, automutilations, idées suicidaires, addictions et abus de substances, troubles à symptomatologie somatique (voir p. 203) et troubles psychotiques. Ces symptômes viennent souvent brouiller les pistes chez les soignant·es, surtout quand ils et elles sont peu, voire pas formé·es à ce trouble. Sans compter le sentiment de honte que les personnes peuvent ressentir en expérimentant des personnalités multiples, ce qui donne rarement envie de se confier à un·e psychiatre ou un·e psychologue.

Les cinq idées reçues sur le TDI

1. « Le TDI est un diagnostic à la mode »

En fait, la première description clinique concerne une certaine Jeanne Fery, et c'était en 1586. Au siècle dernier, le diagnostic d'hystérie était facilement porté (et encore aujourd'hui) chez des patient·es, souvent des femmes d'ailleurs, un peu étranges, « théâtrales et manipulatrices », et qui finalement s'avéraient certainement souffrir plutôt d'un authentique TDI. Depuis 1980, le TDI siège au sein du DSM, le manuel diagnostique des maladies psychiques. Ainsi, il est tout sauf une mode, sa validité scientifique est robuste et clairement établie.

2. « Le TDI c'est rare, c'est une idée d'experts nord-américains »

Non, le TDI n'est pas rare. On le retrouve chez environ 1,5 % des personnes, ce qui en fait un trouble aussi fréquent que la schizophrénie par exemple, et d'ailleurs souvent confondu avec elle. Ensuite, le TDI est un diagnostic posé partout dans le monde et qui n'est pas la spécificité des États-Unis.

3. « Le TDI est un trouble induit par certain·es thérapeutes chez des gens suggestibles qui fantasment facilement »

C'est une ineptie qui ne repose sur aucune donnée dans la littérature mais qui a la peau dure. Effectivement, une étude chez des étudiant·es a montré que l'on pouvait simuler un TDI, mais rien de plus. Et de nos jours, il existe toutes sortes de tests et mesures qui permettent justement de détecter les potentiel·les simulateur·ices de TDI...

4. « Le TDI et le trouble de personnalité borderline sont la même chose »

Même s'il est vrai que ces deux troubles peuvent se confondre, ils sont bel et bien distincts. Certes, à première vue, devant quelqu'un qui présente une humeur tempétueuse et changeante, une identité perturbée, une impulsivité majeure et des conduites auto-agressives, on peut se sentir un peu perdu·e pour faire la part des choses. Ce qui est tout de même très caractéristique dans le TDI, ce sont les amnésies de périodes de vie entières qui sont tout simplement oubliées par la personne. Par ailleurs, dans le TDI, le sens du soi est beaucoup plus abîmé avec une altération de l'identité nettement plus marquée.

5. « Le traitement du TDI est nocif »

Au contraire, la littérature scientifique met en évidence une amélioration du fonctionnement et des symptômes quand le traitement est basé sur des consensus d'expert·es. Il repose sur une psychothérapie focalisée sur le traumatisme et se découpe en trois phases :

- Première phase : sécurisation, stabilisation des symptômes et établissement d'une alliance thérapeutique, sans exploration de manière détaillée de la mémoire traumatique.
- Deuxième phase : traitement du traumatisme en tant que tel.
- Troisième phase : intégration des états d'identité afin de permettre à la personne d'accéder à une meilleure qualité de vie sociale, familiale, professionnelle et globale.

Le coût humain et financier du TDI

Le fait que la plupart des professionnel·les de santé mentale en France continuent d'entretenir un scepticisme vis-à-vis de ce trouble et qu'ils et elles refusent de se former davantage, entraîne des conséquences graves :

- La majoration de l'errance médicale des personnes concernées, s'étalant souvent sur plusieurs années.
- Le sous-diagnostic.
- Des symptômes résistants à l'âge adulte alors que des traitements précoces chez les jeunes sont plus efficaces.
- L'augmentation du risque suicidaire et de lésions auto-infligées.
- Le cercle vicieux de la déconsidération de ce trouble : le détournement de la recherche et des professionnel·les vis-à-vis du TDI provoque sa méconnaissance et par conséquent une moindre prise en charge (diagnostic et soins) des patient·es concerné·es.

CHAPITRE 11

Le trouble bipolaire

Ce trouble concerne 1 à 4 % de la population, soit au minimum 600 000 personnes en France. Il s'agit d'un trouble de l'humeur constitué d'une alternance de phases dépressives et euphoriques (manies) dont les durées et intensités sont très variables d'un individu à l'autre. Les premiers symptômes surviennent généralement entre 15 et 25 ans. Ce trouble fait partie des dix maladies les plus invalidantes et coûteuses socialement selon l'Organisation mondiale de la santé. Avec l'anorexie mentale, il s'agit de la pathologie psychiatrique qui est la plus à risque de suicide.

Un trouble aux diverses formes

Il existe deux types de trouble bipolaire selon l'intensité des phases maniaques. Une forme saisonnière est aussi rencontrée chez 25 % des personnes souffrant de ce trouble, avec un lien direct établi entre une saison bien précise de l'année et la survenue d'une dépression ou d'une manie.

On constate par ailleurs des cycles rapides chez certaines personnes qui cumulent quatre épisodes ou plus sur une année, ce qui est associé à un plus mauvais pronostic. Les rechutes sont malheureusement très fréquentes puisqu'elles sont estimées à environ 80 % dans les deux ans qui suivent un épisode (dépressif, maniaque ou mixte) chez des personnes qui reçoivent déjà un traitement médicamenteux pour cette maladie. Lorsqu'on suspecte un tel trouble, comme toujours en psychiatrie, on élimine d'abord les autres causes médicales qui peuvent donner les mêmes symptômes mais dont les mécanismes, et donc les traitements, n'ont rien à voir : problèmes de thyroïde, consommation de substances psychoactives (alcool, cannabis, cocaïne, amphétamines), accident vasculaire cérébral, sclérose en plaques, épilepsie...

Les différentes phases

LA PHASE DÉPRESSIVE

Pendant des semaines, voire des mois, une personne souffrant de trouble bipolaire peut traverser une dépression dont les symptômes, déjà évoqués précédemment (voir p. 101), sont en tous points les mêmes que cette affection.

LA PHASE MANIAQUE

Mais dans le cas du trouble bipolaire, l'état de la personne peut basculer, rapidement ou progressivement, vers ce sentiment grisant, euphorique, cet optimisme à toute épreuve que les proches ne lui connaissent habituellement pas et qu'on appelle la manie – elle dure au moins une semaine. Ainsi, lui diront-ils ou elles peut-être : « Tu parles vite et beaucoup trop ! On n'arrive pas à te suivre ! », « Tu commences des projets dans tous les sens, tu n'en finis aucun, tu vises trop gros, trop haut ! Ton estime de toi-même semble disproportionnée ! » Salut mégalomanie, fausse amie dont la personne se passerait bien. « Tu ne dors plus la nuit, tu t'agites dans tous les sens, sans pour autant être fatigué·e... » Si l'insomnie sans fatigue a l'air sympathique, à première vue, en permettant d'être actif·ve quand les autres dorment, de travailler nuit et jour, d'avancer plus vite que les autres, plus loin, elle le fait payer cher tôt ou tard.

Parfois, la personne se retrouve avec une libido insatiable, incompréhensible, qui vient d'on ne sait où et la pousse à des conduites à risque, notamment des rapports sexuels non protégés avec des inconnu·es qu'elle n'aurait jamais abordé·es en temps normal. Rien ne semble pouvoir l'arrêter dans cette sensation de toute-puissance et d'invincibilité, et dans cette phase, elle se sent peu, voire pas du tout malade : au contraire, et c'est bien le piège. La manie est une urgence médicale qui nécessite souvent une hospitalisation dans une structure psychiatrique.

LES ÉPISODES MIXTES

La personne peut traverser aussi ce que l'on appelle un « épisode mixte ». Elle se sent accélérée, instable, comme une pile électrique, elles ne tient pas en place et les pensées fusent rapidement. Mais celles-ci sont surtout négatives, agaçantes, au service du désespoir. Elle manifeste beaucoup trop d'énergie, une force qui pousse et bouillonne au fond d'elle, tout en ne voyant aucune perspective à l'horizon. C'est une sorte de cyclone dont elle serait l'œil. Dans ces épisodes mixtes, le risque suicidaire est majeur, redoutable, car la personne se sent souvent dans une impasse, sans solution, tout en ayant de l'énergie à revendre, donc suffisamment de ressources motrices pour élaborer un scénario létal.

LA NORMOTHYMIE, OU L'HUMEUR NEUTRE

Enfin, entre ces trois mondes, il y a celui de la normothymie : de l'humeur neutre, « normale », avec parfois le sentiment de quelque chose de fade après la manie. Les personnes s'arrêtent parfois dans cet état, quand elles passent de la dépression à la manie, mais pas toujours. De toute façon, elles ne choisissent pas vraiment. Mais il est possible d'influer sur la gravité et la longueur des rechutes, notamment grâce à une bonne hygiène de vie.

Les risques associés

Le trouble bipolaire est une maladie de l'humeur sévère, chronique et fréquente, souvent diagnostiquée beaucoup trop tardivement chez les personnes concernées. Ce retard de diagnostic (environ huit à dix ans) entraîne des répercussions sociales (perte d'emploi, arrêt des études), familiales (séparations, conflits), amicales mais aussi sur la santé, bien évidemment : augmentation du risque cardiovasculaire du fait d'une mauvaise hygiène de vie, addictions multiples associées, mises en danger et risque suicidaire.

Les personnes qui souffrent de troubles bipolaires vivent environ quinze années de moins que la population générale. L'enjeu est donc de diagnostiquer le plus tôt possible cette pathologie afin d'apporter des soins et un accompagnement de qualité et personnalisés, et ainsi limiter au mieux les dommages.

Les traitements

Plusieurs axes complémentaires peuvent être envisagés. En phase aiguë d'une dépression ou d'une manie, une hospitalisation sera fréquente afin de limiter le risque suicidaire et favoriser un rétablissement plus rapide. L'urgence sera principalement la stabilisation de l'humeur à l'aide de médicaments qu'on appelle les régulateurs de l'humeur (ou thymorégulateurs) et dont le chef de file, le lithium, est celui ayant montré la plus grande efficacité. Il existe aussi des médicaments antiépileptiques ou des neuroleptiques qui agissent par ailleurs comme régulateurs de l'humeur (voir p. 89). Dans des situations extrêmes, mais non rares, la sismothérapie (voir p. 92) pourra être proposée.

Il sera aussi mis à disposition du ou de la patient·e des groupes d'éducation thérapeutique, où il ou elle peut apprendre à connaître sa maladie, les mécanismes d'action des médicaments, l'importance de l'hygiène de vie, les astuces pour sentir les rechutes arriver et la manière d'exercer une autosurveillance sur ses symptômes afin de les prendre en charge à temps. Ces programmes structurés seront idéalement également proposés à son entourage.

Concernant les psychothérapies, l'approche cognitivo-comportementale l'aidera particulièrement dans sa gestion des cycles veille-sommeil, lui permettant d'identifier les stratégies payantes pour éviter les situations de surmenage mais aussi de lutter contre les distorsions cognitives qui sont très fréquentes dans le trouble bipolaire : « Je suis nul·le, je ne sers à rien, je suis un boulet, tout ça est ma faute. » Les TCC pourront aussi l'aider à améliorer ses capacités de régulation émotionnelle.

Enfin, la remédiation cognitive est une facette de la prise en charge désormais incontournable : sorte de kinésithérapie du cerveau, elle est destinée à pallier les difficultés de mémoire, de planification, d'attention et de concentration des personnes concernées aussi bien par le trouble bipolaire que les troubles psychiques en général.

Les centres experts troubles bipolaires

Disséminés un peu partout en France dans des centres hospitaliers universitaires, ces centres sont au nombre de dix et proposent aux patient·es :

- des consultations spécialisées pour un diagnostic ou un avis thérapeutique ;
- l'accès à un bilan exhaustif et systématisé réalisé en hôpital de jour pour des patient·es adressé·es par un·e médecin généraliste ou un·e psychiatre ;
- des soins peu diffusés en pratique courante (psychoéducation, ateliers de gestion du stress, remédiation cognitive, etc.) ;
- la participation à des projets de recherche clinique visant à mieux comprendre la pathologie et à développer de nouvelles stratégies thérapeutiques.

Les centres experts sont déployés par la fondation FondaMental créée en 2007 par le ministère de l'Enseignement supérieur et de la Recherche. Les missions de cette fondation sont les suivantes :

- améliorer le dépistage, le diagnostic et la prise en charge des patient·es souffrant de maladies psychiatriques ;
- encourager et soutenir la recherche en psychiatrie ;
- former les professionnel·les de santé et les chercheur·euses.

FOCUS

Soigner son sommeil, c'est bon pour sa santé mentale !

Les troubles du sommeil sont fréquents : insomnie, hypersomnie, parasomnies, syndrome d'apnées du sommeil, etc. Il y a aussi des gens qui parlent, crient ou frappent leur conjoint·e en s'endormant, qui sont somnambules ou qui vivent des cauchemars terrifiants qui altèrent leur sommeil.

Lorsque vos nuits sont de mauvaise qualité, vous n'arrivez plus à retenir les informations, vous êtes plus irritable, vous vous emportez plus facilement avec davantage d'impulsivité et vous avez plus de chances de souffrir de dépression par exemple…

LE MANQUE DE SOMMEIL FAVORISE UNE MULTITUDE DE MAUX

Quand on manque de sommeil, on prend des décisions parfois brutales, on répond sèchement à un mail, alors que si on décide de laisser passer un peu de temps, et plus précisément une nouvelle nuit de sommeil, on voit souvent les choses différemment le lendemain, avec plus de recul, à la condition, bien sûr, que la nuit suivante soit meilleure que la nuit précédente.

Les problèmes de sommeil entraînent aussi des répercussions physiques : augmentation de l'obésité, de l'hypertension artérielle et du diabète notamment. Inversement, l'obésité est par exemple un facteur de risque de syndrome d'apnées du sommeil… qui aggravera l'obésité à son tour.

QUELQUES CONSEILS POUR MIEUX DORMIR

De combien d'heures de sommeil avons-nous besoin ? Voici quelques repères : un bébé demande quinze à dix-huit heures de sommeil par jour. À 10 ans, un·e enfant devra avoir des nuits de dix heures. Puis, il ou elle peut progressivement se contenter de huit à neuf heures de sommeil jusqu'à l'âge adulte où sept à huit heures de sommeil par nuit sont nécessaires. Mais cela dépend des personnes, de leur environnement et de multiples paramètres.

En parallèle, chez les adultes, certaines personnes sont plutôt du matin, tandis que d'autres sont plutôt du soir et se couchent tard – pour se lever tard, idéalement. Cela s'appelle le « chronotype ». Il y a également des gens qui vont dormir cinq heures en début de nuit, se réveiller, faire quelques activités nocturnes puis se recoucher.

Laissez dormir vos adolescent·es le matin !

Durant l'adolescence, le cerveau est traversé par une tempête hormonale qui rend les adolescent·es couche-tard et lève-tard bien malgré eux et elles ! Il s'agit d'un processus purement biologique qui n'a rien à voir avec une quelconque paresse. Stanislas Dehaene, professeur de psychologie cognitive et président du conseil scientifique de l'Éducation nationale, recommande d'éviter tout écran après 21 heures et de décaler les heures de début des cours dans les collèges et lycées comme c'est déjà le cas dans plusieurs pays. Ces mesures permettent la diminution du sentiment de morosité, des retards et des accidents de la route, et une augmentation de l'assiduité en cours.

L'activité physique régulière joue un rôle essentiel dans le sommeil car elle améliore l'endormissement, en diminuant les ruminations anxieuses. Mais le sport est aussi un moyen de récupérer d'une mauvaise nuit parce qu'il favorise la consolidation de la mémoire et le stockage des souvenirs. Ainsi, trente minutes de vélo permettraient de rattraper deux heures de sommeil perdues. Attention tout de même à ne pas faire du sport trop tard le soir, après 22 heures, car cela peut devenir contre-productif en stimulant l'éveil.

Si vous rencontrez des problèmes de sommeil, veillez à respecter ces conseils supplémentaires autant que possible :

- Ne pas surchauffer votre chambre (température idéale à 18 °C).
- Ne pas lire, regarder la télévision ou votre téléphone portable trop longtemps dans votre lit. Pratiquez plutôt ces activités ailleurs, sur votre canapé, dans un fauteuil, afin de réserver le plus possible votre lit pour le sommeil.
- Enfin, éviter au maximum les écrans le soir et ne pas hésiter à prendre une douche froide qui, en abaissant la température corporelle, favorisera l'endormissement.

QUE FAIRE EN CAS DE PROBLÈMES DE SOMMEIL ?

Si vos problèmes de sommeil sont très invalidants et s'inscrivent dans le temps, consultez d'abord votre médecin généraliste qui vous auscultera et vous donnera quelques conseils. Il ou elle pourra vous orienter vers un·e médecin spécialiste du sommeil ou un·e psychiatre si des difficultés psychiques sont suspectées, qu'elles soient la cause ou la conséquence de vos troubles du sommeil.

Parfois, un·e addictologue peut aussi être d'une grande aide car certaines substances comme l'alcool, le tabac ou la cocaïne altèrent le sommeil et doivent absolument être prises en compte.

Enfin, l'aide d'un·e psychologue pourra vous être proposée pour, par exemple, vous apprendre à lutter contre des ruminations anxieuses ou pour essayer de traiter un traumatisme psychique qui serait à l'origine de vos insomnies.

Des problèmes de sommeil peuvent devenir une réelle torture et vous exposent à des risques, n'hésitez pas à demander de l'aide.

CHAPITRE 12

La schizophrénie

La schizophrénie est une maladie qui n'est pas si rare puisqu'elle touche 1 % de la population, soit environ 600 000 personnes en France. La part génétique est importante mais les facteurs environnementaux jouent aussi un rôle prépondérant (consommation de cannabis, vie urbaine, etc.). Il s'agit d'un trouble qui souffre de nombreuses idées reçues et craintes de la part du grand public qui y voit souvent une dangerosité imprévisible, alors même que les personnes qui souffrent de schizophrénie ne sont pas plus violentes et ne tuent pas plus que les autres.

Cette maladie altère différentes fonctions cérébrales : motivation, plaisir, relations sociales, organisation du quotidien, reconnaissance de ses propres émotions et de celles des autres. Des traitements existent et sont efficaces : éducation thérapeutique, remédiation cognitive, médicaments neuroleptiques, etc.

La schizophrénie, un trouble mal compris

L'IDÉE REÇUE DU DÉDOUBLEMENT DE PERSONNALITÉ

La schizophrénie n'a pas grand-chose à voir avec l'idée reçue habituelle du fameux « dédoublement de personnalité ». On entend ce terme à longueur de temps dans la bouche des politicien·nes, à la télévision, la radio ou dans les journaux comme synonyme de « paradoxal » ou « contradictoire », ou tout simplement pour invalider les propos du camp d'en face dans des débats haineux. Car faire passer un·e adversaire pour déraisonnable et le ou la traiter de fou ou folle, c'est balayer subitement ses propos.

L'IMAGE DU MIROIR BRISÉ

Imaginez plutôt un miroir qui représenterait le cerveau humain : les neurones de la mémoire, des émotions, des sens, des sensations, des relations sociales, du plaisir, de la capacité à planifier une journée, tous ces neurones forment une surface unique et homogène devant laquelle il est difficile de comprendre quel neurone fait quoi. Mais ce miroir fonctionne et il vous renvoie une image bien construite de la réalité, lisse et uniforme. Une image qui vous permet d'interagir normalement avec les autres, de ne pas dire tout haut toutes les pensées qui vous passent par la tête, de faire vos courses sans trop vous perdre ou de décoder relativement facilement les émotions, expressions faciales et intentions des autres gens que vous croisez au travail ou dans la rue. Maintenant, prenez ce miroir et jetez-le au sol : il se brise en mille morceaux qui n'arrivent plus à communiquer correctement entre eux. Les connexions ne se font plus, ou péniblement, ou inversement au logiciel programmé initialement. Voilà comment fonctionnerait, ou dysfonctionnerait, le cerveau d'une personne souffrant de schizophrénie.

Les signes d'alerte

Quand on souffre d'une schizophrénie, on n'arrive pas à se rappeler correctement les journées qui viennent de s'écouler. On rencontre parfois des difficultés à ressentir des émotions ou alors à les nommer quand bien même on les ressentirait. On peut paraître froid·e et indifférent·e, ce qui donne quelquefois un air effrayant ou étrange. Dans la schizophrénie, le visage peut être déconnecté des sentiments : on se met à sourire alors qu'on pense à des choses dramatiques, ou alors on pleure sans raison alors même qu'on se sent plutôt bien.

On a souvent toutes les peines du monde à se motiver le matin pour se lever. On a du mal à prendre soin de soi, à maintenir une hygiène corporelle minimale. On peut passer des journées entières sur un lit à fixer le plafond, sans manger, sans boire, sans parler. Nos proches ne comprennent pas, ils et elles s'inquiètent et cherchent de l'aide partout : « Pourquoi mon fils qui jusqu'ici grandissait bien, avait réussi ses études, s'était fait un super groupe d'ami·es, pourquoi brutalement se retrouve-t-il à la maison sans rien faire ? Sans bouger ? Je l'entends, parfois, quand j'écoute à sa porte : il parle tout seul, il baragouine des choses incompréhensibles. Et quand je rentre, que je le suprends et que je lui demande à qui il parle, il me dit que je rêve, qu'il n'a rien dit, qu'il n'est pas fou quand même ! C'est moi, sa mère, qui vais devenir folle si cela continue. Avant il avait de l'élan, de l'entrain. Il était toujours motivé, toujours partant, toujours le premier dans ses activités. Maintenant il observe autour de lui comme s'il voyait des choses, des présences, comme s'il entendait des voix. Mais il m'assure que non. Enfin, si, quand même, la dernière fois il m'a avoué qu'il faisait passer des âmes à travers des murs… Je fais quoi, moi, avec cela ? »

Cannabis et schizophrénie

Dans cette maladie, le cannabis constitue un véritable fléau. Cette substance n'est pas suffisante pour la déclencher mais elle entraîne des formes qui débutent plus précocement dans la vie, sont plus graves et dans lesquelles les médicaments sont moins efficaces.

Les traitements de la maladie

LES MÉDICAMENTS

Dans la schizophrénie, les médicaments neuroleptiques, qu'on appelle aussi antipsychotiques, sont généralement efficaces pour diminuer ou faire disparaître les hallucinations et les idées délirantes, et redonner de la motivation. Mais ils entraînent des effets secondaires souvent importants : prise de poids, baisse de la libido, constipation, occlusions intestinales, tremblements, salivation, raideur de la marche, avec parfois une démarche robotisée qui aggrave la stigmatisation. Aussi, des formes par injection intramusculaire (dans l'épaule ou le muscle fessier) tous les mois ou tous les trois mois évitent à certain·es de devoir prendre chaque jour des comprimés. Un meilleur confort de vie apprécié dans certaines situations lorsque les personnes ont tendance à oublier de prendre leurs traitements. Car dans la schizophrénie, l'un des symptômes les plus difficiles à dompter, c'est la conviction de ne pas être malade.

UNE APPROCHE PERSONNALISÉE

Mais le traitement de la schizophrénie, ce ne sont pas que les médicaments, loin de là. L'important, ce sont avant tout les priorités de la personne, en termes de vie sociale, sentimentale, professionnelle, familiale, associative, etc. Un traitement (médicament, psychothérapie, psychoéducation ou autre) n'aura un intérêt que s'il a la vocation d'aider la personne à atteindre son projet de vie. Rien ne sert de se focaliser sur une hallucination si elle ne provoque pas de gêne au quotidien. En revanche, si les difficultés à rentrer en relation avec les autres l'empêchent de trouver un travail, tout doit être fait pour améliorer ce point par différentes approches (développement des habiletés sociales, remédiation cognitive, psychothérapies cognitivo-comportementales).

FOCUS

Le suicide : comment le prévenir ?

Le taux de suicide n'est pas le même partout dans le monde. La France présente un taux supérieur à la moyenne de certains pays européens tels l'Italie, l'Espagne, l'Allemagne ou le Royaume-Uni, mais inférieur à d'autres pays du monde comme la Russie ou encore les États-Unis. Ce taux, propre à chaque pays, est le reflet de différents facteurs complexes : politiques de santé publique, moyens disponibles en santé mentale, conflits géopolitiques, accès de la population aux moyens létaux (notamment les armes à feu), etc.

Même si le nombre de suicides tend à diminuer depuis une vingtaine d'années, on compte toujours près de 9 200 décès par suicide (c'est la première cause de décès des 25-34 ans et la deuxième chez les 15-24 ans) et environ 200 000 tentatives par an en France. Des mesures de prévention efficaces existent, pouvant même être initiées par de simples citoyen·nes.

LE DÉBAT STÉRILE ENTRE ACTE DE COURAGE OU DE LÂCHETÉ

Sur les réseaux sociaux ou dans les repas familiaux, chacun·e aura son avis sur cette question. Certain·es diront que le fait de se supprimer est une marque d'abandon, de « lâcheté » et de facilité, quand d'autres y verront clairement la manifestation d'une force mentale indéniable, d'un « courage ». Mais poser cette question, c'est déjà commencer à parler du suicide de la plus mauvaise des manières. Celles et ceux qui répondront « courage », qu'ils ou elles le veuillent ou non, viendront valider positivement un acte qui souvent peut être évité et face auquel une aide précieuse peut être apportée. Celles et ceux qui invoqueront la « lâcheté » ne feront qu'augmenter le sentiment de culpabilité (déjà majeur) chez des personnes concernées ayant des idées suicidaires actives au moment de la discussion ou qui ont déjà fait des tentatives de suicide par le passé. Les deux réponses n'aident en rien.

LE SUICIDE, UN NON-CHOIX

Le suicide, comme l'expliquent souvent les personnes concernées, n'est pas un choix, c'est un non-choix. C'est la seule solution que le cerveau humain, poussé à un moment précis dans ses retranchements les plus sombres, envisage pour faire cesser une souffrance devenue intolérable et qu'il estime incompatible avec la vie.

Les idées suicidaires peuvent survenir chez tout le monde, n'importe quand, même si certaines personnes, dans des situations particulières, sont plus à risque que d'autres. Elles peuvent apparaître progressivement, de manière insidieuse, comme une lointaine possibilité qui ne dit pas vraiment son nom, et qui peu à peu, à mesure que les autres solutions pour aller mieux échouent, gagnent en consistance. Les idées suicidaires surgissent aussi brutalement, lors d'épisodes de vie particulièrement dramatiques ou de consommations de substances psychoactives par exemple. Ces idées sont des trous noirs qui nous aspirent jusqu'à devenir notre seul horizon, quand plus aucune lumière ne semble briller autour.

LE SUICIDE, DES CAUSES MULTIPLES QUI SOUVENT SE SURAJOUTENT

Le suicide est un processus complexe et multifactoriel, pouvant survenir au cours de l'évolution d'une maladie psychiatrique (dépression, trouble bipolaire, schizophrénie, addictions...), mais pas forcément. Des problèmes sociaux et économiques sont régulièrement retrouvés chez les personnes qui mettent fin à leurs jours, comme l'isolement social, le veuvage, le chômage ou le divorce.

Le taux de suicide est trois fois plus élevé chez les hommes que chez les femmes. Ainsi, les femmes font plus de tentatives que les hommes, bien que chez ces derniers, l'issue soit plus souvent fatale que chez les femmes. Les jeunes filles de 15-19 ans présentent le taux le plus élevé de séjours hospitaliers pour tentative de suicide. Chez les hommes, le taux d'hospitalisation pour tentative de suicide augmente avec l'âge, atteignant son maximum chez les 40-44 ans.

La couverture médiatique d'un événement particulièrement anxiogène, comme le décès par suicide d'une célébrité, peut littéralement entraîner une contamination dans le grand public, processus que l'on nomme « effet Werther » (ou « suicide mimétique »).

Enfin, l'accès direct à un moyen létal est évidemment un facteur majeur de risque suicidaire, comme le fait de posséder une arme à feu à son domicile ou des stocks importants de médicaments.

UNE PERSONNE SUICIDAIRE, CELA NE SE VOIT PAS FORCÉMENT

La notion de facteur précipitant est essentielle, on peut la résumer comme « la goutte d'eau qui fait déborder le vase », le problème en plus, parfois un détail, qui va rendre le scénario suicidaire possible. Une personne qui imagine un tel scénario semble parfois agitée, instable sur le plan physique, anxieuse. Mais elle peut aussi apparaître étrangement calme et détendue, car rassurée de cette nouvelle possibilité envisagée dans une crise suicidaire devenue étouffante et paralysante. Les proches de personnes décédées par suicide racontent parfois cette expérience déconcertante : « La veille de son geste, elle avait l'air bien, en forme, on n'aurait jamais imaginé ça. »

Mais la crise suicidaire est réversible et peut être enrayée à n'importe quel moment, pour peu qu'un·e proche, un·e professionnel·le de santé, ou n'importe qui finalement, posent la question essentielle avant qu'il ne soit trop tard : « As-tu des idées suicidaires ? ».

LES PHASES DU PROCESSUS SUICIDAIRE

La crise suicidaire, urgence vitale qu'il est possible de soigner et d'accompagner, comporte différentes phases qui peuvent s'étaler sur plusieurs mois ou émerger en quelques jours, en fonction des personnes et de leurs trajectoires de vie :

- **La recherche de solutions pour enrayer la crise :** la possibilité du suicide est à ce stade inexistante ou très lointaine, comme un murmure presque imperceptible.
- **L'apparition des idées suicidaires :** le murmure se fait de plus en plus fort au fur et à mesure que les autres solutions échouent les unes après les autres.
- **Les ruminations :** les idées suicidaires reviennent de manière incessante et envahissante, empêchant presque toute autre activité.

- **La cristallisation et l'élaboration du scénario :** toute projection dans l'avenir disparaît au profit du scénario suicidaire. La personne fixe le jour, le lieu et la manière de le faire.
- **Le facteur précipitant et le passage à l'acte.**

CE QUE VOUS POUVEZ FAIRE À VOTRE ÉCHELLE

Comment se comporter avec une personne qui nous fait part d'idées suicidaires ou chez qui on les suspecte fortement ? Tout d'abord, tentez au maximum d'être dans une écoute active et neutre, et ne portez pas de jugement. Le simple fait de se sentir écouté·e permet souvent de ressentir un soulagement et d'évacuer en partie le sentiment de honte et d'isolement. Ensuite, si vous avez des doutes sur de possibles idées suicidaires, vous pouvez par exemple dire que vous vous inquiétez pour la personne en question, qu'elle vous semble préoccupée ces derniers temps et que vous êtes disponible pour en discuter si elle le souhaite. Vous pouvez aussi, si vous vous en sentez capable, poser clairement la question : « As-tu des idées suicidaires ? », en expliquant que vous vous êtes documenté·e sur le sujet, que cela peut arriver à n'importe qui et que ce n'est la faute de personne.

Si la personne vous confirme avoir des idées suicidaires, évitez à tout prix les phrases comme « La vie est courte », « Courage, bouge-toi ! » ou encore « Pense à tes enfants ». Ces phrases partent souvent d'un bon sentiment mais leurs effets peuvent être terribles chez des personnes en détresse ayant imaginé toutes les solutions possibles avant d'en arriver là. Leur rappeler ce qu'elles ont essayé et qui a échoué ne résoudra malheureusement rien. Cela risque simplement d'aggraver leur désespoir.

Si vous découvrez des idées suicidaires chez un·e proche, ne le ou la laissez jamais seul·e et tentez autant que possible de le ou la convaincre de solliciter de l'aide auprès d'un·e médecin, du SAMU, ou d'appeler le 3114. Ne promettez jamais de garder ce secret pour vous car si la personne refuse de demander de l'aide, vous aurez certainement à le faire pour elle. Tout peut aller très vite dans un processus suicidaire : chaque minute compte.

Les dispositifs de prévention du suicide en France

- **Le 3114 :** ce numéro de téléphone national pour la prévention du suicide est accessible gratuitement en France 24 heures sur 24 et 7 jours sur 7. Un·e professionnel·le du soin, spécifiquement formé·e à la prévention du suicide, sera à votre écoute. Piloté par le ministère de la Santé, ce numéro est aussi bien disponible pour les personnes ayant des idées suicidaires que pour leurs proches ayant besoin d'aide et de conseils.
- **Le programme Papageno :** il offre des outils pour parler du suicide avec justesse, favorise l'entraide et l'accès aux soins tout en évitant les effets de contagion suicidaire. Ce programme est très actif sur les réseaux sociaux, notamment X (Twitter).
- **VigilanS :** lancé en 2015, ce dispositif de veille et de recontact assure le suivi (par téléphone ou courrier) de personnes dans les suites d'une tentative de suicide, durant quelques jours et jusqu'à six mois.
- **Devenir secouriste en santé mentale :** le programme de premiers secours en santé mentale (PSSM) permet de former des secouristes capables de mieux repérer les troubles en santé mentale, d'adopter un comportement adapté, d'informer sur les ressources disponibles, d'encourager à aller vers les professionnel·les adéquat·es et, en cas de crise, d'agir pour passer le relais au service le plus adapté.
- On voit aussi éclore **des formations de « bienveilleur·euse »** en entreprise pour favoriser la veille mutuelle concernant les risques psychosociaux et l'entraide sur le lieu de travail. Le concept étant relativement récent, on ne peut encore garantir totalement la qualité et l'intérêt de ces formations.

CHAPITRE 13

Les maladies dites « psychosomatiques » (troubles à symptomatologie somatique ou TSS)

Combien de personnes, chaque jour en France, consultent leur médecin généraliste pour une douleur de ventre, de dos, des maux de tête, une jambe qui ne veut plus fonctionner, une vision qui devient brutalement floue, et à qui l'on répond, après toutes sortes d'examens dont les résultats s'avèrent normaux : « C'est dans la tête, désolé·e, on n'a rien retrouvé. » ? Des milliers.

Hypocondrie, hystérie, maladies psychosomatiques, troubles somatoformes, somatisation, troubles neurologiques fonctionnels, fibromyalgie, intestin irritable, fatigue chronique : de nombreux termes sont brandis souvent maladroitement par des médecins dépassé·es par les symptômes de leurs patient·es, désespéré·es de ne retrouver aucune cause physique, aucune lésion qui pourrait expliquer leur mal. Les médecins sont alors parfois obligé·es de se rabattre vers la psychiatrie, à contrecœur, comme l'aveu d'un échec. Face à eux ou elles, le ou la patient·e n'est pas plus enchanté·e par cette explication psychologique, et souvent il ou elle ne se sent pas pris·e au sérieux. Tentons alors d'y voir plus clair dans ces troubles qui toucheraient une personne sur dix en France, que le DSM-5 (manuel diagnostique des maladies psychiques) intitule désormais « troubles à symptomatologie somatique » (TSS).

Quelles sont les causes des TSS ?

SUR CES SUJETS, LA SCIENCE MANQUE ENCORE DE CLARTÉ ET DE DONNÉES

Le monde médical se demande encore si les personnes souffrant de TSS sont des individus possédant des récepteurs à la douleur plus sensibles que les autres et qui, désespérés, se retrouvent avec des difficultés psychologiques car ils ne trouvent pas de réponses à leurs questions : c'est fort probable. L'inflammation chronique générée par l'anxiété peut aussi participer au mécanisme de ces troubles, sans qu'on sache encore si cette inflammation provoque ou entretient (ou les deux) les symptômes d'une personne à un instant précis. Savoir qui du cerveau ou des autres organes est responsable des symptômes est rarement aisé.

Mais vouloir absolument dissocier le physique et le psychique, finalement, cela a-t-il un sens sur le plan médical ? Ou n'est-ce pas simplement une représentation qui nous rassure ? Tout cela est sûrement bien plus dynamique et enchevêtré que ce qu'on aimerait bien penser. Il faut l'accepter : nous n'avons pas toutes les réponses.

« Somatisation » et « maladies psychosomatiques » : des termes à abandonner

Il ne s'agit pas de symptômes physiques (ou somatiques) générés par des problèmes psychiques. Il s'agit d'un enchevêtrement de symptômes physiques et psychiques, dont les causes et mécanismes sont encore peu clairs, avec une souffrance réelle et des solutions qui existent. Il faut donc cesser de parler de « somatisation » ou de « maladies psychosomatiques » car cela induit en erreur et stigmatise les patient·es.

UN MÉLANGE DE DEUX INFORMATIONS

Le modèle dit « cognitif » semble être actuellement le plus pertinent et le plus partagé dans la communauté scientifique pour expliquer l'origine des TSS : avoir un ressenti corporel vient d'un mélange de deux informations, d'une part celle que l'organe en question envoie au cerveau (une douleur dans la poitrine, une sensation que l'abdomen se distend) et d'autre part le contexte dans lequel on se trouve : à la maison tranquillement, dans la rue, un endroit hostile, etc.

Avec ces deux informations, le cerveau calcule rapidement et automatiquement une sorte de probabilité de risque de survenue d'un danger, probabilité que les expériences passées viennent aussi pondérer. Chez les personnes avec TSS, le cerveau viendrait surestimer le risque de survenue d'un danger et donc surinterpréter l'information sensorielle perçue, augmentant dès lors cette perception. Un cercle vicieux et inconscient se met en place : puisqu'on a ressenti très fort la douleur, on va s'autopersuader qu'elle va avoir plus de risque de se reproduire, ce qui abaisse le seuil de détection, et donc augmente cette dernière. On parle de « prophétie autoréalisatrice ».

LES FACTEURS DÉCLENCHANTS

Différents facteurs déclenchant les TSS peuvent être rencontrés :

- psychologiques (épreuves de vie, facteurs de stress, violences sexuelles) ;
- physiques (infections, accident).

Il s'agira de ne se focaliser ni sur l'une ni sur l'autre de ces deux catégories afin de ne pas limiter la personne à une approche du type « Les TSS, c'est dans la tête, donc c'est secondaire à un problème psychologique » : ce n'est pas systématique. Il faut promouvoir une approche complexe, potentiellement multifactorielle, en gardant à l'esprit que les catégories diagnostiques restent évolutives, notamment lorsque des découvertes sont faites dans le domaine de la santé. À l'heure actuelle, les TSS constituent la meilleure manière d'expliquer certains phénomènes, mais cela peut changer en parallèle des avancées scientifiques.

Quels sont les TSS les plus fréquents et comment les diagnostiquer ?

LES TSS LES PLUS COMMUNS

Les TSS manifestent une grande diversité de symptômes et peuvent être du ressort de différentes spécialités médicales, les plus courants concernent :

- la rhumatologie : une fibromyalgie ;
- la gastro-entérologie : un syndrome de l'intestin irritable ;
- la médecine interne : un syndrome de fatigue chronique ;
- l'oto-rhino-laryngologie : une rhinite chronique non allergique ;
- une intolérance environnementale idiopathique : un syndrome d'électrosensibilité ; un syndrome de sensibilité chimique multiple ;
- la neurologie : des troubles neurologiques fonctionnels.

Que sont les troubles neurologiques fonctionnels (TNF) ?

Ces troubles sont fréquents et représentent le deuxième motif de consultation en neurologie. On considère les TNF comme tout symptôme d'allure neurologique (problèmes de mémoire, de déglutition, d'articulation de la parole, de coordination des mouvements, perte de l'usage d'un membre, altération de l'audition, de la vue, de l'odorat, etc.) sans cause physique identifiée par les différents examens effectués.

Les TNF seraient une anomalie de fonctionnement du système nerveux central, qui toucheraient différentes fonctions : gestion de la douleur, représentation de soi, régulation émotionnelle. Très souvent, les neurologues comme les psychiatres sont insuffisamment formé·es sur le sujet des TNF et ont tendance à se renvoyer infiniment les patient·es touché·es par ce trouble, perdu·es, qui vont d'explication en explication, jusqu'à perdre espoir.

Il n'est pas rare, chez les personnes avec TNF, de retrouver un trouble dissociatif de l'identité avec des épisodes d'amnésie dissociative. Là encore, les recherches scientifiques sur le sujet sont en cours d'exploration et les données manquent pour expliquer clairement les mécanismes sous-jacents.

DIAGNOSTIQUER LES TSS

Selon le DSM-5 (manuel diagnostique des maladies psychiques), il faut retrouver chez la personne concernée, pendant au moins six mois, un ou plusieurs symptômes physiques ou cognitifs qui retentissent sur sa qualité de vie, avec des préoccupations persistantes, voire incessantes, ainsi qu'une anxiété majeure vis-à-vis de ces symptômes et un temps important consacré à leur exploration et leur prise en charge.

Il n'est pas rare non plus que la personne effectue un nomadisme médical, allant de médecin en médecin, changeant régulièrement puisqu'elle ne trouve que trop rarement les réponses à ses questions. Ce nomadisme est à l'origine d'un épuisement et d'un coût important.

Une même personne peut très bien avoir à la fois un problème de santé physique diagnostiqué comme tel mais aussi un trouble à symptomatologie somatique : l'un n'empêche pas l'autre. Simplement, le symptôme à l'origine des craintes incessantes dans le TSS ne s'expliquera pas à lui seul par le problème physique associé. Par ailleurs, le fait d'avoir un TSS expose à un plus grand risque de dépression, de troubles anxieux et de passages à l'acte suicidaire. Les troubles de personnalité sont aussi plus fréquemment retrouvés chez les personnes souffrant de TSS.

Un mot sur l'hypocondrie

Devant le caractère stigmatisant de ce terme, les concepts de « crainte excessive d'avoir une maladie » ou « trouble anxieux lié à la maladie » ont été choisis dans les nomenclatures internationales les plus récentes, afin de rendre compte de ce trouble qui génère des angoisses invalidantes et obsédantes de tomber malade ou d'avoir un problème de santé, mais en l'absence de tout symptôme ou signe physique (ou alors des signes vraiment mineurs).

Ainsi, la personne s'inquiète en permanence et va mettre en place des comportements pour tenter de se rassurer : examens médicaux multiples, évitement des lieux publics, vérifications répétées de certaines parties de son corps par autopalpation par exemple... Dans ce trouble, les psychothérapies comme les TCC et des médicaments comme les antidépresseurs peuvent permettre de retrouver un confort de vie satisfaisant.

Quelle est la prise en charge ?

UN DIAGNOSTIC D'ÉLIMINATION

Le ou la médecin s'assurera d'abord de l'absence d'un problème de santé physique qui expliquerait mieux les symptômes rapportés. Il ne faut pas non plus confondre troubles à symptomatologie somatique et problèmes de santé physique pour lesquels on sait que le stress, l'anxiété, les problèmes de sommeil, sont des facteurs aggravants ou favorisent les crises et rechutes. Par exemple, un stress qui déclenche une crise d'asthme n'en fait pas un TSS...

Par ailleurs, dans les troubles psychiques, il est assez fréquent d'avoir des ressentis corporels inconfortables, voire terrifiants : symptômes physiques des troubles anxieux (sueur, palpitations, mains moites, difficultés à respirer), sensation de mort imminente (attaque de panique), etc. Ainsi, si un trouble psychique semble mieux décrire les symptômes qu'un TSS, il faut l'évoquer en premier lieu.

LORSQU'UN TSS EST DIAGNOSTIQUÉ

Le ou la médecin doit en priorité valider le vécu du ou de la patient·e, c'est-à-dire reconnaître sa légitimité à consulter différent·es spécialistes, en cherchant des réponses à ses questions, en l'invitant à explorer les différentes pistes, dont la piste psychique fait partie. Il doit aussi lui expliquer qu'il sait qu'il ou elle ressent vraiment sa douleur physique, ses décharges électriques, ses maux de tête, son inconfort digestif permanent... Poser un diagnostic précis permet également au ou à la patient·e d'être enfin fixé·e, venant ponctuer souvent des années d'errance.

De la même manière, il est nécessaire que le ou la médecin se garde de critiquer des recours (passés ou présents) à des alternatives à la médecine (magnétiseur·euses, médiums, etc.) que la personne a pu tester : il ou elle doit plutôt lui dire qu'il la comprend, qu'il est fréquent d'essayer toutes les pistes pour aller mieux quand on va mal, même les plus étranges.

Ensuite, l'idée pour le ou la médecin est de dresser avec le ou la patient·e une notice précise de son trouble par une enquête minutieuse : à quel moment dans sa vie est-il survenu, quels sont selon lui ou elle les facteurs déclenchants, les facteurs aggravants ou les facteurs améliorant les symptômes au quotidien. C'est une façon pour le ou la médecin de recueillir ainsi l'expertise que le ou la patient·e a développée d'elle-même, par son expérience ou ses recherches.

LES PISTES DE TRAITEMENT RECOMMANDÉES

Les psychothérapies cognitivo-comportementales ont montré une bonne efficacité dans la prise en charge des TSS : elles permettent de mieux gérer le traitement des pensées catastrophistes, baisser le niveau de vigilance et de surinterprétation des ressentis corporels, mais aussi aident à se réexposer progressivement aux situations anxiogènes potentiellement aggravantes (voir p. 68).

Les thérapies familiales systémiques peuvent parfois être envisagées lorsque des facteurs déclenchants familiaux ont été identifiés : divorce, deuil, traumatismes psychiques, accidents ayant touché toute la famille, déménagement, etc. (voir p. 71).

Les exercices de relaxation et de gestion du stress sont aussi des pistes parfois intéressantes chez certain·es, en veillant bien à rester dans un parcours de soins fléché, avec des professionnel·les repéré·es et de confiance, afin d'écarter le risque de dérives sectaires parfois présentes dans ces approches auprès de patient·es particulièrement vulnérables.

L'activité physique, si elle est possible, sera à promouvoir et à réinstaurer progressivement comme facteur de resocialisation chez des patient·es dont le trouble isole souvent socialement, et de réappropriation du corps afin de réaffirmer son côté finalement « fonctionnel ».

CHAPITRE 14

Les troubles neuro-développementaux, une autre manière d'être au monde ?

Les troubles du neurodéveloppement (TND) touchent 10 à 15 % de la population et se caractérisent par un ensemble de difficultés (à la sévérité très variable) dans des domaines différents : perturbation des apprentissages, de la gestion des émotions, de la mémoire, des habiletés sociales, des capacités de lecture, d'écriture, de calcul, etc. Ces difficultés apparaissent la plupart du temps dès l'enfance et sont à l'origine d'un retentissement social, scolaire et familial entravant souvent les capacités d'adaptation.

Les TND regroupent plusieurs entités cliniques :

- les troubles des apprentissages scolaires (dyslexie, dysorthographie, dyscalculie, concernant 5 à 15 % des enfants d'âge scolaire ;
- les troubles du développement du langage oral (TDL, dysphasie : 7 % des enfants) ou de la coordination (TDC, dyspraxie : 5 % des enfants) ;
- les troubles des fonctions associées (mémoire de travail, contrôle exécutif...) ;
- le trouble du déficit de l'attention avec ou sans hyperactivité (TDAH : 5 % des enfants, 2 à 5 % des adultes) ;

- les troubles du développement intellectuel (déficience intellectuelle : 2 % de la population) ;
- les troubles du spectre de l'autisme (TSA : 1 % de la population).

Seuls le TDAH et le TSA seront abordés ici car ils requièrent l'expertise d'un·e médecin formé·e (psychiatre, pédopsychiatre, pédiatre, neuropédiatre, neurologue) pour être diagnostiqués.

Les causes probables des TND

UNE ORIGINE GÉNÉTIQUE

Les TND s'expliqueraient par un « câblage » différent du cerveau, une autre manière qu'auraient les neurones de fonctionner pour traiter l'information. Ainsi, dans les TND, certaines fonctions comme l'attention, la concentration, la manière d'être au monde et aux autres, la façon de percevoir l'environnement sensoriel qui nous entoure, sont plus ou moins modifiées.

Les recherches scientifiques les plus récentes tendent à mettre en évidence une origine génétique commune des différents TND mais aussi l'existence de facteurs environnementaux partagés (il existe des pistes concernant certaines infections néonatales par exemple). La plus grande prévalence de maladies neurologiques chez les personnes souffrant de TND, comme l'épilepsie, vient un peu plus conforter toutes ces hypothèses.

Les TND dans le carnet de santé

Depuis 2024, le carnet de santé comporte des échelles et outils facilitant le dépistage et le diagnostic des TND, notamment à destination des médecins généralistes, ces troubles constituant un enjeu majeur de santé publique.

UNE SOURCE DE DÉBATS

Il existe un débat important concernant les TND au sein même des cercles d'expert·es : certain·es parlent de « maladies » dont on pourrait peut-être guérir un jour, là où d'autres évoquent plutôt une autre architecture du cerveau, immuable, une manière d'être différente, finalement.

L'un des principaux arguments qui différencie les TND des pathologies psychiatriques est le délai d'apparition des troubles. En effet, les TND émergent souvent précocement durant l'enfance, autour des 18-36 mois, les premiers signes étant généralement visibles avant la fin de l'école maternelle. Quant aux troubles psychiques, ils se manifestent habituellement durant l'adolescence même si certaines formes précoces (anxiété, trouble bipolaire, schizophrénie, troubles du comportement alimentaire) peuvent survenir vers 10-12 ans, parfois même avant. On peut aussi cumuler un TND et un trouble psychique.

Le trouble du déficit de l'attention avec ou sans hyperactivité (TDAH)

Le TDAH est un trouble neurodéveloppemental fréquent (et encore sous-diagnostiqué) dont la prévalence est estimée à environ 5 % chez les enfants et entre 2 et 5 % chez les adultes. Ce décalage peut s'expliquer par différents facteurs : maturation cérébrale jusqu'à l'âge de 25 ans pouvant améliorer les capacités d'attention et de concentration, mécanismes d'adaptation acquis au fil des ans rendant le TDAH moins visible, pression sociale moins importante (notamment scolaire)... Mais le TDAH peut aussi s'aggraver à l'adolescence avec une impulsivité majorée et la rencontre avec des drogues qui n'arrange rien.

UN DIAGNOSTIC COMPLEXE ET FRUIT D'UNE DÉMARCHE PLURIDISCIPLINAIRE

Si le ou la médecin traitant peut émettre une hypothèse diagnostique, débuter les explorations, ce sont seulement les médecins spécialistes du TDAH qui peuvent poser clairement le diagnostic. Les médecins pédiatres et psychiatres travaillent en étroite collaboration avec les neuropsychologues (des psychologues formé·es aux troubles neurologiques) qui fournissent de précieux éclairages par leurs observations et tests effectués sur les processus cognitifs du ou de la patient·e (mémoire de travail, planification, attention, concentration, etc.).

Lorsqu'il s'agit d'un·e enfant, des questions lui sont posées, ainsi qu'à ses parents et ses enseignant·es, afin de produire le recueil de données le plus exhaustif possible et proposer ainsi un accompagnement personnalisé.

LES SIGNES DU TDAH

Le TDAH associe différents symptômes dans des proportions variables selon les individus : si vous avez des difficultés à vous concentrer, depuis l'enfance ou la fin de l'adolescence, que vous avez la sensation de rapidement décrocher d'une discussion lorsque celle-ci ne représente pas un intérêt majeur à vos yeux, que vous avez l'impression de ne pas tenir en place, d'être toujours obligé·e de bouger, de secouer la jambe, de vous autostimuler pour rester concentré·e, que vous êtes particulièrement impulsif·ve, il se peut que vous ayez un TDAH. Si parmi vos parents, grands-parents, frères et sœurs, vous reconnaissez certain·es proches avec cette définition, ce n'est pas étonnant non plus. Dans certaines familles, il y a beaucoup de personnes ayant un TDAH.

Certain·es enfants et adolescent·es ayant un TDAH passent toutefois entre les mailles du filet, soit par manque d'accès aux soins, soit car les professionnel·les rencontré·es se sont trompé·es de diagnostic, ou qu'ils ou elles n'ont pas osé en poser un pour ne pas « figer l'enfant derrière une étiquette », ce qu'on entend encore beaucoup trop souvent. Toutefois, une fois adulte, il n'est pas trop tard pour poser un tel diagnostic et obtenir des soins pour ce trouble invalidant. N'hésitez pas à vous rapprocher d'un·e professionnel·le de santé spécialisé·e si ces symptômes font écho à votre trajectoire de vie.

LES TRAITEMENTS DU TDAH

Le TDAH peut avoir un retentissement majeur sur toutes les sphères de la vie : apprentissages scolaires, vie familiale, loisirs et relations sociales… Des traitements existent et sont efficaces :

- accompagnement scolaire ;
- guidance parentale : conseils aux parents pour structurer les journées selon les besoins de l'enfant, favoriser et repérer les temps de repos et de récupération, expliquer comment fonctionne le TDAH, ce qu'on peut demander à l'enfant et au contraire ce qu'il ou elle ne peut pas fournir comme effort, etc. (voir p. 244) ;
- thérapies cognitivo-comportementales (voir p. 68) ;
- remédiation cognitive : expliquer à l'enfant et ses parents le fonctionnement cérébral, exercices pour renforcer la mémoire et la concentration, rendre autonome l'enfant dans sa compréhension de soi et la gestion de son trouble, travailler la flexibilité mentale, l'élaboration de nouvelles stratégies, les capacités de déduction.

Quant au traitement médicamenteux, c'est le méthylphénidate qui est le plus souvent prescrit, une molécule commercialisée sous différents noms (Ritaline®, Concerta®, Medikinet®, Quasym®). C'est un psychostimulant qui peut améliorer de manière spectaculaire le quotidien des enfants souffrant de ce trouble. Ce n'est pas un médicament qui « assomme », contrairement à de nombreuses idées reçues, et ce n'est pas non plus une amphétamine. Il n'y a par ailleurs pas de risque d'addiction, on n'en devient pas dépendant·e. Ce traitement peut d'ailleurs s'arrêter aisément le week-end et en vacances si les effets secondaires sont trop importants (voir p. 90).

L'autisme et les troubles du spectre de l'autisme (TSA)

L'autisme est une diversité neurologique encore difficile à chiffrer précisément au sein de la population générale. Ce n'est ni une maladie, ni un handicap, ni un don, c'est une manière d'être au monde qui est différente, un « câblage » du cerveau particulier et qui concerne la mémoire, les émotions, la manière de s'exprimer, de tisser des liens sociaux ou encore de s'occuper. Ces « câbles » fonctionnent avec leurs spécificités, leurs atypicités, et on peut arriver à s'adapter à son environnement et mener sa vie comme on l'entend. Mais parfois, il y a des blocages, des difficultés : on parlera alors de troubles du spectre de l'autisme, pour lesquels des solutions existent en termes d'accompagnement et parfois de soins. De la même manière qu'on ne confond pas sommeil et troubles du sommeil, il ne faut pas confondre autisme et troubles du spectre de l'autisme.

LORSQUE DES TROUBLES S'AJOUTENT AUX PARTICULARITÉS ET ATYPIES DE L'AUTISME

Les TSA sont des troubles complexes et multifactoriels, qui surviennent chez certain·es personne autistes, avec une composante génétique forte et un rôle probable de facteurs environnementaux (qui restent à l'heure actuelle encore en cours d'exploration). Les personnes autistes peuvent présenter des difficultés de communication et d'interactions sociales, et des centres d'intérêt souvent répétitifs et restreints. Ces signes, ces particularités deviendront des troubles s'ils altèrent la qualité de vie des personnes, pour des raisons diverses.

Ainsi, les TSA ne sont pas fixes et immuables au cours du temps chez une même personne autiste, ils vont et viennent en fonction de l'accès aux soins et de l'acceptation de la société – c'est-à-dire la capacité de cette dernière à s'adapter plus ou moins aux besoins de la personne. Aussi, on parle de « spectre de l'autisme », car il y a mille et une manières d'être en situation de handicap du fait des TSA, au sein d'une société donnée. D'autres troubles psychiques (dépression, anxiété, etc.) peuvent également éclore du fait de facteurs de stress, d'une errance médicale ou de capacités d'adaptation dépassées chez la personne concernée.

Enfin, les capacités intellectuelles, cognitives et communicationnelles des personnes autistes sont très aléatoires, comme pour le reste de la population. Certaines auront une intelligence normale et un vocabulaire habituel, d'autres présenteront une déficience intellectuelle importante mais pourront avoir accès au langage oral, d'autres encore n'auront aucune communication orale mais une intelligence normale, voire augmentée, et trouveront d'autres manières d'interagir avec les autres (pictogrammes, langue des signes, tablette tactile...).

Les idées reçues sur l'autisme

Dans notre imaginaire collectif, les personnes autistes sont soit des génies des mathématiques ou de l'informatique pouvant passer leurs journées à classer des documents de manière répétitive, soit des personnes qui ne savent pas parler et ont un retard mental. Une image souvent véhiculée dans les films qui traitent du sujet, ou relayée par les médias. Mais l'autisme, ce n'est pas cette caricature. D'ailleurs, le terme « Asperger » n'est plus utilisé dans les nomenclatures scientifiques actuelles car il pouvait faire penser que les personnes autistes avaient forcément un quotient intellectuel plus élevé que la moyenne.

L'histoire de l'autisme est aussi entachée par toutes sortes de théories qui ont prétendu que ce trouble était lié à des problèmes d'éducation, visant surtout le rôle de la mère, ou bien que l'autisme serait dû à certaines campagnes de vaccination. Toutes ces hypothèses n'ont jamais été démontrées et on peut définitivement les écarter en l'état actuel de nos connaissances.

LES SIGNES DES TSA

Des difficultés dans les interactions sociales

Les personnes qui souffrent de troubles du spectre de l'autisme n'ont pas le mode d'emploi pour décoder les intentions des autres, leurs émotions, comment associer telle expression faciale à tel sentiment, comment trouver la bonne distance entre la familiarité et la froideur. En société, elles peuvent paraître ailleurs, dans leur bulle, avec parfois une difficulté à regarder les autres dans les yeux et à se comporter comme eux ou elles. Ou alors elles donnent le change, ont appris à faire comme les autres pour se fondre dans la masse, avec des résultats parfois impressionnants mais au prix d'efforts majeurs et épuisants qui peuvent faire le lit d'une dépression.

Elles peuvent avoir du mal à communiquer oralement ou à utiliser le langage non verbal : les gestes, la position du corps dans l'espace, la manière de se tenir, de regarder. Par conséquent, il peut être compliqué pour elles de développer et maintenir des relations interpersonnelles avec un·e ami·e, un·e voisin·e, un·e camarade de classe, d'autant qu'elles ont souvent de grandes difficultés à décoder leurs propres émotions et à les partager. Ces problèmes proviennent aussi, voire surtout, de la méconnaissance de la société vis-à-vis de leurs atypicités.

Les centres d'intérêt restreints

Une personne autiste peut passer beaucoup de temps dans la journée à faire les mêmes activités, à les répéter, infiniment parfois, de manière plus ou moins rigide, plus ou moins ritualisée : écouter une musique en boucle, regarder le même film, réaliser des calculs (complexes ou non), multiplier encore et encore la même stéréotypie gestuelle (tourner sur soi, bouger précisément un ou plusieurs doigts) ou verbale (émettre un son de manière répétitive, répéter une phrase mille fois dans la journée). Ces comportements sont très différents d'un individu à un autre et plus ou moins invalidants socialement : c'est le retentissement qui déterminera s'il s'agit, ou non, d'un TSA. Certain·es autistes arriveront à cacher habilement leurs particularités (par crainte d'être jugé·es par exemple) tandis que d'autres n'auront que peu voire pas de contrôle dessus.

On parle aussi de particularités sensorielles : certains sons (hyperacousie), certaines odeurs ou couleurs vont être perçues de manière agressive ou appréciable, pouvant générer un plaisir immense comme un grand désarroi. Si le contact avec cette stimulation est agréable ou permet à la personne autiste de maintenir et favoriser un certain équilibre sur le plan de la santé mentale, une autostimulation (qu'on appelle « *stimming* », avec des mouvements répétitifs) peut se mettre en place. Des particularités culinaires sont également très fréquentes, à l'origine parfois d'une sélectivité intense de certains aliments aux dépens des autres, pouvant causer des troubles gastro-intestinaux.

UN DIAGNOSTIC POSÉ PAR UNE ÉQUIPE PLURIDISCIPLINAIRE

Le diagnostic des TSA résulte d'un travail d'équipe et d'une synthèse de différents bilans. Si les parents rapportent des signes d'inquiétudes sur le développement (langage, interactions sociales) de leur enfant, le ou la médecin traitant va conduire un examen médical approfondi. Il ou elle va aussi prescrire un examen ORL (pour éliminer la possibilité d'une surdité notamment), visuel, et un bilan orthophonique. Si la suspicion de TSA semble se confirmer, le ou la médecin traitant adressera l'enfant et ses parents à des professionnel·les spécialisé·es dans la prise en charge et l'accompagnement des TSA regroupés au sein de PCO (plateformes d'orientation et de coordination).

Cette équipe pourra poser le diagnostic de TSA en se basant sur des outils précis, un examen pédiatrique complet (langage, capacités d'adaptation, profil sensoriel, etc.) et un interrogatoire exhaustif (déroulement de la grossesse, âge des acquisitions, etc.) sans oublier un bilan génétique à la recherche de certains syndromes parfois associés.

Si l'enfant présente une forme complexe de troubles et qu'un doute persiste quant au diagnostic, l'un des centres de ressources autisme (CRA), disséminés sur le territoire, pourra être sollicité.

LES TSA SE DÉTECTENT PARFOIS À L'ÂGE ADULTE

Il n'y a pas d'âge pour diagnostiquer des TSA et parfois, certain·es enfants deviennent adolescent·es puis adultes sans vraiment éveiller les soupçons de leurs parents et enseignant·es. On les décrit tout au plus comme un peu « étranges », mais ils ou elles ont quelques copains ou copines et les résultats scolaires suivent, alors personne ne s'inquiète vraiment. Seulement, ces personnes gèrent leurs TSA et parviennent à passer entre les mailles du filet au prix d'une surcompensation qui peut causer des troubles psychiques.

Ainsi, il ne faut pas hésiter à consulter un·e spécialiste, même à l'âge adulte, si on se sent différent·e, atypique, pas comme les autres, et si cela nous coûte d'user jour après jour de cet art du camouflage durement acquis au fil des années.

L'autisme, ce sont les personnes autistes qui en parlent le mieux

Sur les réseaux sociaux, dans des blogs et podcasts, les initiatives se multiplient pour que les personnes concernées puissent enfin gagner en visibilité et exprimer au mieux ce qu'elles ressentent et la manière dont elles vivent leur trouble. Le travail d'inclusion et d'acceptation à effectuer par la société reste immense et, en 2024, les personnes autistes sont encore beaucoup trop stigmatisées et laissées de côté. Des associations se structurent de plus en plus, guidées souvent par une volonté de militantisme afin que les droits des personnes autistes soient respectés.

PARTIE 3

PRENDRE SOIN LES UN·ES DES AUTRES : L'HOSPITALISATION ET AIDER UN·E PROCHE

Jusqu'à présent, nous avons surtout évoqué la relation entre un·e patient·e et son ou sa psy dans un contexte de consultation, en cabinet libéral ou dans un centre médico-psychologique. Mais parfois, la douleur psychique est telle que la seule solution qui s'offre à vous ou à l'un·e de vos proches est l'hospitalisation. Aussi, qu'elle soit volontaire ou à la demande d'une tierce personne, cette hospitalisation dans un établissement psychiatrique fait encore peur. Pour dédramatiser cette solution de soin, nous allons vous expliquer comment se déroule un séjour hospitalier pour un problème psychique.

Peut-être qu'à travers ce livre, vous cherchez aussi des débuts de solutions pour aider un·e proche, qu'il s'agisse de votre enfant, d'un·e ami·e, d'un membre de votre famille, que vous sentez ne pas aller bien. Mais parler à l'autre du mal-être que l'on perçoit chez lui ou elle peut s'avérer très compliqué. Ainsi, cette partie est destinée à vous donner les clés essentielles pour pouvoir prendre soin des gens qui vous entourent du mieux que vous pouvez, tout en préservant, dans la mesure du possible, votre propre santé mentale en tant qu'aidant·e.

CHAPITRE 15

Quand l'hospitalisation s'avère indispensable

Certaines situations peuvent nécessiter que vous, ou l'un·e de vos proches, soyez hospitalisé·e quelques jours, semaines ou mois dans un service de psychiatrie, que ce soit pour approfondir un diagnostic, trouver un traitement plus efficace ou permettre de passer un cap particulièrement difficile de la vie.

Une hospitalisation en psychiatrie peut se décider de manière programmée (après discussions avec votre le ou la généraliste, le ou la psychiatre ou tout·e autre professionnel·le de santé), ou dans un contexte d'urgence (dépression sévère, risque suicidaire, idées délirantes majeures avec mises en danger).

Le déroulement d'une hospitalisation volontaire

LE LIEU D'HOSPITALISATION

Plusieurs établissements peuvent vous accueillir : les cliniques privées (que certain·es appellent aussi « maisons de repos ») et les hôpitaux psychiatriques publics. La différence entre ces deux offres n'est pas toujours flagrante, mais en général, les personnes accueillies en clinique auront souvent des symptômes moins intenses et sévères que dans des services psychiatriques hospitaliers.

Hôpital psychiatrique et manque de moyens

C'est malheureusement la réalité du terrain : les hôpitaux, en particulier les hôpitaux psychiatriques, manquent de moyens, humains comme économiques. Cela peut avoir un impact direct sur votre hospitalisation, voire votre rétablissement : insuffisance de lits disponibles, locaux vétustes, manque de personnel...

Le prix du séjour n'est pas toujours le même entre hôpitaux publics et cliniques privées : parmi celles-ci, certaines sont totalement remboursées par l'Assurance maladie et votre mutuelle, tandis que d'autres pratiquent des dépassements d'honoraires avec un reste à charge important.

Toutefois, gardez en tête que votre lieu de résidence détermine l'hôpital psychiatrique auquel vous êtes rattaché·e et qui est censé pouvoir vous accueillir le jour où vous en avez besoin.

Les directives anticipées en psychiatrie

Vous connaissez sans doute les directives anticipées en cas d'accident grave ou pour la fin de vie, mais il existe aussi des directives anticipées en psychiatrie. Si vous sentez que votre état psychique se dégrade, ou si la perspective d'une hospitalisation vous effraie, vous pouvez remplir un livret contenant votre « plan de crise » afin de décrire précisément ce que vous souhaitez (et ne désirez pas) le jour où des soins hospitaliers sont nécessaires. Il est également possible de désigner une personne de confiance. Le livret est disponible à l'adresse suivante : https://www.psycom.org/agir/la-defense-des-droits/kit-mon-gps/

DIFFÉRENTS MÉTIERS POUR ACCOMPAGNER LES PATIENT·ES

À l'hôpital psychiatrique, vous allez croiser différent·es professionnel·les formé·es pour que le séjour se déroule au mieux.

D'abord, les **infirmier·ères**, qui sont responsables des soins quotidiens, qu'il s'agisse de la délivrance des médicaments, de la prise des constantes (pouls, tension artérielle, poids) ou de la surveillance de l'état de santé des patient·es, physique ou psychique. Ils ou elles pourront aussi vous proposer des consultations psychiatriques régulières pour savoir comment vous allez, comment se porte votre moral, votre sommeil, etc.

Ensuite, ils ou elles sont épaulé·es par les **aides-soignant·es** qui interviennent principalement auprès des patient·es ayant besoin d'aide pour faire leur toilette, s'habiller, se déplacer et participent au repérage de la souffrance psychique. Les aides-soignant·es et les agent·es des services hospitaliers (ASH) sont également les garant·es de l'hygiène des locaux.

Enfin, le ou la **psychiatre**, dont le temps de présence varie d'un hôpital à l'autre, et d'un service à l'autre, rencontre les patient·es. Il ou elle essaye de comprendre au mieux votre trajectoire de vie, vos événements biographiques marquants et vos besoins actuels, la ou les problématiques qui ont mené à l'hospitalisation et les solutions que l'on peut vous apporter. Il ou elle établit des diagnostics, préconise des traitements et des prestations sociales (voir p. 273).

Le ou la psychiatre est souvent chef·fe de service, responsable de l'accompagnement global qui est proposé à chacun·e.

D'autres professionnel·les peuvent être présent·es en fonction des hôpitaux : psychologues (assurant une psychothérapie, apportant des éclairages diagnostiques), ergothérapeutes, psychomotricien·nes, infirmier·ères de pratique avancée (ayant la possibilité de prescrire certains médicaments, faire des renouvellements d'ordonnance et d'autres actes jusque-là réservés aux médecins), pair-aidant·es ou patient·es-expert·es (personnes rétablies de leur trouble psychique et qui ont décidé de faire de leur savoir expérientiel une expertise pour accompagner les autres), etc.

PENDANT LE SÉJOUR

Les activités

Les hôpitaux et cliniques proposent des temps d'activité, individuels ou collectifs, auxquels vous participerez peut-être, si le cœur vous en dit : réunions « soignant·es-soigné·es », activité physique adaptée, art-thérapie (voir p. 94), ateliers manuels, sorties culturelles en groupe, etc.

Ces activités permettent de créer du lien entre les professionnel·les et les personnes accueillies et instaurent une atmosphère souvent propice au soin par des moyens d'expression complémentaires à la psychothérapie. Prendre (ou reprendre) du plaisir, mettre la priorité sur la notion de bien-être, cela aide de nombreuses personnes à se rétablir sur le plan mental.

La question des permissions de sortie

Même si vous êtes dans un service psychiatrique dit « libre », vous devrez quand même, dans la plupart des unités, demander la « permission » de sortir pour vous promener en ville ou dans le parc de l'hôpital. C'est un moyen d'évaluer que votre état clinique est compatible et ne vous expose pas à trop de dangers (consommation de substances, dépenses d'argent, risque suicidaire, mauvaises rencontres si vous êtes vulnérable, etc.).

En effet, accueillir des personnes qui ont parfois des idées suicidaires ou une altération de leur discernement et les laisser se promener sans surveillance, c'est prendre un risque que les professionnel·les tentent au maximum de limiter. Les soignant·es ont leur propre expertise de vos difficultés et sauront certainement vous aider à mieux les comprendre et les surpasser. Leur unique mission, leur priorité, c'est de vous soigner et de vous protéger : à la fois des autres, et de vous-même.

A-t-on le droit de garder son téléphone et de recevoir de la visite quand on est hospitalisé·e ?

Concernant le téléphone, certaines équipes vous assureront que pour votre bien, il faut vous en séparer au moins 48 heures, faire une pause, mettre vos proches à distance, quand d'autres vous laisseront le conserver. Tout cela est très personnel et c'est à vous d'en décider avec l'équipe. À part des cas extrêmes de cyberharcèlement ou des dépenses inconsidérées sur Internet, il n'y a pas de raisons particulières pour qu'on vous prive de votre téléphone si vous ne l'avez pas autorisé.

De la même manière, sauf motif médical dûment justifié et argumenté, comme une suspicion de maltraitance familiale en cours d'enquête, on ne doit pas vous empêcher de recevoir la visite de vos proches.

LA FIN D'HOSPITALISATION

Idéalement, vous souhaitez quitter l'hôpital car vous vous sentez bien (ou mieux), vous avez repris le contrôle de votre vie et les soins ont été d'une grande aide. Dans ce cas, votre sortie sera décidée conjointement avec l'équipe de l'unité et un suivi psychiatrique, psychologique et infirmier vous sera proposé, afin de poursuivre les soins en ambulatoire par des consultations régulières, que ce soit en libéral ou dans le centre médico-psychologique dont vous dépendez.

Toutefois, vous pouvez avoir la sensation que vous n'allez pas mieux et que vous perdez votre temps. Vous pouvez en avoir assez des conditions d'hospitalisation (vie en collectivité, promiscuité, certains règlements intérieurs infantilisants, psychiatre peu présent·e, peu d'activités, etc.).

Une information importante

Si les soins, le lieu, l'équipe ne vous correspondent pas, vous êtes libre de partir et de trouver un établissement de soins et des professionnel·les de santé qui vous conviennent mieux.

Il se peut également que le ou la psychiatre soit opposé·e à votre sortie, estimant que votre état de santé nécessite encore des soins hospitaliers. Si vous maintenez votre volonté de quitter l'unité, il ou elle vous fera signer ce que l'on appelle une décharge ou une « sortie contre avis médical », document qui indique que vous avez été informé·e des risques encourus et que vous décidez quand même de partir.

En revanche, si le ou la psychiatre est très inquiet·ète pour votre santé, qu'il ou elle a des raisons de penser que vous êtes en situation de danger imminent, il ou elle pourra vous priver temporairement de certaines de vos libertés et organiser des soins sans consentement qui se feront dans un autre service (voir p. 232).

Hospitalisé·e, vous conservez vos droits

En psychiatrie, comme dans les autres services de médecine, vous conservez les mêmes droits que quiconque. Dans un service de soins psychiatriques libres, vous pouvez accepter ou refuser telle ou telle mesure, tel ou tel soin, tel ou tel traitement. Rien ne peut être fait sans votre accord.

Quoi qu'il en soit, le jour de votre départ, il vous sera remis en mains propres une lettre de liaison, c'est-à-dire le compte-rendu de votre hospitalisation, rédigée par le ou la psychiatre. Cette lettre comprend votre motif d'admission, vos antécédents, comment le séjour s'est déroulé, les examens effectués, la conclusion et le diagnostic. N'hésitez pas à la demander si on a oublié de vous la remettre.

Les alternatives à l'hospitalisation complète

Afin de vous éviter d'être hospitalisé·e à temps complet et coupé·e du reste du monde et de vos liens sociaux et familiaux, des alternatives se développent. Ainsi, les hôpitaux de jour peuvent vous accueillir à la journée ou à la demi-journée et vous faire bénéficier des mêmes soins qu'en hospitalisation libre, mais sans avoir à dormir sur place.

L'hospitalisation à domicile constitue une autre possibilité, c'est un dispositif particulier qui permet à une équipe hospitalière de vous rendre visite chez vous quotidiennement et de vous apporter des soins et un accompagnement dans votre espace de vie. Enfin, des équipes mobiles peuvent se rendre chez vous pour évaluer vos besoins à un instant précis ou vous apporter des soins réguliers.

Les soins psychiatriques sans consentement

DES SITUATIONS BIEN DÉFINIES PAR LA LOI

La loi française prévoit que, dans des situations psychiatriques extrêmes bien particulières, les médecins, en concertation avec certaines personnes représentant l'autorité (préfet·ète, maire) ou avec un tiers pouvant attester agir dans votre intérêt (proche, ami·e, membre de votre famille), peuvent vous obliger à être hospitalisé·e contre votre volonté dans des unités fermées, c'est-à-dire desquelles vous ne pouvez sortir librement.

Comment demander une hospitalisation pour un·e proche qui refuse les soins ?

Il se peut que vous vous retrouviez dans la situation de devoir demander une hospitalisation pour l'un·e de vos proches qui présenterait des troubles psychiques sévères et que vous n'arrivez plus à aider autrement. Dans ce cas, vous devrez rédiger une lettre manuscrite et signée expliquant votre lien avec la personne concernée. Votre demande sera ainsi associée au certificat du ou des médecins attestant de la nécessité de soins psychiatriques urgents et de l'incapacité de votre proche à consentir aux soins pourtant indispensables à son état.

Voici les situations qui peuvent conduire à ce qu'on appelait autrefois un « internement de force » ou « une hospitalisation d'office » :

- un risque imminent de passage à l'acte suicidaire ;
- des mises en danger répétées (conduites à risque) ;

- une agressivité envers vous-même ou envers les autres ;
- une mise en jeu de votre pronostic vital (anorexie extrême) ;
- un trouble à l'ordre public.

Ces motifs sont nécessaires mais ne suffisent pas. Il faut d'abord qu'ils soient sous-tendus par une maladie psychiatrique. Ensuite, il est impératif que vous ne soyez pas capable de comprendre que vous avez besoin de soins alors même que les décideur·euses estiment que votre état le nécessite.

La rencontre avec le ou la juge des libertés et de la détention (JLD)

Sachez que si vous êtes un jour amené·e à faire l'objet de soins psychiatriques sans consentement, vous rencontrerez dans les douze premiers jours le ou la JLD. Cette personne n'est pas là pour vous juger, mais pour juger les psychiatres et s'assurer qu'ils ou elles ont fait leur travail convenablement, que les certificats sont correctement rédigés et que votre hospitalisation n'est pas abusive.

Le ou la juge examine le dossier et décide si votre hospitalisation est maintenue ou non. Il ou elle peut aussi choisir de lever la mesure s'il ou elle estime que vos droits ne sont pas respectés ou s'il ou elle découvre un vice de procédure. Vous aurez la possibilité de vous exprimer devant lui ou elle et d'être accompagné·e d'un·e avocat·e qui défendra vos droits.

LES SOINS SOUS CONTRAINTES

Être hospitalisé·e contre votre volonté ne signifie pas que vous ne décidez plus de rien. Vous restez associé·e aux soins qui vous concernent et, théoriquement, vous pouvez refuser un médicament si vous ne souhaitez pas en bénéficier. Vous gardez globalement tous les droits que nous avons évoqués ci-dessus, à quelques exceptions près.

La seule situation dans laquelle on peut vous administrer un traitement de force, c'est si vous êtes sur le point de vous faire du mal ou de faire du mal aux autres. Ces situations sont toujours tragiques, douloureuses, parfois à l'origine d'états de stress post-traumatiques chez les patient·es (voir p. 129). Dans ces moments-là, vous pouvez vous retrouver attaché·e à un lit, dans une chambre d'isolement, avec une piqûre de tranquillisant délivrée dans un muscle, avec tout ce que cela peut avoir d'humiliant et de révoltant.

Ces pratiques de soins sous contraintes (isolement et contention) interviennent en dernier recours, quand tout a d'abord été tenté par l'équipe soignante avant d'en arriver là (dialogue calme et posé avec différent·es interlocuteur·ices, chambre d'hypostimulation ou de repli, techniques de relaxation, stratégies de désescalade de la violence, traitement médicamenteux proposé et refusé).

LA SORTIE DE L'HÔPITAL

Une hospitalisation sans consentement prend fin soit lorsque le ou la psychiatre décide de lever la mesure, estimant que votre état de santé ne la nécessite plus, soit lorsque le ou la juge des libertés prononce la sortie, soit si le tiers ayant initialement signé la demande se rétracte.

Si vous estimez que vos droits ne sont pas respectés

Vous pouvez demander l'intervention d'un·e avocat·e, contacter les forces de l'ordre et le commissariat le plus proche afin qu'on vienne prendre votre déposition sur place. Vous pouvez aussi saisir à tout moment le ou la défenseur·euse des droits (téléphone : 09 69 39 00 00), le ou la contrôleur·euse général·e des lieux de privation de libertés (téléphone : 01 53 38 47 80) et la commission départementale des soins psychiatriques (CDSP), dont la mission est de garantir vos droits.

CHAPITRE 16

Mon enfant ne va pas bien

En tant que parent, il n'est pas toujours facile de bien positionner le curseur : à la fois laisser son enfant explorer le monde et apprendre à faire face aux épreuves de la vie, et savoir s'inquiéter suffisamment pour demander de l'aide lorsque nos inquiétudes nous semblent fondées. L'enfance et l'adolescence sont des périodes de vie marquées par une forte évolution de l'architecture cérébrale, des tempêtes hormonales et une construction de soi-même en devenir. Il n'est pas facile d'y voir clair dans cette trajectoire lorsqu'on est parent, c'est pourquoi, dans ce chapitre, nous vous donnons les informations essentielles pour vous aider à vous repérer.

Quand s'inquiéter ?

L'IMPORTANT, C'EST LA TENDANCE

Il n'y a en réalité pas un symptôme spécifique qui pourrait incarner un signal d'alerte unique chez votre enfant : il s'agit plutôt de considérer une tendance globale qui s'ancre et s'enkyste. Une tristesse passagère de quelques jours, qui ne se reproduit pas, avec un facteur déclenchant clairement identifié (deuil, dispute avec un·e camarade) ne doit *a priori* pas vous inquiéter outre mesure.

En revanche, si vous notez chez votre enfant un changement brutal et durable, une rupture franche dans son état habituel, vous avez toutes les raisons de vous inquiéter. Il peut aussi s'agir de quelque chose de plus progressif que vous avez du mal à dater, comme une intuition que votre enfant va mal.

LES SIGNES D'ALERTE

Un·e enfant habituellement calme et avenant·e qui, sans raison apparente, se mure dans le silence, devient irritable, s'isole avec un fléchissement des résultats scolaires, pourra faire par exemple suspecter une dépression – causée peut-être par un harcèlement scolaire –, une consommation de substances comme du cannabis ou un trouble bipolaire qui débute. Il peut également s'agir d'un mélange de différents facteurs explicatifs.

Les automutilations comme les scarifications, ainsi que les idées suicidaires qui surviennent chez l'enfant et l'adolescent·e, ne doivent jamais être banalisées (voir p. 29 et p. 197). Ces phénomènes sont toujours préoccupants et doivent entraîner une demande d'aide urgente.

Le sommeil et l'alimentation sont aussi des points d'appel importants et tout excès dans un sens ou dans l'autre, qui dure dans le temps, doit vous alerter.

Enfin, un déménagement, l'arrivée d'un petit frère ou d'une petite sœur, le décès d'un oncle ou d'une grand-mère, sont des épreuves de vie pouvant bouleverser les enfants et mobiliser leurs capacités d'adaptation plus ou moins douloureusement, ce qui peut nécessiter le recours à une aide spécialisée.

Harcèlement scolaire et cyberharcèlement

Le harcèlement est le fait, pour un·e enfant ou un·e adolescent·e, de faire l'objet d'actes négatifs et répétés de la part d'autres élèves, que ces actes soient physiques ou verbaux. Avec l'arrivée des nouvelles technologies, le harcèlement peut se poursuivre en cyberharcèlement jour et nuit sur les réseaux sociaux, avec un impact psychologique qui peut être majeur sur la victime.

D'ailleurs, en tant que parent, il faut vous intéresser à ce que votre enfant fait sur les réseaux et se préoccuper de la manière dont fonctionne le contrôle parental et l'activer, avec tact et mesure, selon son âge. Vous devez aussi rappeler à votre enfant les précautions à prendre sur les réseaux et sur Internet plus largement. Le site Internet https://www.internetsanscrainte.fr/ répertorie de nombreuses ressources gratuites et des conseils pour vous accompagner, vous et votre enfant, dans cette vie numérique à découvrir en famille.

Les violences répétées, quotidiennes, peuvent avoir de graves conséquences pour la santé mentale et globale. Elles sont une **source de stress** majeure pour la victime, avec la sensation d'être en permanence en hypervigilance ; elles peuvent favoriser l'émergence d'un **trouble du comportement alimentaire** (anorexie, boulimie) ou le **développement d'addictions** comme une sorte d'automédication (cannabis, alcool, jeux d'argent, etc.) ; enfin, elles peuvent provoquer **une dépression** et augmenter **le risque suicidaire** de manière importante, aussi bien chez les adolescent·es que chez de jeunes enfants.

Si votre enfant est victime de harcèlement, plusieurs démarches s'offrent à vous :

- Alertez la direction de l'établissement scolaire ou un·e enseignant·e.
- Composez le 3018, numéro de téléphone confidentiel et gratuit, ouvert sept jours sur sept, jusqu'à 23 heures. Il permet d'accompagner et de prendre en charge les jeunes victimes, avec la possibilité de faire supprimer en quelques heures des contenus malveillants sur les réseaux sociaux.

De ce fait, la situation de harcèlement sera transmise à l'inspecteur·ice de l'Éducation nationale par le référent harcèlement départemental (programme Phare [https://www.education.gouv.fr/non-au-harcelement/phare-un-programme-de-lutte-contre-le-harcelement-l-ecole-323435] du ministère de l'Éducation nationale) ou par le ou la directeur·ice de l'établissement, et une procédure pour harcèlement sera mise en place. Les faits seront également signalés au ou à la procureur·e de la République en cas de harcèlement grave et persistant.

PENSEZ À CONSULTER

Si vous êtes inquiet·ète, vous êtes en droit de consulter un·e spécialiste pour obtenir des réponses à vos questions. Vous êtes le ou la premier·ère expert·e de votre enfant, et même si vous ne savez pas tout, votre ressenti de parent est primordial et irremplaçable.

Il est important de ne pas céder à la facilité de la fameuse « crise d'adolescence » que nous brandissons (parfois nous, les parents, mais aussi l'entourage de l'enfant) aisément pour nous rassurer.

Les troubles psychiques chez les enfants

CHEZ LES 10-19 ANS, UN·E ENFANT SUR SEPT CONCERNÉ·E

Il peut survenir chez votre enfant des troubles psychiques ou neurodéveloppementaux, mélange d'une vulnérabilité génétique propre à chaque enfant, des épreuves de vie qu'il ou elle va traverser et de l'environnement dans lequel il ou elle va grandir et évoluer.

La moitié des troubles psychiques qu'on retrouve chez les adultes survient avant l'âge de 14 ans, d'après l'Organisation mondiale de la santé et Santé publique France. Chez les 10-19 ans, un·e enfant sur sept souffre d'un ou plusieurs troubles psychiques.

Parmi ces troubles, on trouve un large spectre allant des troubles du comportement (trouble oppositionnel avec provocation, trouble des conduites), des troubles de l'humeur comme une dépression ou un trouble bipolaire, des troubles anxieux ou des maladies comme la schizophrénie, en passant par les automutilations (scarifications notamment), des troubles du comportement alimentaire et des addictions (tabac, alcool, cannabis, etc.). Ces dernières peuvent entraîner des altérations neurocognitives (régulation émotionnelle, mémoire, motivation, planification de tâches) et peuvent rendre plus vulnérables à d'autres troubles psychiques (dépression entre autres).

Le rôle des parents

Votre mission en tant que parent est de chercher une réponse ou une solution aux difficultés de votre enfant, qu'il s'agisse d'identifier et de ne pas minimiser des changements au sein de la famille, d'engager une psychothérapie chez votre enfant, de faire un bilan des problèmes développementaux ou de suivre une thérapie de couple quand la relation entre les deux parents se répercute sur la santé mentale de l'enfant.

ÉTAPE NORMALE DE DÉVELOPPEMENT OU TROUBLE PSYCHIQUE ?

Pour parler d'un trouble psychique, il faut :

- des critères précis de durée (souvent plusieurs mois) ;
- un retentissement négatif majeur et durable chez l'enfant, et très souvent sa famille et son entourage proche.

Il ne faut pas confondre des troubles psychiques et des difficultés ponctuelles et réactionnelles, par exemple des angoisses de séparation passagères, des phobies transitoires, un trouble de l'adaptation à l'arrivée d'un petit frère ou d'une petite sœur, une modification du sommeil avec rituels d'endormissement plus longs à la rentrée des classes, etc. Il ne faut pas non plus psychiatriser à outrance des questionnements existentiels qui sont banals et habituels chez l'enfant, comme sur la mort.

Tout est une question de dose et de fréquence : poser des questions de temps en temps et se sentir temporairement rassuré·e par l'explication de ses parents, c'est habituel et normal. Mais avoir des pensées envahissantes et obsédantes, quasi permanentes, qui empêchent votre enfant de réaliser d'autres activités (devoirs, loisirs, temps de sommeil) et de profiter de moments agréables, ce n'est pas une fatalité et des solutions existent.

La phobie scolaire

Appelée également « refus scolaire anxieux », la phobie scolaire concernerait 1 à 2 % des enfants, avec des conséquences parfois dramatiques pour toute la famille. Face à la détresse de l'enfant qui est dans l'incapacité d'aller à l'école, les parents, voulant bien faire, usent de stratagèmes divers et variés, jusqu'à finalement s'épuiser.

Les causes du refus scolaire anxieux sont multiples : harcèlement scolaire, menaces, insultes, difficultés d'apprentissage qui font perdre confiance et espoir chez l'élève, structuration de l'identité sexuelle avec questionnements face au genre (avec moqueries des autres enfants ou sentiment de honte), sans oublier des troubles neurodéveloppementaux comme le trouble du déficit de l'attention avec ou sans hyperactivité (TDAH) et les troubles du spectre de l'autisme (voir p. 216), qui peuvent, par manque de compréhension ou de bienveillance de l'entourage, isoler l'élève qui se sent alors en décalage ou rejeté·e par ses pairs.

Là encore, la prise en charge doit être la plus rapide possible par les équipes pédopsychologiques et pédopsychiatriques du secteur, afin d'aider l'enfant à activer les leviers nécessaires à son retour à l'école, le ou la protéger, signaler un harcèlement, apporter des soins (psychothérapie notamment) et accompagner les parents qui souvent culpabilisent énormément.

Enfin, il faut rappeler que les troubles psychiques sont des phénomènes complexes qui n'ont pas une cause unique mais des explications multifactorielles. Ainsi, certains facteurs sociaux ou environnementaux rendent plus probables l'émergence d'un trouble psychique : stigmatisation, pauvreté, exclusion, violence. Mais on peut aussi aller mal dans un milieu aisé où on ne manque pourtant de rien sur le plan matériel.

Être HPI, est-ce un trouble psychique ?

Depuis plusieurs années, on entend régulièrement parler des personnes HPI (haut potentiel intellectuel). Il s'agirait d'individus qu'on décrit souvent avec une « pensée en arborescence », fréquemment en échec scolaire malgré leur intelligence élevée, parfois rejetés par les autres et souffrant d'hypersensibilité et de troubles psychiques. Certain·es estimeraient même qu'être HPI, ce serait équivalent au fait d'avoir un trouble psychique. Mais qu'en est-il réellement ?

On considère comme HPI des personnes ayant un quotient intellectuel (QI) supérieur ou égal à 130, mesuré avec un test validé. Cela concerne environ 3 % de la population. On parle également de « surdoué·es », d'enfant « précoces » ou avec un haut quotient intellectuel.

Tout d'abord, les études ne détectent aucune corrélation entre le quotient intellectuel et le nombre de symptômes psychologiques retrouvés chez les enfants. En réalité, les personnes HPI ont plutôt moins de troubles anxieux, moins d'états de stress post-traumatique et sont moins isolées socialement... Ce qui ne signifie pas non plus qu'elles n'ont jamais de troubles psychiques. Ce qui est vrai, en revanche, c'est que certaines personnes HPI peuvent se sentir socialement en décalage avec parfois un sentiment d'ennui ou de démotivation.

Ensuite, les personnes HPI ne sont pas davantage hypersensibles émotionnellement. L'hypersensibilité émotionnelle concerne 15 à 20 % de la population et est encore à l'heure actuelle un phénomène peu compris.

Par conséquent, le HPI n'est pas un diagnostic, ce n'est ni une maladie ni une pathologie psychique.

LES TROUBLES DU COMPORTEMENT DE L'ENFANT ET DE L'ADOLESCENT·E

Au sein des troubles psychiques de l'enfant, on retrouve les troubles du comportement de l'enfant et de l'adolescent·e, principalement représentés par le trouble oppositionnel avec provocation (TOP, 3 % de la population pédiatrique) et le trouble des conduites (au sens de « comportement », 1,5 %). Ces troubles augmentent le risque de suicide et d'actes délictueux et sont souvent associés à d'autres troubles psychiques et neurodéveloppementaux (TDAH notamment).

Le trouble oppositionnel avec provocation (TOP)

Un retentissement majeur sur la vie familiale

On retrouve les symptômes suivants :

- des comportements d'opposition ou de provocation aux parents ;
- une difficulté ou incapacité à reconnaître ses fautes ;
- une attitude souvent rancunière et de vengeance ;
- une susceptibilité importante et des accès de colère.

Chacun de ces critères, pris isolément et survenant ponctuellement chez un·e enfant, est normal et habituel. Un·e enfant apprend peu à peu à s'affirmer et cela passe parfois par le fait de tenir tête à l'autorité des parents dans un processus d'émancipation.

Ce qui fait l'existence d'un TOP, c'est d'une part l'intensité de ces critères qui bouleversent la vie de l'enfant et sa famille tout entière au quotidien, et d'autre part la fréquence de ceux-ci, avec des comportements d'opposition qui surviennent presque chaque jour et retentissent de manière particulièrement majeure et négative sur la vie familiale et sociale de l'enfant. Enfin, ces critères doivent être présents depuis au moins six mois pour qu'on puisse parler de TOP.

Les enfants présentant un TOP sont plus à risque que les autres de développer secondairement un trouble de l'humeur ou un trouble des conduites, ainsi que des troubles anxieux et dépressifs et des problèmes d'addiction, d'où l'intérêt d'une prise en charge précoce. Évidemment, de nombreux·ses enfants avec un TOP évolueront tout à fait favorablement.

Quelle prise en charge ?

Du côté des parents, ces derniers peuvent avoir recours à **la guidance parentale** (voir page suivante) afin de bénéficier d'explications sur le fonctionnement du trouble, sur l'immaturité encore très importante du cerveau des enfants (la maturation se prolonge jusqu'à 25 ans) qui joue sur leur capacité plus faible à gérer leurs frustrations et leurs émotions, et de conseils quotidiens pour aider l'enfant à mieux se contrôler. Par exemple :

- Prendre l'habitude de donner de l'attention à l'enfant même quand il ou elle est sage et que tout va bien, plutôt que d'aller à sa rencontre seulement pour le ou la réprimander. Cela va connoter positivement ses actes.
- Apprendre des techniques de désescalade, comme tenter de ne pas monter le ton quand l'enfant commence à le faire, ou qu'il ou elle se met à crier, voire essayer de parler moins fort que lui ou elle pour peu à peu l'inviter à diminuer son propre volume sonore.

Les parents peuvent aussi se tourner vers **des thérapies de couple ou familiales** pour prendre en charge la famille, souvent mise à rude épreuve.

Qu'est-ce que la guidance parentale ?

La guidance parentale donne aux parents des outils pour s'améliorer. Elle ne s'adresse pas uniquement aux parents qui feraient « mal » ou qui seraient « mauvais ». Elle consiste à leur expliquer ce que traverse leur enfant, ce qui se cache derrière le diagnostic posé, et les leviers qu'ils peuvent actionner pour l'aider au quotidien, dans différents domaines : maintenir ou augmenter l'autonomie, faciliter les apprentissages, améliorer les habiletés sociales, l'aider à mieux communiquer. À terme, les parents auront le sentiment d'avoir acquis davantage de compétences parentales solides.

Disponibles dans certains centres médico-psycho-pédagogiques (CMPP), certains services hospitaliers de pédopsychiatrie ou centres de ressources autisme (CRA), les ateliers de guidance parentale peuvent être encadrés par des pédopsychologues, pédopsychiatres, éducateur·ices, infirmier·ères ou psychomotricien·nes.

Même si votre enfant ne présente pas de trouble psychique ou neurodéveloppemental, vous pouvez ressentir le besoin de vous faire aider, quand il ou elle traverse des phases difficiles ou que vous avez des périodes de doute important. N'hésitez pas : il n'est jamais inutile de se poser la question du type de parent que l'on est et cela fait souvent beaucoup de bien, à l'enfant comme à ses parents.

Du côté de l'enfant, des techniques de gestion du comportement peuvent lui être inculquées pour l'aider à améliorer ses compétences sociales et éviter de se retrouver dans des situations de rejet. **Une psychothérapie** pourra également lui permettre de poser des mots sur ses ressentis, lui expliquer qu'il ou elle n'est pas le ou la seul·e enfant à vivre ce qu'il ou elle traverse, qu'il ou elle n'y est globalement pas pour grand-chose mais que des solutions existent, et que ses parents ont aussi besoin de conseils pour être des parents encore meilleurs. Enfin, il n'existe pas de traitement médicamenteux propre à ce trouble.

Le trouble des conduites

La transgression au cœur de ce trouble

C'est l'association, de manière intense, persistante et répétitive, de conduites bafouant les droits fondamentaux d'autrui et transgressant les normes sociales, avec des agressions physiques (sur des personnes ou des animaux), la destruction de matériel, des vols, des fugues ou un absentéisme scolaire, sur une période d'au moins un an.

Les enfants avec un trouble des conduites ont une impulsivité plus importante que les autres enfants, sont peu sensibles à la notion de loi et de punitions, et sont plus à risque d'automutilations et d'idées suicidaires (voir p. 29 et p. 197). Avec le temps, le trouble des conduites peut évoluer vers une personnalité antisociale, des troubles de l'humeur ou du contrôle des impulsions, ainsi que des abus de substances. Néanmoins, environ deux tiers des enfants verront leurs comportements s'améliorer avant l'âge adulte.

Quelle prise en charge pour l'enfant ou l'adolescent·e ?

Une psychothérapie peut être proposée pour travailler ses habiletés sociales par des jeux de rôle ou des mises en situation, ce qui peut l'amener, progressivement, à modifier ses comportements problématiques. Des rendez-vous avec **un·e orthophoniste, ergothérapeute ou psychologue** lui permettront d'affronter des difficultés fréquentes et l'aideront à faire preuve de flexibilité mentale, à planifier correctement les différentes séquences d'une tâche à accomplir, à maintenir son attention et à s'inhiber lorsque les circonstances sociales l'imposent.

Il faut accompagner l'enfant pour **faire le tri dans ses relations** afin d'éviter qu'il ou elle côtoie d'autres enfants qui présenteraient un trouble des conduites ou des personnalités antisociales. Le soutien scolaire et les interactions avec les enseignant·es sont également prioritaires.

Dans les cas les plus extrêmes, des hospitalisations en pédopsychiatrie peuvent être envisagées (si le milieu familial est épuisé ou carencé, ou s'il y a des mises en danger trop fréquentes et trop graves). Enfin, il n'existe pas de médicament spécifique à ce trouble.

ZOOM SUR LA DÉPRESSION DE L'ADOLESCENT·E

Une dépression qui s'exprime différemment

On estime que la dépression de l'enfant et de l'adolescent·e touche 1,4 % des 10-14 ans et 3,5 % des 15-19 ans. Elle peut passer totalement inaperçue, s'exprimant souvent moins clairement que chez l'adulte, avec des symptômes pouvant paraître moins intenses : pas forcément de tristesse, du moins à première vue, plus souvent de l'irritabilité et une humeur fluctuante, des douleurs physiques (mal de ventre, maux de tête, douleurs articulaires) et parfois des troubles du comportement (impulsivité, mises en danger, etc.). Il est donc nécessaire de redoubler de vigilance lorsqu'on constate des changements même minimes et paraissant futiles chez notre enfant. Ainsi, un·e adolescent·e qui souffre d'une dépression ne montrera pas forcément les mêmes symptômes selon les lieux et les personnes, pouvant être par exemple effacé·e et mutique dans la sphère familiale puis jovial·e et en apparence apaisé·e dans la sphère amicale.

On retrouve différents facteurs de risque de dépression (maladie chronique handicapante, traumatisme physique ou sexuel, mauvaises relations familiales ou sociales, événement de vie négatif, couverture médiatique d'un suicide avec phénomène de contamination...) ainsi que des facteurs protecteurs (bonne estime de soi, activités créatives, qualité des soutiens familiaux et amicaux, activité physique, etc.).

Les symptômes chez l'adolescent·e

Voici la liste des symptômes qu'on peut rencontrer. Ils doivent être présents durant au moins deux semaines et marquer une altération franche avec un état antérieur :

- humeur triste ou irritable, colère, hostilité ;
- aggravation d'angoisses préexistantes (mort, maladie, avenir) ;
- anhédonie, c'est-à-dire la perte totale de plaisir dans des activités qui étaient auparavant perçues comme agréables (sport, jeux vidéo, lecture, musique, etc.) ;
- sentiment de culpabilité, d'impuissance, de dévalorisation ;
- idées suicidaires (scénarisées ou non) ;

- parfois, des idées délirantes ou des hallucinations sont possibles ;
- dysmorphophobie : perceptions erronées du corps, par exemple se voir en surpoids ou obèse alors que dans la réalité on a un IMC (indice de masse corporel) normal ;
- difficultés de concentration (fléchissement des résultats scolaires) ;
- agitation, incapacité à rester en place (peut mimer un TDAH, mais parfois TDAH et dépression coexistent) ;
- sommeil augmenté ou diminué ;
- appétit accru ou amoindri ;
- mises en danger et comportements à risque : rapports sexuels non protégés, alcoolisations massives, conduites ordaliques (« jouer avec sa vie », « jouer avec le feu »).

Commencer par une psychothérapie de soutien

Concernant le traitement proposé à votre adolescent·e, qu'il s'agisse d'un·e médecin généraliste, d'un·e psychologue ou d'un·e psychiatre, il est recommandé de débuter (sauf critères d'urgence, comme des idées suicidaires) par une psychothérapie de soutien avant d'envisager une psychothérapie spécifique (TCC, thérapie familiale systémique, approche psychodynamique, c'est-à-dire inspirée de la psychanalyse).

Les parents sont-ils « responsables du malheur de leurs enfants » ?

Cette affirmation qu'on entend régulièrement, lourde de sens et de conséquences, pose d'immenses problèmes. Tout d'abord, elle généralise et simplifie à l'extrême un phénomène très complexe. En effet, le malheur de votre enfant peut avoir différentes causes qui sont parfois entremêlées : manquements éducatifs, harcèlement scolaire, maladie physique ou psychique, handicap, événements de vie (deuil, divorce, déménagement, etc.). Ainsi, résumer cette complexité en affirmant que tout est la faute des parents, c'est hautement injuste et très à risque d'abîmer des relations familiales parfois déjà fragiles. Un·e enfant malheureux·se, ce sont des parents qui le sont aussi en conséquence (sans en être la cause), qui souffrent du malheur de leur progéniture, se sentent impuissants et, très fréquemment, culpabilisent.

Bien sûr, dans certains cas particuliers, la souffrance d'un·e enfant semble en lien direct avec un ou plusieurs manquements des parents en matière d'éducation, même si la relation de cause à effet n'est pas toujours si facile à établir : règles de vie trop permissives et libertaires ou, au contraire, trop restrictives et liberticides. Il n'est pas toujours évident, en tant que parents, de trouver le bon équilibre, surtout quand la littérature sur le sujet a tendance à affirmer tout et son contraire.

Ce qui est sûr, en revanche, c'est que les parents peuvent contribuer au bonheur de leur enfant en demandant de l'aide et en initiant des soins lorsqu'une situation problématique émerge. Pour vous accompagner dans ces situations, des professionnel·les de santé mentale (psychologue, psychiatre, pédopsychiatre) et de l'éducation (éducateur·ices spécialisé·es) sont disponibles pour vous aider à identifier des leviers, obtenir des conseils de guidance parentale (voir p. 244) et *in fine* faciliter les relations avec votre enfant. L'objectif est que votre enfant soit le ou la mieux outillé·e et équipé·e possible pour vivre sa vie, trouver sa voie et s'épanouir.

L'objectif de ce chapitre était de mettre en lumière certains troubles psychiques particuliers chez les enfants et les adolescent·es. Néanmoins, ils et elles peuvent être concerné·es par les troubles que l'on évoque dans la partie 2 de cet ouvrage : les troubles anxieux, les troubles du comportement alimentaire (TCA), les troubles du spectre de l'autisme (TSA), et même le trouble bipolaire, la schizophrénie ou les idées suicidaires. N'hésitez pas à vous référer aux chapitres dédiés à chacune de ces thématiques.

Qui consulter quand votre enfant va mal ?

COMMENCEZ PAR CONSULTER VOTRE MÉDECIN TRAITANT

Vous pouvez prendre rendez-vous avec **votre médecin traitant** : il ou elle suit votre enfant ou votre adolescent·e, connaît les autres membres de la famille et peut avoir une vision globale. Il ou elle sera souvent à même d'assurer un suivi, ou vous recommandera les spécialistes ou autres professionnel·les à consulter.

Si les symptômes sont plus sévères ou complexes, votre médecin traitant pourra vous orienter vers un **centre médico-psycho-pédagogique (CMPP)**, qui dépend de l'hôpital psychiatrique le plus proche de chez vous et regroupe différentes spécialités pour proposer des réponses adaptées : pédopsychiatre, pédopsychologue, infirmier·ère, psychomotricien·ne, orthophoniste, etc. Les CMPP travaillent en réseau avec l'école, la justice, les travailleur·euses sociaux et sociales, ce qui améliorera d'autant plus l'efficacité globale de la prise en charge. Les soins sont totalement remboursés par l'Assurance maladie mais les délais sont souvent longs. Les CMPP sont aussi accessibles directement, sans passer par le ou la médecin traitant.

PENSEZ AUX PROFESSIONNEL·LES DE SANTÉ MENTALE EN LIBÉRAL

Vous pouvez prendre rendez-vous avec **un·e pédopsychiatre** (pour les troubles plus sévères, au retentissement majeur) ou **un·e pédopsychologue en libéral** : ils ou elles pourront proposer différentes approches selon la situation de votre enfant. Les psychothérapeutes peuvent également être consulté·es (titre encadré légalement depuis 2010, voir p. 46).

Concernant les troubles neurodéveloppementaux, les plateformes de coordination et d'orientation (PCO) et les centres experts donneront des conseils et permettront un accès au diagnostic et à une rééducation gratuite (voir le chapitre dédié aux TND p. 211).

Trouver la bonne personne pour son enfant

Comme pour vous-même, sentez-vous libre de consulter différent·es professionnel·les pour trouver la personne la plus à même de prendre en charge votre enfant. Assurez-vous, dans la mesure du possible, qu'il ou elle accepte de travailler de concert avec les autres intervenant·es et de transmettre de manière transparente des comptes-rendus de ses actions auprès de votre enfant, deux critères très importants.

Si vous avez la sensation d'un jugement hâtif, trop rapide, avec des interprétations très sûres de sa part, si vous n'êtes pas à l'aise avec sa conclusion ou alors franchement en désaccord, n'hésitez pas à demander un deuxième avis.

Prudence également avec les « *dérapeutes* » en tout genre qui vous promettent monts et merveilles, friand·es de capter des parents en détresse qui sont malheureusement parfois prêts à tout pour soulager leurs enfants. Régimes alimentaires étranges, magnétisme, télépathie... Il vaut mieux rester dans des pratiques encadrées qui ont fait la preuve de leur efficacité.

Les questions qu'on se pose quand son enfant suit une psychothérapie

Votre enfant rencontre des difficultés, cela vous inquiète et vous avez désormais rendez-vous avec un·e pédopsychiatre ou pédopsychologue pour un premier rendez-vous. Comment se passe une psychothérapie pour enfant ou adolescent·e ? Quel est votre rôle en tant que parent ? Qu'êtes-vous en droit d'exiger ? Quelle position adopter ?

COMMENT SE PASSE LA PREMIÈRE CONSULTATION ?

Lors du premier rendez-vous, généralement, vous serez aux côtés de votre enfant ou adolescent·e pour faire la rencontre du ou de la psy, expliquer la situation familiale, scolaire, sociale, et les difficultés qui vous amènent. Il s'agira aussi pour vous de voir si votre enfant est à l'aise avec le ou la professionnel·le et, inversement, si celui-ci ou celle-ci pense être la bonne personne pour l'aider.

Vous pouvez profiter de ce moment pour poser les questions qui vous importent, vous renseigner sur la formation du ou de la professionnel·le, quelle technique de psychothérapie il ou elle pense utiliser, le nombre de séances qu'il ou elle envisage, etc. Il s'agit de se mettre d'accord dès le début sur le contrat de soin afin d'élaborer en toute transparence une stratégie qui puisse satisfaire l'enfant et ses parents.

SUIS-JE PRÉSENT·E PENDANT LES SÉANCES ?

Lors de la première consultation, le ou la professionnel·le vous dira s'il ou elle pense que vous devez ou non être présent·e lors des rendez-vous et vous demandera votre avis. L'âge de votre enfant sera décisif : un·e petit·e de 6 ans sera moins à l'aise sans vous pour discuter avec un·e inconnu·e qu'un·e adolescent·e de 16 ans.

Parfois, les premières séances se feront avec le ou les parents jusqu'à ce que, lorsqu'un climat de confiance suffisant s'instaure, votre présence ne soit plus nécessaire.

PUIS-JE DEMANDER À MON ENFANT CE QU'IL OU ELLE DIT DURANT UNE CONSULTATION ?

Ce sont des choses à discuter en amont, idéalement durant la première séance. Vous pouvez demander directement son avis au ou à la psy, à votre enfant aussi, en expliquant que vous avez besoin de transparence et de savoir, sans forcément tous les détails, ce qui est globalement dit entre votre enfant et le ou la professionnel·le lorsque vous n'êtes pas dans la pièce. Si votre enfant refuse, essayez de respecter son choix et dites-vous que cette opposition est probablement temporaire, peut-être due en partie à son mal-être. Il y a aussi des choses qu'on n'a pas forcément envie de dire à ses parents, tout simplement.

Les professionnel·les sont censé·es vous tenir au courant régulièrement de ce qui est dit durant les séances, les difficultés soulevées, les problématiques rencontrées au fil des rendez-vous et les pistes de travail qui se dégagent. Il s'agira d'un résumé global de l'échange, si toutefois votre enfant est d'accord.

De la même manière, toute psychothérapie qui s'achève doit idéalement faire l'objet d'un compte-rendu détaillé avec ce qui a été identifié comme difficultés chez votre enfant, les réponses apportées, ainsi que la qualité et la fréquence des soins prodigués.

Votre enfant peut refuser qu'on vous communique des informations sur sa santé

Le ou la professionnel·le qui accueille l'enfant devra néanmoins l'informer qu'il serait préférable de prévenir ses parents de sa démarche, mais s'il ou elle continue de s'y opposer fermement, le ou la pédopsychiatre ou pédopsychologue devra respecter ce choix.

Un·e enfant ou un·e adolescent·e peut aussi décider de consulter seul·e un·e pédopsychologue (à partir de 15 ans) ou un·e pédopsychiatre (sans limite d'âge), en demandant expressément que vous ne soyez pas informé·e de sa démarche.

La seule limite est que si le ou la pédopsychologue ou pédopsychiatre dispose d'éléments pouvant mettre en jeu le pronostic vital de votre enfant, ou s'il ou elle a connaissance d'éléments qui attestent que votre enfant est en danger, il ou elle doit vous en informer.

POURQUOI LE OU LA PSY DE MON ENFANT ME POSE DES QUESTIONS SUR MON ENFANCE ET MON VÉCU ?

Votre enfant s'inscrit dans une lignée familiale qui partage des gènes, d'une part, et un environnement d'autre part, dans lequel des événements douloureux ou heureux peuvent survenir. Ainsi, ne soyez pas étonné·e si le ou la psy vous pose des questions sur votre propre famille, votre enfance, votre rencontre avec l'autre parent, le déroulement de la grossesse, etc. Ces questions sont fondamentales car elles visent à détecter différents paramètres. Tout d'abord, à rechercher si dans la famille, il existe des personnes ayant des troubles psychiques (maladie bipolaire, dépression, etc.) ce qui, le cas échéant, rend forcément plus probable la survenue d'un trouble psychique chez votre enfant – du fait d'un partage génétique mais aussi de facteurs de stress, de traumatismes, comme avoir grandi avec un père ou une mère souffrant de dépression, n'ayant pas pu bien s'occuper de ses propres enfants, se nourrir correctement, ayant parfois réalisé des gestes suicidaires. Tout cela laisse des traces dans la tête d'un·e enfant, même quand il ou elle devient parent. Quelquefois même, cela resurgit particulièrement à ce moment précis de la vie.

Il est aussi important d'évaluer la qualité des liens dans la famille, si les différents membres transmettent facilement leurs émotions aux autres membres, ont des qualités d'empathie suffisantes, prennent aisément soin les un·es des autres ou si au contraire, la verbalisation des émotions est bloquée, ne circule pas, pouvant générer des vies parallèles entre les différents membres. La notion d'addiction au sein de la famille est aussi un critère primordial, le ou la psy n'ayant pas la même démarche si, par exemple, on sait un parent régulièrement sous l'emprise d'alcool.

Toutes ces questions ne sont pas là pour vous traquer mais pour aider le ou la professionnel·le à avoir la vision la plus globale possible, afin d'émettre des hypothèses de travail qui ont un sens.

QUE FAIRE SI MON ENFANT NE VEUT PAS ALLER VOIR LE OU LA PSY ?

Vous n'aurez pas la possibilité d'imposer à votre enfant d'aller voir un·e pédopsychologue s'il ou elle n'en éprouve ni le besoin ni l'envie, un·e pédopsychologue n'étant pas un·e médecin. En revanche, si vous estimez que votre enfant est en danger, en proie à des idées suicidaires scénarisées, ou qu'il ou elle multiplie les conduites à risque et refuse les soins proposés, vous pourrez par exemple, en accord avec les pédopsychiatres, l'obliger à se faire hospitaliser dans un service de pédopsychiatrie.

Si vous pensez que votre enfant ne va pas bien mais qu'il ou elle refuse d'aller voir un·e psy, il peut y avoir plusieurs raisons :

- La méconnaissance de ces professionnel·les. Dans ce cas, prenez le temps d'expliquer à votre enfant leur rôle en déconstruisant les préjugés qui les accompagnent encore (« Si maman veut que j'aille voir un·e psy, c'est parce qu'elle croit que je suis fou »).
- La peur d'un traitement lourd et long. Établissez un contrat avec votre enfant, en lui indiquant que s'il ou elle ne se sent toujours pas bien au bout d'un nombre de séances fixé à l'avance, vous vous engagez à ne plus l'emmener en consultation chez le ou la professionnel·le choisi·e.

Pour en savoir plus sur la manière d'aider et de convaincre un·e proche de se soigner, voir nos conseils p. 265.

SI MON ENFANT VOIT UN·E PSY, NE DEVRAIS-JE PAS CONSULTER MOI AUSSI ?

Cela dépend de votre situation personnelle, de vos propres besoins et de votre histoire de vie. Certains parents seront particulièrement éprouvés par le fait que leur enfant soit suivi·e sur le plan psychique. Il s'agira pour eux d'une remise en question massive de leurs capacités d'être parents, avec souvent un sentiment de culpabilité puissant, qu'il soit justifié (c'est rare) ou non (c'est plus fréquent). La situation de leur enfant pourra aussi faire écho à leur propre enfance, à des traumatismes subis mais jusque-là correctement (ou non) enfouis. Aussi, certains parents auront besoin d'un fort soutien dans ce que traverse leur enfant, ce que ses symptômes ont de perturbant et déstructurant pour le couple, voire toute la famille. Pour toutes ces raisons, vous pouvez avoir besoin d'un suivi psychologique ou psychiatrique, individuel ou en couple, et il ne faudra alors pas hésiter à demander de l'aide. Mais ce n'est pas une obligation, bien évidemment.

Les troubles neurodéveloppementaux

Il se peut que vous constatiez chez votre enfant des retards de développement (marche, langage, relations sociales, habiletés dans la gestuelle et les motricités fines) et l'enjeu sera de détecter un éventuel trouble neurodéveloppemental, qui doit être pris en charge le plus précocement possible pour favoriser les apprentissages. Les différents troubles neurodéveloppementaux sont les troubles du développement intellectuel, les troubles de la communication et du langage (dysphasies), les troubles du spectre de l'autisme (TSA), le trouble spécifique des apprentissages (lecture, expression écrite et déficit du calcul : dyslexie, dyscalculie), les troubles moteurs (trouble développemental de la coordination, dyspraxie, mouvements stéréotypés, tics) et le trouble du déficit de l'attention avec ou sans hyperactivité (TDAH).

Devant l'un ou plusieurs de ces signes, il est nécessaire de consulter votre médecin traitant, un·e médecin scolaire ou de la protection maternelle et infantile (PMI) afin d'initier le repérage, les premiers examens cliniques et débuter rapidement une prise en charge spécialisée (voir le chapitre dédié aux TND, p. 211, pour plus d'informations).

FOCUS

Les violences sexuelles et leur détection chez un·e enfant ou un·e adolescent·e

Les chiffres que nous allons donner sont sinistres et alarmants, mais ils pourront peut-être provoquer chez chacun·e d'entre nous une prise de conscience et permettre d'agir collectivement pour enrayer ce fléau que sont les violences sexuelles :

- Toutes les trois minutes en France, un·e enfant est victime d'inceste, de viol ou d'agression sexuelle.
- 5,4 millions de personnes déclarent avoir subi des violences sexuelles avant 18 ans.
- 8 victimes sur 10 sont des filles et 2 sur 10 des garçons.
- Dans la majorité des cas, les agressions sexuelles et viols ont lieu dans un contexte intime, à la maison, par un membre de la famille.
- Pour la période 2012-2021, aussi bien pour les mineur·es que pour les adultes, 86 % des plaintes pour violences sexuelles ont été classées sans suite, et 94 % des plaintes pour viols.

LES SIGNES D'ALERTE

Le tableau situé à la page suivante regroupe une liste non exhaustive et indicative de symptômes et signaux pouvant éveiller vos soupçons concernant un·e enfant ou un·e adolescent·e possiblement victime d'agressions sexuelles ou de viols. Un seul de ces signes pris isolément ne peut pas révéler à coup sûr une agression sexuelle ou un viol chez un·e enfant, et tous ces signes – y compris les signes dits « spécifiques » – peuvent être retrouvés dans d'autres situations. Tantôt un seul de ces signes est présent chez une victime de viol, tantôt il se peut qu'il n'y ait aucun signe, ce qui retarde la détection.

Il existe trois types de signaux :

- **non spécifiques :** ils peuvent se retrouver dans les cas d'agressions sexuelles et de viols, mais aussi dans d'autres circonstances. Si ces signaux surviennent, il faut penser à l'éventualité des violences sexuelles ;
- **évocateurs :** ils doivent alerter, notamment s'il y en a plusieurs ;
- **spécifiques :** ils signifient, avec une quasi-certitude, que des violences sexuelles ont lieu (ou ont eu lieu).

Un facteur de risque supplémentaire

Les enfants et adolescent·es en situation de handicap (moteur, psychique, cognitif et/ou sensoriel) sont trois à quatre fois plus à risque que les autres enfants et adolescent·es d'être victimes de violences physiques et sexuelles. Cela s'explique par diverses raisons : une plus grande vulnérabilité physique, des difficultés à communiquer et alerter, ainsi qu'à comprendre les intentions des autres, des remises en cause de leurs paroles du fait du handicap, le fait de vivre en institution.

SIGNAUX NON SPÉCIFIQUES	SIGNAUX ÉVOCATEURS	SIGNAUX SPÉCIFIQUES
• idées suicidaires ; • conduites à risque (se rapprocher de la fenêtre doucement, d'un passage piéton) ; • instabilité psychomotrice (agitation) ; • TOC (exemple : lavage des mains) ; • troubles du comportement alimentaire : anorexie, boulimie ; • hallucinations visuelles, auditives ; • enfant curieux·se, premier·ère de la classe, assez actif·ve dans les apprentissages, lisse et un peu trop parfait·e (lutte contre les pensées intrusives en se noyant dans le perfectionnisme scolaire).	• énurésie (nocturne [« pipi au lit »] ou diurne, plus significative si secondaire, c'est-à-dire qui survient après l'acquisition de la propreté, dans un second temps) ; • encoprésie (incontinence fécale non expliquée par des raisons médicales) ; • rituel d'endormissement interminable ; • pose de « pièges » autour du lit (vaisselle, clochettes, comme une technique, un stratagème pour entendre quelqu'un qui arrive) ; • cauchemars de poursuite (monstres à deux visages par exemple) ; • terreurs nocturnes ; • maux de ventre (ne survenant pas forcément sur le lieu de l'agression) ; • puberté précoce ; • retard ou arrêt de croissance brutal ; • obésité morbide ; • propos orduriers à l'égard des figures normalement protectrices (professeur·e, soignant·e, parent, éducateur·ice, etc.) et très connotés sexuellement (avec souvent le déclenchement d'une rage) ; • dessins évocateurs : organes sexuels, couteaux (à ne pas confondre avec les dessins « révélateurs » qui eux affichent clairement les scènes de viols ou d'agressions en permettant de les révéler).	Ils témoignent d'une connaissance anormale de la sexualité par rapport à ce qui est attendu pour l'âge : • masturbations compulsives (surtout sur un mode exhibitionniste) ; • fellations ou cunnilingus entre enfants ; • autopénétration vaginale ou anale ; • masturbation d'animaux ; • mises en scène de relations sexuelles très proches de la réalité, que l'enfant ne peut pas avoir inventées lui-même ou elle-même.

Il existe également des signes plus spécifiques aux adolescent·es, avec des particularités retrouvées plus fréquemment en fonction du sexe :

SIGNES POTENTIELS CHEZ LES ADOLESCENTES	SIGNES POTENTIELS CHEZ LES ADOLESCENTS
• entrée dans une anorexie mentale ; • automutilations, particulièrement les scarifications, notamment au bas du ventre et aux cuisses ; • fugues, tentatives de suicide ; • TOC, notamment rituels de lavage des mains ; • grossesses précoces (souvent l'adolescente veut vérifier, en tombant enceinte, que le corps fonctionne normalement, qu'il n'a pas été cassé par l'agression sexuelle).	• peur d'être impuissant, que le pénis ne fonctionne pas correctement ; • automutilation (coups, brûlures de cigarette, activités sportives mutilantes) ; • peur de passer à l'acte sur un·e enfant sexuellement ; • tentatives de suicide ; • conduites à risque ; • consommation de substances ; • phobies scolaires (notamment par crainte de passer à l'acte sur d'autres enfants).

Gardez en tête que le seul signe catégorique, c'est le dévoilement, la verbalisation des faits par l'enfant ou l'adolescent·e, mais surtout, ne minimisez pas et pensez à l'éventualité des violences sexuelles lorsque des signaux apparaissent chez un·e enfant ou un·e adolescent·e.

Si vous êtes témoin du fait qu'un·e enfant ou un·e adolescent·e est victime de violences sexuelles ou si vous avez des soupçons

Vous devez signaler les faits, que vous soyez un parent, un·e voisin·e, un·e médecin ou un·e assistant·e social·e :

⇨ Contactez le numéro 119 (Allô enfance en danger).

⇨ Prévenez l'Aide sociale à l'enfance.

- ⇨ Faites un signalement au ou à la procureur·e de la République.
- ⇨ Devant une situation urgente : appelez le SAMU en composant le 15 et mettez l'enfant en sécurité.

Un·e enfant peut également signaler lui-même ou elle-même sa situation ou celle d'un·e autre enfant.

COMMENT ÉVOQUER LES FAITS AVEC UN·E ENFANT CHEZ QUI ON SUSPECTE DES AGRESSIONS SEXUELLES OU DES VIOLS ?

Vous trouverez ici des propositions de phrases et de formules permettant de questionner un·e enfant et qui s'adressent à toute personne qui soupçonne des choses mais manque de mots (parent, éducateur·ice, professeur·e, professionnel·le de santé).

Ayez à l'esprit qu'on peut suggérer à un·e enfant qu'il ou elle a peut-être été victime d'une violence sexuelle, de manière générale, parce qu'on a remarqué des signaux d'alerte qu'on retrouve souvent chez les victimes. Mais on ne peut pas suggérer à un·e enfant qu'il ou elle a été victime de tel acte précis, par untel ou unetelle car sinon, on oriente trop la discussion. Et parfois, on a en tête un·e suspect·e idéal·e qui n'est pas le ou la bon·ne – parfois aussi, il y en a plusieurs.

N'oubliez pas non plus que, dans la mesure du possible, il est toujours préférable de confier rapidement l'enfant aux services spécialisés (police, gendarmerie, SAMU) pour récolter les éléments de la manière la plus professionnelle et standardisée qu'il soit. Ces propositions ne se substituent pas aux procédures légales, elles sont plutôt là pour vous permettre de rassembler des éléments avant de faire un signalement le cas échéant.

Les conseils valables en toutes situations

Parlez tranquillement, lentement, ce qui met l'enfant en confiance et abaisse son seuil de vigilance – ce dernier étant très élevé chez des enfants victimes d'agressions sexuelles ou de viols.

Chez un·e enfant chez qui on suspecte des violences sexuelles :

« Tu connais la différence entre les bons secrets (une surprise à un copain ou une copine) et les mauvais secrets (quelque chose qu'on veut cacher, qui nous embête) ? Et si tu avais un mauvais secret, à qui tu en parlerais ? Et si ta maman apprenait ton secret, comment elle réagirait ? Et si moi je l'apprenais, comment penses-tu que je réagirais ? »

Il s'agit de créer un contexte sécurisant, en essayant progressivement d'éclaircir la situation.

Chez un·e enfant qui a des TOC de lavage que l'on pense en lien avec une agression sexuelle ou un viol :

« Quand on se lave les mains comme tu le fais plusieurs fois par jour, c'est souvent qu'on se sent sale. De quoi pourrais-tu te sentir sale, toi ? »

Si un·e enfant dévoile un fait, on peut lui demander :

« Tu as été surpris·e que ton père (par exemple) fasse ceci ou cela ? »

Si l'enfant n'a pas été surpris·e, c'est sûrement qu'on le lui a déjà fait avant.

Certain·es enfants racontent sans cesse des histoires de viols ou d'agressions sexuelles rapportées par d'autres enfants ou camarades :

On peut alors relancer la conversation de cette manière : « Est-ce que l'histoire de ta copine peut un peu ressembler à ton histoire ? Peut-être que cela ne te concerne pas, ou peut-être que cela te concerne et que pour toi ce n'est pas le moment d'en parler ? Si ce n'est pas le moment, cela le sera peut-être un jour, n'hésite pas à m'en parler. »

Si l'enfant ne répond pas à vos différentes questions :

Ce n'est pas grave, on peut continuer à dérouler les formules et, un jour peut-être, il ou elle parlera, à vous-même ou un·e autre. L'enfant peut enfin, par vos questions, se dire que l'adulte est capable de se représenter ce qu'il ou elle a vécu, qu'il ou elle ne sera pas rejeté·e pour la faute qu'il ou elle pense souvent avoir commise.

Il ne faut pas non plus hésiter à reposer plusieurs fois les questions, tranquillement, et bien observer l'enfant, guetter également les signaux non verbaux, les gestes, la posture physique, les attitudes, qui peuvent vous aiguiller.

Lorsqu'un signalement est fait :

Quand on fait un signalement, on espère un engagement de la justice, mais on peut parfois être déçu·e de la décision. Il ne faut pas hésiter à dire à l'enfant, afin de le ou la prévenir, que « la justice est parfois très décevante », que vous signalez sa situation mais que cela ne garantit pas que l'agresseur·euse présumé·e sera reconnu·e coupable des faits reprochés.

Lorsque la justice estime manquer de preuves, elle classe l'affaire sans suite : il faudra alors l'expliquer à l'enfant avec des mots adaptés à son âge, tout en lui précisant bien que ce n'est pas parce que nous, qui recueillons sa parole, ne le ou la croyons pas, et que certains dossiers peuvent être rouverts plusieurs années après. Aussi, on peut noter que parfois, un signalement seul suffit pour que l'agresseur·euse cesse ses actes.

Critères indicatifs de crédibilité d'un récit d'enfant

Cette liste de critères est à considérer non pas comme des indices qui enlèveraient de la fiabilité au récit de l'enfant s'ils sont absents, mais plutôt comme donnant encore plus de poids s'ils sont présents :

- La cohérence du récit : ce qui ne veut pas dire que l'incohérence n'est pas crédible.
- Des verbalisations spontanées qui ne suivent pas une question précise qu'on pose.
- Des détails en quantité suffisante : vêtements, lieux, paroles.
- L'enchâssement contextuel : quand l'enfant va décrire le contexte au moment où cela se produit : « C'est quand maman était à l'hôpital » ou « Lorsque j'étais en vacances chez papi ».

- ⇨ Des descriptions d'interactions : « À chaque fois que mon père buvait cette boisson, je savais que cela allait arriver ».
- ⇨ Le souvenir des conversations : les petit·es enfants sont difficilement capables d'inventer des conversations d'adultes.
- ⇨ Quand l'enfant rapporte des complications inattendues : « On a entendu maman qui claquait la porte d'entrée et papa m'a dit : "Vite, rhabille-toi !" ».
- ⇨ Des détails incompris par l'enfant mais rapportés de manière exacte : « pipi blanc qui colle », « tonton avait mal car il criait ».
- ⇨ Un sentiment de responsabilité ou de culpabilité chez l'enfant, ce qui peut d'ailleurs parfois malheureusement se retourner contre lui ou elle au moment des révélations en donnant, à tort, la sensation à l'auditeur·ice que son récit est moins crédible.
- ⇨ Quand l'enfant essaie de comprendre les états émotionnels de l'agresseur·euse : « Il était triste car il s'est disputé avec maman », « Il a bu une bière car il a des problèmes au travail ».
- ⇨ Des trous de mémoire, des corrections spontanées et des doutes. Ces éléments peuvent aussi malheureusement se retourner contre l'enfant.
- ⇨ La désapprobation de sa participation : « J'aurais dû dire non, je n'aurais pas dû rester ».
- ⇨ Le fait d'excuser l'abuseur·euse.

À PROPOS DES FAUSSES ALLÉGATIONS

Chez les enfants, les fausses allégations sont rares et sont souvent complexes et multifactorielles. Parfois, un·e enfant porte une fausse allégation pour ne pas dévoiler une autre vérité plus grave à ses yeux. Quelquefois aussi, un·e enfant revient sur ses propos car il ou elle a la sensation qu'en face, on ne le ou la croit pas.

Dans cette section, nous vous avons donné beaucoup de pistes pour repérer et signaler les violences sexuelles faites aux enfants et aux adolescent·es. Sachez qu'une fois un signalement effectué, une enquête a lieu : on ne se base pas sur un seul témoignage, et vous êtes de bonne foi, vous avez entendu et transmis une parole d'enfant ou d'adolescent·e. Mieux vaut oser transmettre cette parole que de regretter de ne pas l'avoir fait.

CHAPITRE 17

Mon ou ma proche ne va pas bien

Face à un·e proche qui ne va pas bien et souffre moralement, on peut se sentir désarmé·e, désœuvré·e, avec un sentiment d'impuissance très douloureux à vivre. Quelqu'un qui souffre d'un trouble psychique ne s'en rend pas toujours compte, car la conscience de la maladie est fluctuante en fonction des personnes et des périodes de vie.

Devant ce·tte proche qui va mal, en pleine dépression ou en proie à une schizophrénie débutante, et qui semble ne pas voir le problème, comment se comporter ? Quels mots peuvent contribuer à débloquer la situation ? Qu'est-ce qu'il ne faut surtout pas dire ?

Comment faire pour aider et convaincre un·e proche de se soigner ?

AVANT TOUT, ÉVITEZ DE LE OU LA FAIRE CULPABILISER

Même si vous pouvez ressentir de la colère et du désespoir vis-à-vis de votre proche, car vous ne comprenez pas qu'il ou elle refuse de se faire soigner, **évitez à tout prix les propos culpabilisants et réducteurs** comme « Mets-toi un coup de pied aux fesses ! » ou encore « Ce n'est qu'une question de volonté, arrête de déprimer ! ». Les personnes souffrant de troubles psychiques ont souvent une conscience douloureuse de leur état, s'en veulent d'être comme cela, mais sont dans l'incapacité de faire autrement. Leur suggérer de simplement « changer » cet état est contre-productif car, par définition, elles n'y peuvent pas grand-chose et elles ont besoin d'aide – sans forcément l'accepter, c'est là l'un des principaux défis. Il s'agira alors d'identifier les leviers permettant de faciliter leur accès aux soins et leur meilleure compréhension de la situation.

Ainsi, dites plutôt à votre proche que vous savez qu'il ou elle n'y est pour rien dans ce qui lui arrive, que cela peut arriver à n'importe qui, que c'est malheureusement tombé sur lui ou elle et que c'est très injuste, mais qu'on peut lui venir en aide. Vous pouvez également lui dire que les pensées qui parfois s'imposent à lui ou elle ne représentent pas forcément ses valeurs ni sa personnalité.

RASSUREZ VOTRE PROCHE

Si vous avez la force de le faire, l'essentiel est d'abord de rassurer votre proche sur le fait qu'il existe des solutions pour l'aider. Vous pouvez tout à fait exprimer vos inquiétudes sur son état, lui dire que vous vous sentez préoccupé·e, que vous avez la sensation qu'il ou elle ne va pas bien et que vous êtes en train de chercher des moyens de le ou la soutenir. Vous pouvez aussi lui dire que les psychiatres sont des médecins comme les autres, qu'il ou elle conservera ses droits durant les soins (que ce soit en libéral ou à l'hôpital) et qu'il ou elle n'est pas « fou » ou « folle ».

Enfin, vous pouvez lui dire qu'il ou elle n'est pas seul·e dans cette situation, que les troubles psychiques sont fréquents et concernent environ une personne sur cinq, soit 13 millions de Français·es, ce qui permet parfois de relativiser et se sentir moins isolé·e dans ce que l'on traverse. Vous pouvez ajouter que dans le domaine de la santé mentale, des traitements existent et ils fonctionnent plutôt bien.

NORMALISEZ LES TROUBLES PSYCHIQUES

Vous pouvez évoquer le fait que les médias parlent de plus en plus, et globalement de mieux en mieux (à quelques exceptions près...) des troubles psychiques, et participent de ce fait à une meilleure information sur le sujet en luttant contre les tabous et les idées reçues.

Troubles psychiques et *pop culture*

De plus en plus de séries télévisées traitent des troubles psychiques et les stars qui révèlent leurs diagnostics ne sont pas rares : Lady Gaga évoque son état de stress post-traumatique, Britney Spears son trouble bipolaire ou Bradley Cooper ses multiples addictions. Ainsi, cela montre que ces phénomènes peuvent toucher n'importe qui, n'importe quand, et qu'ils ne sont pas le reflet d'une quelconque volonté. Voici quelques suggestions de séries : *Sex Education* (question du handicap mais aussi de la sexualité chez les adolescent·es), *Homeland* (trouble bipolaire), *Crazy Ex-Girlfriend* (trouble borderline).

LA MALADIE PSYCHIQUE COMME UNE PRISON

En évoquant les soins psychiques, votre proche va peut-être prendre peur, craignant qu'on le ou la prenne pour un fou ou une folle et qu'on l'enferme à vie, des idées reçues et caricaturales qui ont encore la vie dure. Vous pouvez tout d'abord lui dire que justement, l'enjeu actuellement, c'est qu'il ou elle accepte les soins de lui-même ou d'elle-même car effectivement, si la situation continue de se dégrader, si sa maladie s'aggrave, que le retentissement sur le quotidien est très important, voire que les mises en danger se multiplient (gestes suicidaires, automutilation, etc.), il se peut qu'un jour les soins lui soient imposés. Or, il est plus facile de prendre les choses en main (si on le peut) lorsqu'on s'en sent encore capable que de laisser la situation se dégrader et d'être alors en moins bonne forme pour y faire face. Aller chez le ou la psychiatre en libéral ou dans un centre médico-psychologique expose à moins de risque de situations potentiellement traumatisantes que d'être hospitalisé·e dans une structure psychiatrique.

Parfois, les personnes concernées sont sensibles à l'idée que, finalement, ce qui les enferme vraiment, ce sont les symptômes psychiques que la maladie leur impose, une sorte de prison mentale qui les empêche d'avoir une vie normale, des relations sociales de qualité, un travail, une famille. Mais on peut se libérer de cette prison et les soutenir pour qu'elles s'en sortent.

SOIGNER, C'EST UN VRAI MÉTIER

Sans faire culpabiliser votre proche, vous pouvez lui expliquer que vous vous sentez dépassé·e par la situation, que vous aimeriez faire plus mais que vous sentez bien que des compétences vous manquent pour comprendre clairement ce qui lui arrive et l'aider davantage. Précisez-lui aussi que vous n'êtes pas soignant·e, que les troubles psychiques requièrent une expertise bien précise.

Si vous êtes un·e professionnel·le de santé, en santé mentale ou autre, et que l'un·e de vos proches souffre, vous pouvez dire que vous craignez de manquer d'objectivité du fait de vos liens avec la personne concernée. Soigner quelqu'un avec qui on a un lien particulier, c'est rarement une bonne idée, même si on accepte parfois de le faire pour se montrer conciliant·e. On manquera certainement, à un moment ou un autre, de la bonne distance nécessaire, cette fameuse neutralité bienveillante sans laquelle notre jugement peut s'avérer faussé ou distordu.

DIFFÉRENTES FORMES DE SOIN

Lorsque votre proche se trouve dans l'incapacité d'aller vers le soin, qu'il ou elle refuse de sortir de la maison, ne trouvant pas la force, la motivation, l'envie ou l'intérêt, les soins peuvent venir à lui.

La **téléconsultation** se développe de plus en plus, y compris pour les troubles psychiques. Être chez soi, séparé·e par un écran, peut générer un plus grand sentiment de sécurité, si on n'est pas à l'aise pour se rendre dans le cabinet d'un·e psy inconnu·e. Cela peut aussi permettre d'avoir un accès plus étendu aux soins selon son lieu de résidence. Favorisez des plateformes sûres et fiables, et vérifiez bien la profession et les diplômes des personnes qui proposent leurs services.

Il existe également des **équipes mobiles** constituées de médecins psychiatres, d'infirmier·ères (en pratique avancée ou non), de psychologues et coordinateur·ices de parcours pouvant se rendre chez votre proche, à sa demande ou la vôtre, pour une première rencontre afin d'établir un lien et humaniser les soins. Ces équipes peuvent être activées par la personne elle-même, par ses proches, ou encore par le ou la médecin généraliste, le ou la psychiatre traitant ou tout·e autre professionnel·le de soin et d'accompagnement qui gravite autour de la personne.

En cas d'urgence, comme des pensées suicidaires, le SAMU (composez le 15) et le numéro de téléphone 3114 restent joignables 24 heures sur 24 et 7 jours sur 7 afin de pouvoir joindre une personne formée et qualifiée (voir p. 197).

Pensez aux directives anticipées

Si la perspective d'une hospitalisation en psychiatrie est angoissante pour votre proche, n'hésitez pas à lui proposer de rédiger, avec ou sans votre aide, ses directives anticipées (voir p. 227).

RENSEIGNEZ-VOUS SUR SA MALADIE

Pour aider votre proche à accepter les soins, la lecture de témoignages de patient·es ou de leurs familles peut parfois être un levier efficace qui entre en résonance avec son propre vécu et lui permet de prendre conscience qu'il ou elle n'est pas le ou la seul·e à vivre ce qu'il ou elle traverse actuellement. Que ce soit sur les réseaux sociaux, via des podcasts comme Les Maux Bleus, sur des blogs ou dans des associations d'usager·ères ou de familles comme Unafam, entendre ces témoignages peut parfois générer un déclic salvateur et favorisera l'accès aux soins.

Malgré tout, nous vous invitons à une certaine vigilance : ces témoignages peuvent faire l'effet inverse s'ils sont portés par des personnes déçues de la psychiatrie, qui ont vécu de mauvaises expériences et ont perdu toute confiance.

Le rôle fondamental mais à risque des aidant·es

Si l'un·e de vos proches ne va pas bien, peut-être faites-vous partie des aidant·es. En France, on en dénombre 9 millions qui soutiennent, dans les actes de la vie quotidienne, un·e proche en situation de handicap ou en perte d'autonomie.

L'aide peut revêtir toutes sortes de formes : aide financière, soutien moral, aide à la toilette, à l'habillage, gestion de la sécurité de la personne aidée, aide à la maîtrise du comportement chez les personnes souffrant de troubles psychiques, etc.

ÊTRE AIDANT·E, C'EST COURIR LE RISQUE DE L'ÉPUISEMENT

Souvent dans l'ombre, les aidant·es sont fréquemment l'objet d'un surmenage larvé, progressif, qui évolue à bas bruit et grignote un peu plus chaque jour leurs points de vie. De plus, cet épuisement peut être aggravé par un surinvestissement souvent associé à un sentiment de culpabilité et de ne jamais faire assez bien ni suffisamment.

Entre les démarches administratives épuisantes pour leur proche et les délais de réponse qui s'éternisent, le fait d'être accompagnant·e aux consultations ou examens médicaux, le manque de reconnaissance, l'activité de centralisation des données pour tenir le dossier médical à jour, les moments de doute, le sentiment de solitude et d'être abandonné·e par un système de soins pouvant être perçu comme à la dérive et déshumanisé, l'absence de solutions de répit pour prendre un peu de temps pour soi, même quelques heures, les raisons d'aller mal ne manquent pas. Il n'est d'ailleurs pas rare que les aidant·es s'épuisent plus rapidement que les personnes aidées, voire décèdent avant elles. C'est une triste réalité pour environ 30 % des aidant·es, du fait de différents facteurs, notamment le stress et la dépression.

UNE SOLUTION DE RÉPIT, QU'EST-CE QUE C'EST ?

Le répit est une forme de soutien apporté à l'aidant·e pour lui permettre de maintenir son bien-être physique et psychique. Les solutions de répit doivent être souples et modulables, car les besoins de l'aidant·e vont changer au cours du temps.

Le répit, c'est un sas de décompression, une pause qu'on s'octroie, un instant de respiration pour prendre le temps de repenser un peu à soi-même et avoir un peu plus de recul sur des situations souvent « *omniprenantes* ». Voici quelques exemples de solutions de répit qui s'adressent soit à l'aidant·e, soit à la personne aidée, soit aux deux à la fois :

- l'accueil temporaire ;
- le relais à domicile ;
- les séjours vacances-répit ;
- les groupes de parole ;
- les ateliers bien-être ;
- les activités en lien avec la création artistique.

Malheureusement, en France, les solutions de répit restent pour le moment insuffisantes pour soutenir correctement les aidant·es.

Il existe par ailleurs des aides financières auxquelles une personne peut prétendre en qualité d'aidante :

- le congé de proche aidant (à demander à l'employeur) ;
- l'allocation journalière du proche aidant (AJPA) ;
- l'allocation personnalisée d'autonomie (APA) ;
- l'allocation d'éducation de l'enfant handicapé (AEEH, voir p. 277) ;
- la prestation de compensation du handicap (PCH).

D'autres dispositifs peuvent financer des solutions de répit comme la Caisse d'allocations familiales (CAF) ou le centre communal d'action sociale (CCAS).

Les numéros et liens utiles

Il existe un numéro unique d'information à destination des aidant·es et des personnes aidées : 0 800 360 360. Ce numéro vous oriente gratuitement vers la « communauté 360 » la plus proche de chez vous, un dispositif qui concentre toutes les informations à propos des aides disponibles concernant les situations de handicap.

Pour connaître dans le détail les plateformes d'accompagnement et de répit disponibles dans votre région, vous pouvez aussi vous rendre sur le site Internet : https://www.pour-les-personnes-agees.gouv.fr/preserver-son-autonomie-s-informer-et-anticiper/a-qui-s-adresser/les-plateformes-daccompagnement-et-de-repit/

FOCUS

Les prestations sociales auxquelles vous pouvez avoir droit

Lorsque vous vivez avec un trouble psychique, le retentissement de celui-ci sur votre vie quotidienne (vie familiale, sociale, professionnelle, etc.) peut-être important et générer une situation de handicap, qui peut dès lors donner droit à des prestations sociales.

UNE QUESTION D'INTENSITÉ ET D'IMPACT SUR LA VIE QUOTIDIENNE

Ce n'est pas le diagnostic psychique qui donne lieu à une prestation sociale, mais plutôt l'intensité et les répercussions de ce dernier sur la qualité de vie. Par exemple, on peut imaginer une personne souffrant de schizophrénie, mais dont l'état clinique est bien stabilisé sans trop de retentissement au quotidien. À l'inverse, une personne qui souffre d'anxiété sévère comme une phobie sociale et n'arrive pas à sortir de chez elle aura une qualité de vie potentiellement plus altérée. On pourrait se dire que la schizophrénie est une maladie plus grave que la phobie sociale, pourtant en pratique, chaque situation s'évalue au cas par cas.

Aussi, ce n'est pas tant un diagnostic psychique en tant que tel qui engendre un handicap, mais plutôt la non-adaptation de la société vis-à-vis des difficultés ou de l'atypicité des personnes concernées.

Qu'est-ce que le validisme ?

Le validisme, qu'on appelle parfois « capacitisme », désigne l'ensemble des préjugés et comportements discriminatoires à l'égard des personnes qui présentent une ou plusieurs incapacités. Le validisme définit comme norme sociale les personnes qui ne sont pas en situation de handicap et considère la trisomie, l'autisme, les malformations et diversités comme des erreurs à réparer plutôt que des différences auxquelles la société devrait s'adapter.

Le validisme peut être affirmé, décomplexé et clairement hostile, avec des insultes et moqueries vis-à-vis des personnes en situation de handicap. Mais il peut aussi avancer masqué, sous couvert de bienveillance et de bonnes intentions, pouvant de manière contre-intuitive mettre en lumière certaines personnes handicapées, les qualifiant de « belle leçon de vie » face à un exploit sportif ou tout autre dépassement de soi. Une grande partie des personnes en situation de handicap ne veulent pas être moquées, mais pas non plus essentialisées. Elles désirent être, c'est tout. Elles souhaitent qu'on respecte leurs droits, qu'il s'agisse d'accessibilité des lieux publics ou d'accès au marché de l'emploi. À l'inverse, elles aimeraient qu'on n'en fasse ni des bêtes de foire, ni des « sources d'inspiration » simplement du fait de leur situation de handicap. Être validiste, c'est se focaliser uniquement sur le handicap, ne voir que cela, comme s'il définissait totalement une personne, en oubliant sa personnalité, son caractère et ses aspirations.

LES OBSTACLES ET LES FREINS À SURMONTER

Réussir à s'affranchir du regard des autres

Les troubles psychiques sont encore très souvent vécus comme honteux et tabous par les personnes concernées et leur entourage. Ces idées ne facilitent pas les demandes de prestations sociales chez les gens qui pourtant y ont droit et en ont grandement besoin.

L'autre frein à une demande de prestation est le regard des autres et de la société, une fois les prestations allouées, qui font souvent preuve de jugement et considèrent les personnes concernées comme des assistées.

Être très patient·e

Les démarches sont complexes : remplir les demandes d'aide ressemble souvent à un parcours du combattant durant lequel il faut en plus lutter contre ses propres problèmes psychiques.

De plus, les délais de réponse sont généralement très longs : ce sont les maisons départementales des personnes handicapées (MDPH) qui centralisent les demandes, et le délai minimum est de cinq mois, en réalité plutôt huit ou neuf mois, voire un an.

L'affection de longue durée (ALD)

La reconnaissance en affection longue durée (ALD) de votre maladie, dont la gravité ou le caractère chronique nécessite un traitement prolongé, permet un remboursement au maximum du plafond de remboursement, même si certains frais comme les dépassements d'honoraires restent à votre charge. Cela peut concerner des troubles psychiques de longue durée (dépression résistante, trouble bipolaire, schizophrénie, certains troubles graves de personnalité, des troubles anxieux sévères, etc.). C'est votre médecin qui établit cette demande de prise en charge.

LE DOSSIER MDPH

Vous pouvez vous procurer un dossier papier en vous rendant directement dans la MDPH la plus proche de chez vous ou en allant sur le site Internet http://mdphenligne.cnsa.fr. En le remplissant en ligne, vous pourrez suivre l'avancée de son traitement. N'hésitez pas à vous faire aider pour le remplir, en contactant les services sociaux de votre département ou les associations spécialisées.

Le dossier MDPH comporte deux parties : un volet médical à faire remplir par votre médecin, et un volet pour vous, dans lequel vous devez renseigner des informations administratives, vos besoins d'aides (financières, matérielles, humaines) et votre projet de vie.

La MDPH peut octroyer plusieurs aides, qui sont ensuite versées par différents organismes. Globalement, toutes ces aides peuvent se cumuler.

L'allocation adulte handicapé (AAH)

Elle garantit un revenu minimum aux personnes handicapées qui ne peuvent pas travailler au moins à mi-temps en milieu ordinaire, de l'ordre de 1 000 euros par mois (montant malheureusement inférieur au seuil de pauvreté). Elle peut être allouée à partir de l'âge de 20 ans, parfois 16 ans sous certaines conditions, et peut ensuite être délivrée jusqu'à l'âge légal de la retraite.

La reconnaissance de la qualité de travailleur handicapé (RQTH)

Reconnaissance administrative du handicap, la RQTH donne le statut de bénéficiaire de l'obligation d'emploi des travailleurs handicapés (OETH) imposée à toute entreprise de plus de vingt personnes, qui doit ainsi embaucher au moins 6 % de personnes handicapées. Avec la RQTH, vous pouvez demander un aménagement de votre poste de travail, mais aussi des aides à la reconversion professionnelle.

La carte mobilité inclusion (CMI)

Cette carte donne accès à différents droits : stationnement réservé, place assise dans les transports en commun, priorité dans les files d'attente, etc.

La prestation de compensation du handicap (PCH)

La PCH vous sera accordée si vous êtes dans l'incapacité de réaliser seul·e un ou plusieurs actes essentiels de la vie quotidienne : vous habiller, vous alimenter, maîtriser votre comportement, gérer votre sécurité personnelle, etc. Elle englobe différentes aides : aide technique et matérielle, aide humaine, aménagement du logement et du véhicule, aide animalière (chien-guide ou animal d'assistance).

L'allocation d'éducation de l'enfant handicapé (AEEH)

Si votre enfant est en situation de handicap et a moins de 20 ans, cette aide financière est destinée à compenser les dépenses liées à ce handicap. Elle peut se cumuler à d'autres compléments si vous élevez votre enfant seul·e, si vous engagez d'autres frais visant à compenser le handicap de votre enfant ou si vous avez réduit votre temps de travail. À partir de 20 ans, l'AEEH s'arrête : il faut alors faire une demande d'AAH en anticipant le délai d'attente.

Pour vous tenir informé·e et à jour

Le site Internet officiel dédié au parcours des personnes en situation de handicap est consultable à l'adresse suivante : https://www.monparcourshandicap.gouv.fr/

Conclusion

Nous espérons que ce voyage psychique, cette balade mentale qui touche à sa fin, aura apporté des réponses à vos questions, qu'il s'agisse de vous-même ou de celles et ceux qui vous entourent : vos proches, vos ami·es, vos collègues de travail. Peut-être aussi que cette lecture vous aura permis de mieux comprendre et appréhender les rouages de votre cerveau, l'impact que l'on peut avoir dessus, et la manière dont nous considérons socialement les troubles psychiques et les difficultés ou situations de handicap qui peuvent y être associées.

Vous l'aurez compris, la santé mentale et les troubles psychiques sont des phénomènes complexes, dont les causes, parfois précises, souvent floues, se surajoutent et s'entremêlent, à la manière de neurones interconnectés. Il y a encore tant à découvrir. La psychiatrie et plus largement les métiers de la santé mentale sont des disciplines en plein essor, permettant un voyage à l'intérieur de soi et des autres et dont les découvertes ces prochaines années s'annoncent passionnantes : imagerie cérébrale, psychonutrition, immunopsychiatrie, génétique, humain augmenté... Les promesses ne manquent pas !

Pour l'heure, il est d'abord urgent d'améliorer les connaissances de tou·tes en santé mentale, et surtout de faciliter l'accès aux soins. Car il ne sert à rien de sensibiliser, de déstigmatiser, d'informer sur les troubles psychiques, si ensuite, les délais de prise en charge en consultation sont infinis et découragent les patient·es. Dire aux gens d'aller consulter est inutile si la psychiatrie reste le parent pauvre de la médecine, parmi les spécialités les moins choisies par les jeunes internes de médecine. Il ne sert à rien non plus d'inviter les gens à se soigner si on ne renforce pas le suivi des bonnes pratiques professionnelles, au risque d'exposer les personnes en souffrance à des dérives, « *dérapeutes* » et charlatans en tout genre.

Dix propositions pour améliorer la prise en charge des patient·es et la santé mentale de tou·tes

Cette liste de propositions est à destination des décideur·euses politiques. Elles pourraient améliorer le confort de vie des personnes concernées par un trouble psychique ou neurodéveloppemental, de leur entourage et des aidant·es, mais aussi les conditions de travail des professionnel·les de santé mentale. Il est souhaitable que des mesures à la hauteur des enjeux et besoins soient enfin décrétées par celles et ceux qui nous gouvernent :

→ **1.** Rendre la psychiatrie plus attractive pour les jeunes médecins et lui allouer des moyens supplémentaires, à hauteur des enjeux, pour améliorer les délais de prise en charge et la qualité globale des soins apportés. Rendre obligatoire le fait de se former à une technique de psychothérapie dans le cursus universitaire de psychiatrie.

→ **2.** Faciliter les démarches de demandes de prestations sociales auprès de la MDPH pour que les personnes concernées obtiennent plus aisément les aides auxquelles elles ont droit. Développer réellement et à grande échelle les solutions de répit pour soutenir et soulager les aidant·es.

→ **3.** Lutter contre les conditions de vie indignes qui sont un facteur de risque important de décompensation ou d'aggravation d'un trouble psychique. Se sentir en insécurité dans un logement insalubre, par exemple, altère forcément la santé mentale et retarde ou empêche le rétablissement.

→ **4.** Soutenir et promouvoir le développement des nouveaux métiers de la santé mentale :

- Patient·es expert·es : personnes rétablies, faisant partie intégrante de l'équipe de soin et d'accompagnement, dont la fonction est d'accompagner d'autres patient·es de psychiatrie par leur savoir expérientiel.
- Infirmier·ères en pratique avancée : infirmier·ères ayant acquis des connaissances supplémentaires visant à améliorer les soins, la prise en charge des personnes en situation de handicap complexe et pouvant aussi exécuter certaines tâches médicales.

- *Case managers* : coordinateur·ices de parcours ayant la mission de centraliser tous les besoins d'une personne en situation de handicap complexe pour articuler au mieux les aides et dispositifs disponibles.

➔ **5.** Lutter contre la désinformation en santé mentale et sur les troubles psychiques, dans les médias et sur les réseaux sociaux. Ce livre, nous l'espérons, y contribuera.

➔ **6.** Donner à la recherche française des moyens pour une psychiatrie de pointe. L'un des axes décisifs est de développer des médicaments avec moins d'effets secondaires car ceux-ci poussent souvent les patient·es à arrêter leur traitement.

➔ **7.** Sensibiliser aux questions de santé mentale dès le plus jeune âge, lutter contre la stigmatisation des troubles psychiques par des campagnes préalablement évaluées comme efficaces (il existe de nombreuses recherches à l'étranger sur ce sujet).

➔ **8.** Promouvoir réellement l'autodétermination des personnes ayant des troubles psychiques, qu'elles puissent clairement choisir leur trajectoire de vie, leur lieu de résidence, notamment pour les personnes accueillies dans les établissements médico-sociaux. Il faudrait opérer un changement de paradigme dans les métiers de la psychiatrie, de la santé mentale et du médico-social encore trop paternalistes et infantilisants.

➔ **9.** Mieux prendre en charge les patient·es à l'hôpital psychiatrique et lutter contre les recours à l'isolement et la contention, des mesures qui n'ont finalement jamais montré la preuve de leur efficacité dans la littérature scientifique et qui entraînent en revanche des risques et effets secondaires majeurs (traumatismes physiques et psychiques, surtout chez les patient·es mais aussi chez les professionnel·les).

➔ **10.** Repenser les liens entre la psychiatrie et la justice. Mieux former les juges des libertés et de la détention, juges des tutelles, avocat·es et autres métiers de la justice aux troubles psychiques. À l'inverse, il faudrait mieux former les psychiatres et les métiers de la santé mentale aux questions juridiques et médico-légales. Mettre en place une formation obligatoire pour devenir expert·e psychiatre ou expert·e psychologue au sein des tribunaux serait nécessaire.

Informations utiles et bibliographiques

LIVRES POUR ALLER PLUS LOIN

• BONNOT Olivier, OLLIVIER Laurence, *Et si c'était un TDAH ?*, Paris, Marabout, 2024.

• CHEVANCE Astrid, *En finir avec les idées fausses sur la psychiatrie et la santé mentale*, Ivry-sur-Seine, Les éditions de l'Atelier, 2022.

• CORDIER Anne, ERHEL Séverine, *Les enfants et les écrans*, Paris, Retz, 2023.

• FAURÉ Christophe, *Vivre le deuil au jour le jour*, Paris, Albin Michel, 2019.

• GAY Christian, COLOMBANI Marianne, *Manuel de psychoéducation : Troubles bipolaires*, Paris, Dunod, 2024.

• HINGRAY Coraline, EL-HAGE Wissam, *Le trauma : comment s'en sortir ?*, Louvain-la-Neuve, De Boeck Supérieur, 2020.

• KARILA Laurent, *Docteur : addict ou pas ?*, Paris, HarperCollins, 2024.

• KAZDIN Alan, *Éduquer sans s'épuiser !*, Paris, Solar, 2023.

• LANGUÉRAND Émeric, *Comment redonner du sens à sa vie : votre programme pour reprendre les rênes de votre vie !*, Malakoff, Dunod, 2024.

• MASSON David, FRANCK Nicolas, *Des soins porteurs d'espoir en psychiatrie - La réhabilitation psychosociale*, Brignais, Le Coudrier, 2021.

• MOULAS Thibaud, *L'autisme expliqué par un autiste*, Bruxelles, Éditions Mardaga, 2021.

• MUSA Catherine, *Mieux vivre avec un trouble borderline*, Paris, Dunod, 2019.

• ROSSINOT Hélène, *Guide du proche aidant*, Paris, Pocket, 2024.

• VAUTARD Aurélien, PORTA BONETE Florian (dir.), *La santé mentale en France*, Bordeaux, LEH éditions, 2024.

• WORMS-EHRMINGER Mickaël, *Vivre avec un trouble de santé mentale*, Paris, Marabout, 2023.

PODCASTS AUTOUR DE LA SANTÉ MENTALE

• Les Maux Bleus.

• Laurent Karila : Addiktion.

• La Perche : podcast des membres de la Maison Perchée, une communauté d'entraide pour les jeunes adultes vivant avec un trouble psychique et leur entourage.

RESSOURCES UTILES

Prise en charge des addictions

Applications mobiles

• Mydéfi – mydéfidejanvier : sert à évaluer, suivre puis réduire sa consommation d'alcool, que l'on soit un·e buveur·se régulier·ère ou occasionnel·le.

• Tabac info service, l'appli : permet d'accompagner dans l'arrêt du tabac, que l'on décide d'arrêter ou que l'on rechute après un arrêt.

• KnowDrugs : application permettant de s'informer en temps réel sur les dangers de toutes sortes de drogues.

Sites Internet et numéros de téléphone

• Alcool info service, service national d'aide à distance en matière d'alcool et de dépendance : https://www.alcool-info-service.fr/ (ou téléphone : 0 980 980 930).

• Tabac info service, accompagnement à l'arrêt du tabac : https://www.tabac-info-service.fr/ (ou téléphone : 39 89).

• Drogues info service, service national d'aide à distance en matière de drogues et de dépendances : https://www.drogues-info-service.fr/ (ou téléphone : 0 800 23 13 13).

Dénoncer et gérer des violences sexuelles (pour soi ou quelqu'un d'autre)

• Signaler une violence conjugale, sexuelle ou sexiste : https://www.service-public.fr/cmi

• Violences Femmes Info, numéro national d'écoute, d'information et d'orientation, téléphone : 39 19.

• Service national d'accueil téléphonique de l'enfance en danger, téléphone : 119.

• STOP, dispositif téléphonique d'évaluation et d'orientation vers le soin pour les personnes attirées sexuellement par les enfants, des professionnels de santé peuvent aider à ne pas passer à l'acte et se soigner : https://dispositifstop.fr/ (ou téléphone : 0 806 23 10 63).

Trouver un·e professionnel·le

• Association EMDR France : https://www.emdr-france.org/

• Association française de thérapie comportementale et cognitive (AFTCC) : https://www.aftcc.org/les-therapies-comportementales-et-cognitives

• Annuaire des professionnel·les de santé : https://annuairesante.ameli.fr/

Prévention du suicide

• Hop ma liste, application mobile contre les idées suicidaires : https://hopmaliste.fr/

• Papageno, programme national dédié à la prévention du suicide : https://papageno-suicide.com/

• Numéro de téléphone national de prévention du suicide : 3114 (plus d'informations sur le site Internet : https://3114.fr/).

MANUELS ET GUIDES DE RÉFÉRENCE À DESTINATION DES PROFESSIONNEL·LES

• DSM-5 : *[diagnostic and statistical manual of mental disorders] : manuel diagnostique et statistique des troubles mentaux*, Issy-les-Moulineaux, Elsevier Masson, 2023.

• CIM-11 : *Classification internationale des maladies, onzième révision*, [en ligne], URL : https://icd.who.int/fr

• *Référentiel de psychiatrie et addictologie : psychiatrie de l'adulte, psychiatrie de l'enfant et de l'adolescent, addictologie*, Tours, Presses universitaires François-Rabelais, 2024, [en ligne], URL : https://api.cnup.fr/storage/uploads/2024/04/23/6627628a42e73EDN-Psychiatrie-et-addictologie-4ed-bd.pdf

• *Guide médecin - Affections psychiatriques de longue durée : troubles dépressifs récurrents ou persistants de l'adulte*, Haute Autorité de santé, 2009, [en ligne], URL : https://www.has-sante.fr/upload/docs/application/pdf/2009-04/gm_ald23_troubles_depressifs_webavril2009.pdf

SOURCES UNIVERSITAIRES ET MÉDICALES

• AGOUDJIL Adem, *L'addiction aux jeux d'argent*, thèse de docteur en pharmacie, université d'Aix-Marseille, 2021, [en ligne], URL : https://dumas.ccsd.cnrs.fr/dumas-03765397/document

• ALIRAHMI Mostafa, KIKHAVANI Sattar, SOLEIMANNEJAD Homeira, « Compare the effectiveness of two treatments, behavioral activation and acceptance and commitment therapy, on depression and mental rumination in mothers of children with cerebral palsy in Ilam city », *Journal of Education and Health Promotion*, 13, 2024, p. 260.

• BAUP Hugo, VERDOUX Hélène, « Frequency and pattern of Internet use in patients with schizophrenia or bipolar disorders seeking medical information », *Psychiatry Research*, 247, 2017, p. 152-154.

• BAUP Hugo, *Utilisation d'Internet pour se renseigner sur la santé chez les patients souffrant de troubles psychiatriques sévères*, thèse de médecine de l'université de Bordeaux, 2019, [en ligne], URL : https://dumas.ccsd.cnrs.fr/dumas-01253121v1/file/Med_spe_2015_Baup.pdf

• BEERTHUIZEN Marinus, WEIJTERS Gijs, LAAN André M., « The release of Grand Theft Auto V and registered juvenile crime in the Netherlands », *European Journal of Criminology*, 14 (6), 2017, p. 1-15.

• *Boulimie et hyperphagie boulimique : repérage et éléments généraux de prise en charge*, Haute Autorité de santé, 2019, [en ligne], URL : https://www.has-sante.fr/upload/docs/application/pdf/2019-09/boulimie_et_hyperphagie_boulimique_-_recommandations.pdf

• BRAND Bethany L., SAR Vedat, STAVROPOULOS Pam, *et al.*, « Separating fact from fiction: an empirical examination of six myths about dissociative identity disorder », *Harvard Review of Psychiatry*, 24 (4), 2016, p. 257-270.

• BRÜNDL Susanne, FUSS Johannes, « Impulskontrollstörungen in der ICD-11 », *Forensische Psychiatrie, Psychologie, Kriminologie*, 15, 2021, p. 20-29.

• CABREIRA Verónica, ALTY Jane, ANTIC Sonja, *et al.*, « Perspectives on the diagnosis and management of functional cognitive disorder: an international Delphi study », *European Journal of Neurology*, 32 (1), à paraître en 2025.

• CARLE-TOULEMONDE Guilhem, HINGRAY Caroline, ALAOUI Othman Mounir, *et al.*, « Synthèse des principes et schémas de prise en charge dans les troubles neurologiques fonctionnels », *L'Encéphale*, 49 (4), 2023, p. 49-55.

• CHAPRON Sophie-Athéna, KERVRAN Charlotte, DA ROSA Marco, *et al.*, « Does food use disorder exist? Item response theory analyses of a food use disorder adapted from the DSM-5 substance use disorder criteria in a treatment seeking clinical sample », *Drug and Alcohol Dependence*, 251, 2023, [en ligne], URL : https://www.sciencedirect.com/science/article/abs/pii/S0376871623011754

• DI PATRIZIO Paolo, *Évaluation de l'intérêt du sevrage dans le traitement des dépendances aux opiacés*, thèse de doctorat de l'université de Lorraine, 2021, [en ligne], URL : https://hal.univ-lorraine.fr/tel-03356836v1/file/DDOC_T_2021_0109_DI_PATRIZIO.pdf

• DUFOUR Claire, *La dépendance aux opioïdes : la place du pharmacien d'officine*, thèse de docteur en pharmacie, université de Picardie, 2020, [en ligne], URL : https://dumas.ccsd.cnrs.fr/dumas-03187274/document

• FANG Pei, TAN Lanhui, CUI Jiaxin, YU Liping, « Effectiveness of acceptance and commitment therapy for people with advanced cancer: a systematic review and meta-analysis of randomized controlled trials », *Journal of Advanced Nursing*, 79 (2), 2023, p. 519-538.

• FATSÉAS Mélina, AURIACOMBE Marc, « Approche transversale de la thérapeutique et des prises en charge en addictologie : principes », in *Les addictions*, Michel Lejoyeux (dir.), Paris, Elsevier Masson, 2023, p. 449-458.

• GARROUSTE Clémentine, PERDRIX Elsa, « L'effet de la retraite sur la santé », *Médecine/Sciences*, 36-12, 2020, p. 1181-1187.

• GASNIER Matthieu, PINSON Pierre, BEEKER Nathanael, *et al.*, « Acute COVID-19 severity markers predict post-COVID new-onset psychiatric disorders: a 2-year cohort study of 34,489 patients », *Molecular Psychiatry*, 2024, [en ligne], URL : https://pubmed.ncbi.nlm.nih.gov/39284906/

• GEARHARDT Ashley N., DAVIS Caroline, KUSCHNER Rachel, BROWNELL Kelly D., « The addiction potential of hyperpalatable foods », *Current Drug Abuse Reviews*, 4(3), 2011, p. 140-145.

• GUEGUEN Juliette, *et al.*, *Évaluation de l'efficacité de la pratique de l'hypnose*, rapport thématique de l'Inserm, 2015, [en ligne], URL : https://www.inserm.fr/wp-content/uploads/2017-11/inserm-rapportthematique-evaluationefficacitehypnose-2015.pdf

• HOROWITZ Mark, TAYLOR David, *The Maudsley Deprescribing Guidelines*, Hoboken, Wiley-Blackwell, 2024.

• HU Tina, WATSON William, « Automutilation non suicidaire chez les adolescents », *Canadian family physician*, 64 (3), 2018, p. 195-197.

• JACQUIN Paul, PICHEROT Georges, « Les scarifications chez l'adolescent : quand s'inquiéter ? », *La Revue du praticien*, 66, 2016, p. 1133-1135.

• JOHNSON Jeffrey G., COHEN Patricia, KASEN Stephanie *et al.*, « Dissociative disorders among adults in the community, impaired functioning, and axis I and II comorbidity », *Journal of Psychiatric Research*, 40 (2), 2006, p. 131-140.

• KLONSKY David E., VICTOR Sarah E., SAFFER Boaz Y., « Nonsuicidal self-injury: What we know, and what we need to know », *The Canadian Journal of Psychiatry*, 59 (11), 2014, p. 565-568.

• MOUMEN Caroline, *Enjeux thérapeutiques dans la prise en charge des troubles à symptomatologie somatique*, thèse de médecine, université de Lille, 2022, [en ligne], URL : https://pepite-depot.univ-lille.fr/LIBRE/Th_Medecine/2022/2022ULILM157.pdf

• PAGE Chloe E., EPPERSON C. Neill, NOVICK Andrew M., DUFFY Korrina A., THOMPSON Scott M., « Beyond the serotonin deficit hypothesis: communicating a neuroplasticity framework of major depressive disorder », *Molecular Psychiatry*, 29(12), 2024, p. 3802-3813.

• PANESAR Kiran, « Controlling symptoms of borderline personality disorder », *Uspharmacist*, 40 (11), 2015, p. 44-47.

• ROUSSEAU François, BOULANGER Frédéric, *Sevrage dans l'addiction au cannabis : évaluation, risques et modalités de soins*, thèse de médecine, université de Lorraine, 2017, [en ligne], URL : https://hal.univ-lorraine.fr/hal-01931925/document

• SEERY Christina, LEONARD-CURTIN Aisling, NAISMITH Lauren, *et al.*, « Feasibility of the understanding and managing adult ADHD programme: open-access online group psychoeducation and acceptance and commitment therapy for adults with attention-deficit hyperactivity disorder », *The British Journal Of Psychiatry Open*, 10(5), 2024, p. 163.

• SKODOL Andrew E., BENDER Donna S., « Why are women diagnosed borderline more than men? », *The Psychiatric Quaterly*, 74 (4), 2003, p. 349-360.

• THOUVENIN Bastien, *Coca et cocaïne : de l'usage traditionnel à l'addiction*, thèse de docteur en pharmacie, université de Lorraine, 2012, [en ligne], URL : https://hal.univ-lorraine.fr/hal-01733780/document

• TURNER Brianna J., AUSTIN Sara B., CHAPMAN Alexander L., « Treating nonsuicidal self-injury: a systematic review of psychological and pharmacological interventions », *The Canadian Journal of Psychiatry*, 59 (11), 2014, p. 576-585.

Remerciements

Pauline, je te dédie ce livre. Merci de me sensibiliser à toutes ces jolies choses et d'aiguiser encore et encore ma curiosité. Tu m'inspires tant. Merci aussi d'être une psychiatre si empathique et engagée auprès des personnes que tu accompagnes.

Je dédie aussi ce livre à mes trois enfants. Merci à vous pour tous les bonheurs du quotidien, grands ou petits, les doutes aussi, qui nous font avancer. Merci pour les rires et les tempêtes. Vous rencontrer m'a bouleversé à jamais.

À ma famille et mes amis, pour leur soutien de chaque instant, dans les bons comme les mauvais moments.

Je souhaite évidemment remercier les professeurs et médecins avec qui j'ai eu la chance d'apprendre la psychiatrie, la chance de travailler aussi et qui, par leurs publications dans des revues scientifiques ou sur les réseaux sociaux, continuent de m'inspirer : Pr Hélène Verdoux, Pr Marc Auriacombe, Pr Bruno Aouizerate, Pr Manuel Bouvard, Dr Jean-Philippe Rénéric, Dr Clélia Quiles, Dr Sabine Forzan, Dr Arnaud Deloge, Dr Sébastien Gard et tant d'autres.

À mes consœurs et confrères, en virtuel ou dans le réel, avec qui j'ai la chance de discuter et d'échanger à propos de la santé en général, et qui ont à cœur d'améliorer le système de soins : Dr David Masson, Pr Fabien Vinckier, Pr Yann Le Strat, Dr Jérôme Barrière, Dr Jasmina Mallet, Dr Boris Nicolle, Dr Florian Porta Bonete, Dr Mickaël Worms-Ehrminger, Dr Mathias Wargon, Dr Hélène Rossinot et Dr Étienne Pot.

À mes collègues de travail de l'hôpital de Périgueux et de la Fondation John Bost, à celles et ceux qui travaillent en libéral ou dans le médico-social, chez les pompiers, au SAMU, avec qui on s'entraide, on se serre les coudes pour mailler tant bien que mal la Dordogne, ce beau désert médical, pour *in fine* mieux accompagner et soigner les gens. Notre unique objectif.

Également, je souhaite remercier ces personnes que je ne connais que par écrans interposés, mais avec qui j'ai la chance de converser régulièrement sur toutes sortes de sujets : Guillaume L., Thomas D., Amélie T. V., Rudy U., Florian D., Lonni B., Delphine B., Fabrice F., Romain M., Franck R., Blandine B., Nathalie P., Natalia T., et tous les autres, sous pseudonyme ou non, que je ne peux pas citer ici. Il faudrait un livre entier. Merci pour leurs remarques, leurs partages et éclairages. Ils sont un petit peu, voire beaucoup, quelque part, dans ce livre.

Merci à mon éditrice Viviane du Guiny avec qui j'ai eu beaucoup de plaisir à travailler pour réaliser ce livre.

Je souhaite aussi remercier les personnes qui me confient chaque jour leur santé mentale, leurs secrets, leurs doutes. En espérant être à la hauteur de leurs besoins.

Je dédie enfin ce livre aux lecteur·ices et aux usager·ères de la psychiatrie, et plus largement à toutes les personnes intéressées de près ou de loin par la santé mentale, en espérant que ces lignes puissent les guider et les aider à se repérer.

Pour que les choses changent.

Mise en garde

Malgré tout le soin apporté à la rédaction de cet ouvrage, une erreur aura pu s'y glisser. L'auteur et l'Éditeur déclinent toute responsabilité concernant la mise en œuvre des propos présentés. Ce livre ne saurait remplacer un·e médecin ni se substituer à un traitement médical. L'auteur et l'Éditeur ne sauraient être tenus pour responsables des conséquences qui découleraient de l'utilisation du présent ouvrage ni, bien sûr, en cas d'interprétation erronée.

Direction de la publication : Isabelle Jeuge-Maynart et Ghislaine Stora
Direction éditoriale : Émilie Franc et Julie Martin
Édition : Viviane du Guiny et Clément Saliou
Direction artistique : Géraldine Lamy
Couverture et conception graphique : Claire Simonet
Mise en page : Camille de Montmorillon
Fabrication : Marina Dartigues Plum

21 rue du Montparnasse 75006 Paris (livres-larousse@larousse.fr)

Imprimé en Espagne par Macrolibros SL
Dépôt légal : février 2025
337348/01 - 11056341 - décembre 2024
ISBN : 978-2-03-607574-0